Erika Bestenreiner
Franz Ferdinand und Sophie von Hohenberg

SERIE PIPER

Zu diesem Buch

Ihre Liebe triumphierte über alle Konventionen des Standes – ihre Ermordung in Sarajevo 1914 wurde zum zündenden Funken, der schließlich ganz Europa in Brand setzte: Erzherzog Franz Ferdinand und Sophie von Hohenberg. Die skandalöse Verbindung des österreichischen Thronfolgers mit der mittellosen Hofdame löste am Wiener Hof 1900 heftige Wogen der Empörung aus. Kaiser Franz Joseph wie auch der gesamte Hofadel versuchten erbittert, eine nicht standesgemäße Ehe des Thronerben zu verhindern. Doch keiner noch so raffiniert eingefädelten Intrige sollte es gelingen, die Liebenden zum Verzicht zu bewegen ... Die mitreißend erzählte Geschichte einer großen Leidenschaft am Vorabend des Ersten Weltkriegs, eingewoben in das Spannungsfeld europäischer Mächtepolitik.

Erika Bestenreiner, geboren 1926 in Wien, Studium der Germanistik und Romanistik, Promotion zum Dr. phil. Danach als freiberufliche Journalistin und Autorin tätig. Sie lebt in Grünwald bei München. Auf ihr sehr erfolgreiches Buch »Luise von Toscana. Skandal am Königshof« folgten »Sisi und ihre Geschwister« und »Franz Ferdinand und Sophie von Hohenberg«.

Erika Bestenreiner

Franz Ferdinand und Sophie von Hohenberg

Verbotene Liebe am Kaiserhof

Mit 28 Abbildungen

Piper München Zürich

Von Erika Bestenreiner liegen in der Serie Piper vor:
Luise von Toscana (3194)
Sisi und ihre Geschwister (4006)
Franz Ferdinand und Sophie von Hohenberg (4639)

FSC

Dieses Taschenbuch wurde auf FSC-zertifiziertem Papier gedruckt. FSC (Forest Stewardship Council) ist eine nichtstaatliche, gemeinnützige Organisation, die sich für eine ökologische und sozialverantwortliche Nutzung der Wälder unserer Erde einsetzt (vgl. Logo auf der Umschlagrückseite).

Ungekürzte Taschenbuchausgabe

November 2005

Umschlag / Bildredaktion: Büro Hamburg
Heike Dehning, Charlotte Wippermann,
Alke Bücking, Kathrin Hilse
Umschlagabbildung: Sammlung Rauch / Interfoto, München
Satz: Satz für Satz. Barbara Reischmann, Leutkirch
Papier: Munken Print von Arctic Paper Munkedals AB, Schweden
Druck und Bindung: Clausen & Bosse, Leck
Printed in Germany
ISBN-13: 978-3-492-24639-2
ISBN-10: 3-492-24639-7

www.piper.de

Inhalt

9 Prolog

14 Die Diplomatentochter
Kindheit und Jugend – Graf Bohuslaw Chotek – Eine heikle Mission für Graf Chotek – Der Tod der Mutter

25 Der Thronfolger
Ein Erzherzog wie viele andere auch – Der gute Geist der Familie – Die Este-Erbschaft – Der Einfluß der Lehrer – Die militärische Karriere des Erzherzogs – Noch ein Stück näher zum Thron

36 Eine Liebesgeschichte bahnt sich an
Gräfin Sophie Chotek – Erzherzog Franz Ferdinand – Ehepläne für den Erzherzog

44 Die Hofdame
Hofdame bei Erzherzogin Isabella

49 Die Krankheit
Als Oberst in Ödenburg – Die Krankheit bricht aus – Auf Weltreise – Als häufiger Gast in Preßburg – Fast ein Todesurteil – Eine unerwünschte Nilfahrt – Der Tod des Vaters – Thronfolger Otto? – Die Karriereleiter empor – Der Tod der Kaiserin

66 Der Eklat
Heimlichkeiten – Die Enttäuschung der Erzherzogin – Die Entlassung – Die Reaktion des Kaisers

75 Der Kampf um Liebe und Thron
Das habsburgische Familiengesetz – Morganatische Ehen im Hause Habsburg – Der Kampf zwischen Kaiser und Thronfolger – Die Rolle Fürst Montenuovos – Widerstand von allen Seiten – Dr. Godfried Marschall – Ein Bittbrief an den Kaiser – Die Entscheidung

98 Die Renunziation
Die Zeremonie in der Geheimen Ratsstube – Die Aufnahme in der Öffentlichkeit

105 Die Hochzeit
Die Fürstin von Hohenberg – Die Trauung

113 Flitterwochen in Konopischt
Schloß Konopischt – Endlich vereint – Reaktionen auf die Heirat

126 Alltag in Wien
Wohnsitz Belvedere – Das heilige Zeremoniell – Franz Ferdinand und das Hofzeremoniell

135 Familienleben in Konopischt
Kindersegen für das Thronfolgerpaar – Bürgerliches Leben in Konopischt – Der große Jäger – Der Einfluß Sophies

150 Nebenregierung im Belvedere
Das Warten auf den Thron – Neue Rangerhöhung – Kaiser Wilhelm und die »Morganatische« – Tod Erzherzog Ottos – Der Thronfolger und Ungarn – Franz Joseph und sein Thronerbe

171 Die Rangleiter empor
Die Annexion Bosniens – Staatsbesuch in Rumänien – Ihre Hoheit Herzogin von Hohenberg – Einladung nach Berlin – Inkognito in England – Der offizielle Besuch in England

200 Pulverfaß Balkan
Die Balkankriege – Kein Krieg mit Serbien – Franz Ferdinand und Italien – Die Sicherung der Familie und die Zukunft der Kinder – Pläne für die Thronbesteigung – Die Vereinigten Staaten von Groß-Österreich – Kaiser Franz II. als Retter der Monarchie?

214 Der Weg nach Sarajevo
Ein gutes Jahr für die Herzogin von Hohenberg? – Der Mythos einer großen Vergangenheit – Attentatspläne – Hatte der Thronfolger Vorahnungen? – Gerüchte und Warnungen – Kaiser Wilhelm in Konopischt – Letztes Beisammensein der Familie – Die Reise nach Bosnien

232 Das Attentat
Gelungene Manöver – Eine letzte Chance? – Ein schicksalshafter Tag – Die tödlichen Schüsse

246 Heimkehr
Die Reaktion des Kaisers – Die Aufnahme der Todesnachricht in Chlumetz – Allgemeine Reaktionen – Die Bestattungsfeierlichkeiten – Beisetzung in Artstetten

266 Krieg
Krieg oder Frieden – Das Ultimatum – Das Kriegsmanifest – Die Folgen

275 Das Ende der Attentäter
Die Urteile – Das Ende Princips – Das Ende von »Apis«

279 Die Erben
Ruhige Kriegsjahre in Konopischt – Kriegsende und Verlust von Konopischt – Das Schicksal der Nachkommen – Im Konzentrationslager

293 Epilog

298 Anmerkungen

306 Literatur

308 Zeittafel

310 Stammtafel

312 Bildquellen

313 Danksagung

Prolog

Die Brücke, die über die Miljačka, den durch Sarajevo fließenden Fluß, führt, hieß einmal Lateinerbrücke, die Straße, die auf der gegenüberliegenden Seite einmündet, Franz-Josephs-Straße. Noch in den achtziger Jahren des vergangenen Jahrhunderts trug die Brücke den Namen Princip-Most und die Straße war nach der glorreichen Roten Armee benannt. An der Ecke der Brücke befand sich eine steinerne Bank, ein letzter Rest der im Jahre 1919 vernichteten Gedenkstätte für Erzherzog Franz Ferdinand von Österreich und seine Gemahlin, Herzogin Sophie von Hohenberg, die dort beide im Jahre 1914 einem Attentat zum Opfer fielen. Eine ursprünglich vorhanden gewesene Inschrift wurde nach dem Ende der Monarchie ebenso entfernt wie der seinerzeit errichtete Altar.

In den Asphaltbelag des Gehsteiges an der anderen Seite des Kais hatte man zwei Fußabdrücke eingeritzt, darüber an der Mauer des Eckhauses eine Marmortafel mit einer Inschrift angebracht. Dort stand in kyrillischer Schrift: »Hier hat Gavrilo Princip mit seinen Schüssen für die Freiheit unseres Volkes den Protest gegen Tyrannei und jahrhundertelange Fremdherrschaft ausgedrückt.«[1]

Wie Graf Nostitz-Rieneck, ein Urenkel des erzherzoglichen Paares, der Autorin berichtete, wurden auch jene Andenken an Gavrilo Princip inzwischen vernichtet. Sie wurden nach dem letzten Krieg in Bosnien entfernt, da man in Sarajevo nicht einen Serben verherrlichen wollte.

Aber auch jene Zerstörung ist schon wieder überholt. Wie nämlich aus einem Artikel der *Süddeutschen Zeitung* vom 4. Februar 2003 hervorgeht, »soll nach über einem Jahrzehnt in Sarajevo mit einem recht kleinen Denkmal wieder dauerhaft an ein großes historisches Datum erinnert werden, an dem im Jahre 1914 nicht weniger als eine Weltordnung umgestoßen wurde. Eine Platte mit zwei Fußabdrücken wird, wenn alles glatt geht, ins Trottoir an der Straßenecke gegenüber der Lateinischen Brücke eingefügt werden.« Noch fehlen einige Genehmigungen der zuständigen Behörden, denn die allmächtige Bürokratie hat natürlich noch ein Wörtchen mitzureden. Aber die Gedenktafel an der Wand ist, wenn auch noch verhüllt, schon angebracht. Auf ihr wird zu lesen sein: »Von dieser Stelle verübte am 28. Juni 1914 Gavrilo Princip das Attentat auf den österreichisch-ungarischen Thronfolger Franz Ferdinand und seine Frau Sophie Chotek.« Der Text ist auch ins Englische übersetzt, wohl nicht, wie der Journalist der *Süddeutschen* meint, für die Soldaten der Nato-Truppe SFOR und die Mitarbeiter des Hohen Repräsentanten der Internationalen Gemeinschaft, sondern eher in der Hoffnung auf einen zukünftigen Fremdenverkehr. Auch die Bosnier sollen in »ihrer« Sprache, die eigentlich kaum existiert, informiert werden. Da man politisch jede Stellungnahme vermeiden wollte, geht aus dem Text nicht hervor, ob es sich bei dem Attentäter um einen jugoslawischen Nationalhelden oder um einen Terroristen in serbischem Auftrag handelte. In dem Haus, an dem sich die Gedenktafel befindet, ist außerdem ein Museum geplant, in dem die gesamte Zeit von der österreichischen Besetzung Bosniens im Jahre 1878 bis zur Gründung des ersten jugoslawischen Staates 1918 dokumentiert werde soll. Nach Aussage der Direktorin des Stadtmuseums von Sarajevo in heutiger Erinnerung so etwas wie »eine gute, alte Zeit«. Eine späte Erkenntnis.

Das Attentat, das nicht nur ein glückliches Familienleben für immer zerstörte und drei Kindern ihre Eltern entriß, wurde zum Auslöser des Ersten Weltkrieges und beendete in der Folge die nahezu 700 Jahre währende Herrschaft der Habsburger. Es zerstörte zugleich die drei größten Monarchien des europäischen Festlandes: Österreich-Ungarn, das Deutsche Reich und Rußland sowie den Bestand der alten Türkei. Die Friedensliebe des Erzherzogs hatte sich nicht mehr durchgesetzt. Kriegslüsterne Diplomaten und Militärs, die in einer Bestrafung Serbiens, welches als Initiator und Protektor des Attentats galt, das einzige Mittel sahen, das Ansehen der österreichisch-ungarischen Monarchie wiederherzustellen, behielten die Oberhand. Der 84jährige Kaiser hatte offensichtlich nicht mehr den Überblick und konnte die Folgen, die sich aus der Bündnislage der europäischen Staaten ergaben, nicht mehr absehen. Sein Manifest »An Meine Völker«, das er zum Kriegsbeginn erließ, enthält die Worte: »Ich habe alles geprüft und erwogen«.[2] Zweifel daran sind angebracht.

So gesehen waren Herzogin Sophie und der österreichische Thronfolger Erzherzog Franz Ferdinand die ersten Opfer des kurz darauf ausbrechenden Krieges. Auch auf dem Kriegerdenkmal in Artstetten in Niederösterreich, wo sich das gleichnamige Schloß heute noch im Besitz der Nachfolger des Paares befindet und eine ständige Ausstellung daran erinnert, stehen die beiden Namen an erster Stelle.

Sie hatten sich die Erfüllung ihrer Liebe schwer erkämpfen müssen, denn es gab kaum jemanden, der ihre Ehe billigte. Vor allem nicht Kaiser Franz Joseph, das Oberhaupt der Familie Habsburg, der kraft des Familienstatuts eine fast unbeschränkte Macht über sie besaß. Auch das *Allgemeine Bürgerliche Gesetzbuch*, das bereits seit 1812 in Österreich galt, kam dagegen nicht an, denn Fürstenrecht war damals ein Sonderrecht der hochadeligen Häuser in Vermögens-, Familien- und Erbrecht. Gegen die Ehe mit einer nicht standesgemäßen Frau waren aber auch die meisten Familienmitglieder, sogar die engsten Verwandten des Thronfolgers sowie der Hochadel, der einen Einbruch in seine privilegierte Stellung nicht dulden wollte.

Auch als Sophie schon längst die Gattin des Thronfolgers war, blieben ihr viele Rechte versagt, unter deren Einschränkungen sie zweifellos litt, vor allem wegen ihres Gatten. Das tat dem Glück der Ehe jedoch keinen Abbruch, galt sie doch als die glücklichste des gesamten Kaiserhauses.

In der Bevölkerung blieb Sophie umstritten. In deren Augen war sie keine romantische Liebende, die das Mitgefühl des Volkes erregte. Daß sie um den Mann, den sie liebte, kämpfte, nahm man ihr übel. So manche hätten es vorgezogen, sie hätte stillschweigend verzichtet und sich in ein Kloster zurückgezogen.

Auch die Meinung über Franz Ferdinand war geteilt. Er erfreute sich keiner besonderen Beliebtheit. Er galt als unzugänglich, bigott, ein Mann, der dem alten Kaiser das Leben schwer machte. Die Hofkamarilla lehnte ihn ab, die ungarischen Magnaten haßten ihn. Für andere jedoch, die um die Zukunft des Landes fürchteten, die sie für gefährdet hielten, bedeutete er eine politische Hoffnung, auf die sie zählten. Sie ging mit ihm dahin.

Den beiden Liebenden, denen nur vierzehn Jahre gemeinsamen Lebens vergönnt waren, blieb es wenigstens erspart, daß einer von ihnen den anderen überlebte und allein zurückblieb.

Es liegt in der Natur des Lebens von Herzogin Sophie von Hohenberg, daß es auf das engste mit dem Erzherzog Franz Ferdinands verbunden ist. Franz Ferdinand verdankte seiner Frau eine sprichwörtlich glückliche Ehe und ein harmonisches Familienleben. Er gab ihr darüber hinaus die Sicherheit materiellen Besitzes, wie sie sie nie besessen hatte, und eine Stellung im Land, wie sie nur wenigen zuteil geworden ist – auch wenn beiden die letzte Erfüllung, der Traum von einem Kaiser Franz II., versagt blieb. Es war ein steiler Aufstieg, den die ehemalige Gräfin Chotek an seiner Seite zurücklegte, auch wenn ein früher Tod an seinem Ende stand. Was sie war, wurde sie durch ihn. Wenn Historiker und Schriftsteller noch heute, neunzig Jahre nach ihrem Tod, Notiz von ihr nehmen, hat sie es dem Erzherzog Thronfolger zu verdanken.

In dieser Biographie soll versucht werden, das bisweilen ziemlich negative Bild zu erhellen, das von Franz Ferdinand und Sophie, den beiden Opfern von Sarajevo, in der Geschichte entworfen wurde und so manches Vorurteil zu revidieren.

Die Diplomatentochter

Kindheit und Jugend

Es war Sophie Chotek nicht an der Wiege gesungen, daß sie eines Tages einen Skandal provozieren würde, der nicht nur in der kaiserlichen Familie und in Kreisen der Hocharistokratie Entsetzen und Ablehnung auslöste, sondern auch in der Bevölkerung zu Diskussionen Anlaß gab.

Doch an diesem 1. März 1868, als Sophie als Kind des Grafen Bohuslaw Chotek von Chotkowa und Wognin und seiner Gattin Wilhelmine, einer geborenen Gräfin Kinsky, in Stuttgart geboren wurde, war man davon noch drei Jahrzehnte entfernt. Gräfin Sophie Maria Josephine Albina Chotek, wie das Neugeborene in das Taufregister eingetragen wurde, hatte bereits einen Bruder namens Wolfgang und drei Schwestern: Sidonie, Marie und Karoline. Weitere drei sollten noch folgen.

Es war damals üblich, viele Kinder zu haben. Das galt für arm und reich, nur mit dem Unterschied, daß sich die begüterten Schichten den Kindersegen leisten konnten, während die Armen tatsächlich oft nicht wußten, wie sie das Nötigste für ihren Nachwuchs herbeischaffen sollten. Aber Verhütungsmittel gab es kaum, und die Kirche tat ein übriges, um sie zu verdammen. Viele Kinder zu haben, galt als gottgefällig. Außerdem war die Kindersterblichkeit groß, sie machte auch vor Schlössern und Palästen nicht halt. Nicht wenige Kinder vollendeten kaum das erste Lebensjahr. Infektionen oder Magen- und Darmerkrankungen ließen den Tod reiche Ernte halten. Die ärztliche Kunst ließ überdies sehr häufig zu wünschen übrig, abgesehen davon, daß viele es sich gar nicht leisten konnten, einen Arzt zu Hilfe zu rufen.

Die Familien Chotek und Kinsky stammten aus Böhmen, einem Kronland der österreichischen Monarchie, die sich zum Zeitpunkt von Sophies Geburt durch den sogenannten »Ausgleich« mit Ungarn zur österreichisch-ungarischen Monarchie wandelte. Trotzdem war ihre Sprache Deutsch. Es war die Sprache des Kaiserhofs, dem man zwar nicht angehörte, sich aber als Angehörige der führenden Schicht durchaus zugehörig fühlte. Auf tschechisch verständigte man sich nur dort, wo es nötig war, also hauptsächlich mit dem Personal, das sich ja meist aus dem Umland der Besitzungen rekrutierte.

Die Choteks gehörten dem böhmischen Uradel an. Mit Otto Chotek von Chotkow und Liblin wurden sie zum ersten Mal im 14. Jahrhundert in einer Urkunde erwähnt, die Linie Chotek von Chotkowa und Wognin, der Sophie entstammte, wurde 1732 in den Grafenstand erhoben; ihre Nachkommen waren vielfach im Staatsdienst tätig und brachten es dort zu hohen Ämtern. Auch Bohuslaw Choteks Vater Karl war Gouverneur von Tirol und Vorarlberg. Er setzte sich dafür ein, daß sein zweitgeborener Sohn nach einem Praktikum an der österreichischen Gesandtschaft in Dresden in den diplomatischen Dienst eintrat. Graf Chotek besaß die Würde eines Kämmerers und war Mitglied des Herrenhauses des österreichischen Reichsrates auf Lebenszeit, seine Gattin war Palastdame und Trägerin des Sternkreuzordens, der nur an Damen mit einer lupenreinen Stammtafel, mindestens sechzehn adeligen Ahnen, verliehen wurde.

Auch die Kinskys stammten aus Böhmen, waren dort seit dem 13. Jahrhundert beurkundet, sehr begütert und zählten zu den ersten Familien, die auch am Kaiserhof in Wien entsprechend angesehen waren und in dessen Diensten bedeutende Persönlichkeiten hervorbrachten. Das von Lukas von Hildebrandt erbaute Barockpalais der fürstlichen Linie gehört zu den schönsten der Wiener Innenstadt.

Wie die meisten Diplomaten hatte auch das Ehepaar Chotek ein ziemlich bewegtes Leben. In den ersten zehn Jahren seiner Ehe war Bohuslaw Chotek in Stuttgart, in Berlin und London, Sankt Petersburg und Dresden tätig und war, als Sophie geboren wurde, außerordentlicher Gesandter und bevollmächtigter Minister. Er hatte also schon Karriere gemacht.

Das Karussell der Tätigkeitsorte des Grafen Chotek drehte sich auch nach Sophies Geburt weiter. Drei Jahre danach, 1871, nahm er eine Stellung als provisorischer Statthalter in Prag an, kehrte aber kurz darauf in seinen alten Bereich zurück. Im selben Jahr starb Sophies jüngere Schwester Therese.

Sein nächster Posten war Madrid, doch die Familie wurde nicht glücklich dort. Das Leben war teuer, Graf Bohuslaw bemühte sich im Wiener Außenministerium um einen anderen Tätigkeitsbereich und wechselte nach Brüssel.

Der Tausch an sich war durchaus zu begrüßen, aber Schwierigkeiten blieben dennoch nicht aus. Zunächst bereitete die Wohnungsfrage Kopfzerbrechen. Der Vorgänger Graf Bohuslaws, der nach Madrid versetzt worden war und dessen Wohnung man sonst hätte übernehmen können, hatte keine Familie gehabt. Die Choteks dagegen waren inzwischen zu acht. Da es nicht gelang, in der Eile etwas Geeignetes zu finden, waren sie gezwungen, mit einem Hotel vorlieb zu nehmen.

Noch drückender aber waren materielle Sorgen. Das Außenministerium in Wien besoldete seine Diplomaten nicht gerade üppig. Da es sich um ein gemeinsames Ministerium der beiden Reichshälften handelte, mußte das Budget nicht nur vom österreichischen, sondern auch vom ungarischen Parlament bewilligt werden. Und die Abgeordneten waren angehalten zu sparen. Dreißigtausend Gulden für Gehalt samt Repräsentationszulage, für das Gros der Bevölkerung eine enorme Summe, reichten aber nicht aus, um die persönlichen und vor allem die hohen Repräsentationskosten zu decken, die der Beruf von

Graf Chotek forderte. Er repräsentierte in Brüssel schließlich nicht nur die österreichisch-ungarische Monarchie, sondern auch das Kaiserhaus. Empfänge und Diners für viele Gäste waren zu veranstalten, aber auch zu besuchen, was einen beträchtlichen Aufwand an Kleidung, vor allem für die Damen des Hauses, erforderte. Denn auch die Töchter wuchsen heran. Für ihre Zukunft war es wichtig, daß sie gesellschaftlichen Schliff bekamen und sich nebenbei vielleicht die Anbahnung einer guten Partie ergab. Die Abendroben, von denen Damen jener Gesellschaftsschicht für jede Saison einige brauchten, hatten natürlich aus edelstem Material zu bestehen und mußten in einem erstklassigen Salon nach Maß angefertigt werden. Das war teuer. Im Außenministerium fand man es dagegen selbstverständlich, daß der Diplomat als Diener des Staates eben zusah, wie er mit seinen Einkünften zurecht kam oder aber, daß er es als eine Ehre ansehen würde, dem Staat gefällig zu sein. Das hieß, notfalls in die eigene Tasche zu greifen. Viele entsprachen auch dieser Vorstellung und fanden sich klaglos damit ab. Das fiel den meisten gar nicht schwer. Sie entstammten reichen Familien, waren Herren über große Güter, die entsprechende Gewinne abwarfen, so daß diese Ausgaben für sie keine große Belastung bedeuteten. Aber es gab auch andere, die ihre Substanzen so sehr aufzehrten, daß sie bei ihrer Pensionierung letztlich am Ende ihrer Mittel waren.

Zu denen, die sich mit den Ausgaben schwer taten, die ihre Stellung mit sich brachte, zählte Graf Chotek. Er hatte sechs Kinder zu erhalten, für ihre standesgemäße Erziehung und Bildung zu sorgen und besaß nur das kleine Gut Ciwitz in Böhmen, dessen Verwaltung sogar zusätzliche Kosten verursachte.

Im Haus-, Hof- und Staatsarchiv in Wien befindet sich ein Schreiben, das Graf Chotek an seine vorgesetzte Dienststelle richtete. Darin bat er, ihm jene Kosten zu ersetzen, die ihm »anläßlich des Gesandtenwechsels entstanden sind und noch entstehen werden«[3]. Ob der Bitte stattgegeben wurde, ist nicht bekannt.

Ansonsten erfüllte Chotek seinen Beruf mit großer Hingabe. Zu tun gab es genug. Zwar stellte die Firma Remington seit 1873 Schreibmaschinen serienmäßig her, aber es dauerte lange, bis sie sich bei den Behörden durchsetzten. Das galt besonders für Wien. Kaiser Franz Joseph mochte keine Schreibmaschinen. Und da er sehr viele Berichte persönlich las, mußten sie schon aus diesem Grund handschriftlich erfolgen. Der Gesandte hatte also den Bericht jeweils aufzusetzen, die Angestellten schrieben ihn dann in sorgfältiger Schönschrift ab. Eine Menge von Repräsentionspflichten füllte viele Abende aus, wobei die charmante Gräfin Wilhelmine ihrem Gatten eine große Hilfe war. Bald waren die Choteks in Brüssel allgemein beliebt. Die Gräfin erfreute sich sogar der Freundschaft von Königin Marie Henriette, einer österreichischen Erzherzogin.

Die kleine Sophie blieb von den Sorgen ihrer Eltern unbehelligt und führte im Kreise ihrer Geschwister das behütete Leben eines Kindes aus gutsituierter Familie. Wenn die Mutter ihren gesellschaftlichen Verpflichtungen nachging, kümmerten sich Kindermädchen und Erzieherinnen um sie, später sorgten Hauslehrer für die nötige Schulbildung, auf die großen Wert gelegt wurde. Kinder aus jenen Kreisen besuchten damals keine öffentlichen Schulen.

Eine heikle Mission für Graf Chotek

Im Laufe des Jahres 1879 kam eine ehrenvolle, aber sehr delikate Mission auf Graf Chotek zu. Er wurde vom Kaiser beauftragt, am belgischen Königshof zu erkunden, wie das Königspaar den Plan einer ehelichen Verbindung von Kronprinz Rudolf mit der belgischen Prinzessin Stephanie aufnehmen würde.

Katholische Prinzessinnen, besonders solche aus regierenden Häusern, waren rar in Europa, die Auswahl also nicht besonders groß. Der Kronprinz hatte sich schon ein wenig umgesehen, aber an keiner der jungen Damen Gefallen gefunden. Mathilde von Sachsen war ihm zu dick, die spanischen Infantinnen zu häßlich. Also entschied man sich für das Haus Sachsen-Coburg in Belgien, obwohl weder Kaiser Franz Joseph noch Kaiserin Elisabeth König Leopold II. besonders schätzten. Nur zu gut war noch in Erinnerung, mit welcher Tragödie die Heirat von Erzherzog Ferdinand Max, eines jüngeren Bruders des Kaisers, dem späteren Kaiser von Mexiko, mit Leopolds Schwester Prinzessin Charlotte geendet hatte. Die Schuld daran gab man in Wien nicht zuletzt der ehrgeizigen Charlotte, die unbedingt Kaiserin von Mexiko hatte werden wollen und auch später ihren Gatten dazu bewog, trotz aller Schwierigkeiten dort auszuharren.

Stephanie war zur Zeit, als Graf Chotek damit betraut wurde, eine Ehe mit ihr anzubahnen, erst 16 Jahre alt, ein noch reichlich unentwickeltes Mädchen; aber es war durchaus Brauch, eine Prinzessin so früh zu verheiraten. Um so mehr Zeit blieb ihr, möglichst viele Kinder zu bekommen. Kaiserin Elisabeth war noch nicht einmal so alt gewesen, als Kaiser Franz Joseph um ihre Hand angehalten hatte.

Graf Chotek suchte also um Audienz bei König Leopold und seiner Gattin an. Er wußte, daß er es so einrichten mußte, daß Rudolf, wenn er an der Prinzessin keinen Gefallen fand, sich zurückziehen konnte, ohne politische Schwierigkeiten hervorzurufen. Über seinen Besuch am belgischen Königshof erstattete er dem Kaiser in Wien am 19. Februar 1880 in einem geheimen Schreiben Bericht.

Es handle sich um eine »bedingungsweise Brautschau«. Rudolf solle also anläßlich eines Besuches in Brüssel die Prinzessin gewissermaßen begutachten. Da aber auch König Leopold auf seine Tochter keinen »affirmativen Zwang« ausüben wolle, stünde einer Abreise des Kronprinzen »im Falle einer negativen Appréciation« nichts im Wege.

»Seine Majestät der König«, fuhr Graf Chotek fort, »schien über meine Mitteilung ganz entzückt und bat mich in gehobenster Stimmung, vor allem Eurer Majestät seinen tiefergebenen Dank auszusprechen, … daß Allerhöchstdieselben den Blick auf seine Tochter zu werfen und dieser Verbindung, wenn sie Seiner Kaiserlichen Hoheit dem Kronprinzen zusagen würde, die eventuelle Zustimmung allergnädigst zu gewähren geruht haben. Ihre Majestät die Königin schien tief ergriffen, gerührt und hocherfreut.« Nun mußte der Gesandte aber einen heiklen Punkt berühren. »Was hingegen den Zeitpunkt der Vermählung betrifft, da gab mir Ihre Majestät die Königin zu verstehen, daß die Prinzessin noch kaum aufgehört habe, ein Kind zu sein, und daß die physische heiratsfähige Entwicklung … kaum begonnen, geschweige denn sich entfaltet und vollendet habe.«[4]

Diese Tatsache schien jedoch weder den Kaiser noch den Kronprinzen zu stören. Mit der Zeit würde sich dieses Problem von selbst lösen.

Am 5. März 1880 traf Kronprinz Rudolf mit dem Hofzug in Brüssel ein. Graf Chotek war ihm bis Köln entgegengereist. Anschließend berichtete er dem Kaiser: »Seine Kaiserliche Hoheit erregte, wie natürlich, ungeteilt die größte Bewunderung und Sympathie, der Empfang war tief geschmeichelt, gerührt und herzlicher als jeder andere.« Der König, meldete das *Neue Wiener Tagblatt,* »umarmte und küßte den Erzherzog zu wiederholtenmalen (!) in der herzlichsten Weise.«

Die Eltern ließen keinen Zweifel daran, daß sie die Heirat wünschten. Für sie war die Aussicht, daß ihre Tochter einmal Kaiserin von Österreich und Königin von Ungarn werden, also auf dem Thron einer der ältesten Monarchien der Welt sitzen würde, nicht nur eine große Ehre, sondern auch eine Genugtuung, bestand das Königreich Belgien doch erst seit dem Jahre 1830/31! Stephanie hätte also nie gewagt, die Hand des österreichischen Kronprinzen auszuschlagen.

Am selben Abend noch hatte das junge Paar Gelegenheit, einander kennenzulernen. »Der Kronprinz küßte mir die Hand, sprach mich deutsch an und … sagte mir einige schmeichelhafte, aber sehr förmliche Worte, und schon nach einigen Minuten stellte er die große Frage, die über unsere Zukunft entscheiden sollte. Hierauf reichte er mir den Arm, und so näherten wir uns meinen Eltern und baten sie unsere Verlobung zu segnen. Hocherfreut küßten sie ihren zukünftigen Schwiegersohn und erlaubten uns, künftig Du zu sagen«[5], schrieb Stephanie fünfzig Jahre später in ihren Memoiren.

Graf Chotek, der seinem Kaiser genauestens und unmittelbar danach über den Ablauf der Ereignisse berichtete, stellt ihn ein wenig anders und sicher so dar, wie es sich tatsächlich abgespielt hat, denn er war natürlich immer zugegen.

Nach ihm war am 7. März Brautschau. Nach Besuch der heiligen Messe fand in Schloß Laeken ein Déjeuner statt, zu dem nur das engste Gefolge, Graf Chotek, seine Frau und seine beiden ältesten Töchter Sidonie und Marie geladen waren. Der Graf hatte die Ehre, neben Prinzessin Stephanie zu sitzen. Darüber schrieb er an den Kaiser: »Die Prinzessin ist sehr jung und eben in der Entwicklung begriffen, hat aber eine reizende Haltung, huldvolle Würde und geistreichen Ausdruck ...« Das sollte heißen: Die noch sehr kindliche Prinzessin war nicht eben schön, aber lebhaft und gesprächig. Danach verfügten sich die höchsten Herrschaften in das blaue Audienzzimmer. »Bei offenen Flügeltüren, blieben die jungen Herrschaften allein«, wie Graf Chotek ausdrücklich hervorhob. Der Schicklichkeit war also Genüge geleistet. »Auf einmal erschien 5 bis 7 Minuten später, Kronprinz Rudolf mit hochgeröteten Wangen und freudigem Gesichtsausdruck unter der Tür... Wenige Augenblicke später geruhte König Leopold mich freundlich unter den Arm zu nehmen und mir zu sagen: ›Kommen Sie, lieber Chotek, ich glaube, die jungen höchsten Herrschaften haben Ihnen eine freudige Mitteilung zu machen‹ ...«[6] Graf Chotek gratulierte als erster.

Er war glücklich. Er hatte sein Bestes getan und hatte die heikle Mission zur Zufriedenheit des Kaisers erfüllt.

Die damals zwölfjährige Sophie, die lebhafteste und aufgeweckteste der Töchter, hatte mit den jüngeren Geschwistern zu Hause bleiben müssen. Angeblich soll sie ihren Schwestern, die beim Verlobungsbankett dabei waren, bei deren Rückkehr voll Neugierde aufgelauert haben, um sie über ihre Eindrücke auszufragen. Ihr besonderes Interesse erregte neben dem Aussehen und dem Kleid der Braut Kronprinz Rudolf, und sie beneidete Prinzessin Stephanie, die das Glück hatte, die Gattin des künftigen Kaisers zu werden. Selbst für Angehörige einer bevorzugten Klasse war der Kaiser ein Idol, das turmhoch und unerreichbar über den anderen stand. An diesem Abend dachte bestimmt niemand daran, daß Sophie selbst einmal die Frau eines Thronfolgers werden würde.

Am 8. März erschien die Nachricht von der Verlobung in allen österreichischen und belgischen Zeitungen.

Als der König sie verkündigte, berichtete Chotek nach Wien, daß alle Diplomaten »über das freudige und hochbeglückte Aussehen des höchsten Brautpaares allgemein entzückt waren.«[7]

Rudolf und Stephanie hatten sich verlobt, weil ihre Väter es so wünschten. Die Zeit, einander kennenzulernen, hatten sie ihnen nicht gegeben. Das war nicht üblich. Vielleicht hätten sie sonst von diesem entscheidenden Schritt Abstand genommen. Graf Chotek sollte noch erleben, wie tragisch die Ehe später enden würde. Doch daran hatte er keinen Anteil.

Am 5. Mai 1881 empfing der Kronprinz seine Braut und deren Eltern in Salzburg, wo die Hochzeitsgesellschaft nach einer Rast in Augsburg erste Station auf österreichischem Boden machte. Auch Graf und Gräfin Chotek waren dabei. Der Graf in seiner Funktion als österreichisch-ungarischer Gesandter, die Gräfin als Begleiterin der belgischen Königin. Sie nahmen auch am festlichen Diner in der Salzburger Residenz teil.

Einige Monate vorher, im Juli 1880, hatte Gräfin Wilhelmine in Adlerkosteletz, dem Schloß der Familie Kinsky, noch ihr achtes und zugleich letztes Kind zur Welt gebracht. Es war wieder eine Tochter, die den Namen Maria Henriette erhielt. Sie sollte viel später im Leben der Kinder von Sophie und Franz Ferdinand eine große Rolle spielen und ihnen in ihrer schwersten Stunde zur Seite stehen.

Von Salzburg aus reisten die Belgier am nächsten Tag mit ihrer Begleitung nach Wien. Dort empfingen Kaiser und Kaiserin am Bahnhof ihre künftige Schwiegertochter. In der großen Galerie in Schönbrunn lernte Stephanie schließlich ihre neue Familie und den Hofstaat kennen. Nach Hofball und feierlichem Galadiner im Zeremoniensaal der Hofburg, bei dem die Tafel hundert Gedecke in Gold aufwies und Hofmusikballdirektor Eduard Strauß mit seiner Kapelle seinen neuen Walzer »Schleier und Krone« zum besten gab, brach der 10. Mai, der Tag der Hochzeit, an. Sie wurde um elf Uhr in der festlich dekorierten Augustinerkirche gefeiert. Es kann als sicher gelten, daß Graf und Gräfin Chotek ebenfalls zu allen Festlichkeiten eingeladen waren, und wir können uns vorstellen, daß letztere nach ihrer Rückkehr nach Brüssel ihrer Tochter Sophie alles genau hatte erzählen müssen.

Der Tod der Mutter

Im Jahre 1886 traf die Familie ein harter Schlag. Gräfin Wilhelmine starb am 5. März. Es war ihr also nicht mehr vergönnt, die Hochzeit ihrer damals einundzwanzigjährigen Tochter Karoline mit Graf Leopold Nostitz zu erleben. Und bereits im Jahr darauf heiratete die »Rischel« genannte ältere Schwester Marie den Juristen Dr. Jaroslaw Graf von Thun und Hohenstein, einen Sohn aus dem böhmischen Majorat Teschen. Die Grafen Thun und Hohenstein, eine alte, ursprünglich Tiroler Familie, waren reich begütert und zählten zu den angesehensten Familien der Monarchie. Graf Jaroslaws Vater, ebenfalls Diplomat, war gemeinsam mit Graf Bohuslaw in Berlin tätig gewesen. Gräfin Marie machte also mit ihrer Heirat eine gute »Partie«. Auch der einzige Sohn Wolfgang lebte nicht mehr zu

Hause. Er arbeitete als Staatsbeamter in der Verwaltung. Die zweitälteste Tochter Sidonie, genannt ›Zdenka‹, war zweite Hofdame bei Kronprinzessin Stephanie.

So gab es also nur mehr vier Mädchen, die noch mit ihrem Vater im gemeinsamen Haushalt lebten. Dieser befand sich nicht mehr in Brüssel, sondern in Dresden, wohin Graf Chotek nun als Gesandter berufen worden war. Es war, wenn man so will, ein Abstieg auf der Karriereleiter, denn der Posten in Dresden hatte politisch kaum eine Bedeutung. Seit der Gründung des deutschen Kaiserreiches im Jahre 1871 befand sich der Brennpunkt des Geschehens in Berlin. Graf Chotek hatte sich nach seiner erfolgreichen Mission in Brüssel einiges für seinen beruflichen Werdegang erwartet. Nun war aber die Ehe des Kronprinzen, wie jedermann wußte, sehr unglücklich verlaufen. Nicht einmal einen Sohn und künftigen Thronerben gab es, das Wichtigste, was man von einer Kronprinzessin erwartete. So mancher mochte daher wünschen, die Verbindung wäre gar nicht erst zustande gekommen. Der neu ernannte Gesandte besaß zwar immer noch das Vertrauen Kaiser Franz Josephs, der mit dem König von Sachsen vielfach verwandt und zudem befreundet war, dennoch war Graf Chotek sich nur zu gut bewußt, daß der sächsische Königshof für ihn gewissermaßen ein Abstellgleis war. Vielleicht hätte Graf Chotek, der der Jüngste nicht mehr war, schon gerne um seine Pensionierung angesucht. Aber das war unmöglich. Mit den Bezügen, die ihm nach Stellung und Dienstjahren im Alter zustanden, hätte er das Leben für seine immerhin noch fünfköpfige Familie nicht standesgemäß finanzieren können. Auch mochte die Verpflichtung, seine noch ledigen Töchter mit der üblichen Aussteuer und einer wenigstens bescheidenen Mitgift zu versorgen, zu seinem Entschluß beigetragen haben. Es blieb ihm nichts übrig, als weiterzumachen wie bisher.

Der Thronfolger

Ein Erzherzog wie viele andere auch

Als Erzherzog Franz Ferdinand am 18. Dezember 1863 in Graz geboren wurde, war er vom Thron der österreichischen Monarchie einige Stufen weit entfernt. Ja, es erschien völlig unwahrscheinlich, daß er jemals als Thronfolger in Frage kommen würde. Gab es doch bereits einen: den am 21. August 1858 geborenen Kronprinzen Rudolf, bisher einziger Sohn Kaiser Franz Josephs und Kaiserin Elisabeths, die mit ihren knapp 26 Jahren damals noch jung genug war, um weiteren Kindern das Leben zu schenken. Es war durchaus zu hoffen, daß darunter auch Prinzen sein würden. Außerdem durften Erzherzog Ferdinand Max, der jüngere Bruder Kaiser Franz Josephs, damals erst 31 Jahre alt, und seine Gattin Charlotte ebenfalls auf Kindersegen hoffen.

Das Baby in der Grazer Wiege war der älteste Sohn von Erzherzog Karl Ludwig, des Drittgeborenen von Erzherzog Franz Karl und der legendären Erzherzogin Sophie, die als die böse Schwiegermutter von Kaiserin Elisabeth in die Geschichte eingegangen ist. Franz Ferdinand war also ein Neffe des Kaisers. Die Mutter, Erzherzogin Maria Annunciata aus dem Hause Bourbon, war eine geborene Prinzessin von Neapel und beider Sizilien. Sie hatte ihren Vater, den berüchtigten »Re Bomba« abgöttisch geliebt und seine absolutistische Regierung, die vor Gewalt und drastischen Strafen gegen jede Art von Widerstand nicht zurückschreckte, rückhaltslos bewundert. Den Verlust ihres Vaterlandes, das kurz nach dem Tod ihres Vaters der Einigung Italiens zum Opfer gefallen war, konnte sie nie verwinden, bedeutete er doch zugleich das Ende der Größe und Macht ihrer Familie. Das römische Exil war ihr zutiefst verhaßt und sie ergriff die erste Gelegenheit, ihm für immer den Rükken zu kehren, indem sie den Heiratsantrag des österreichischen Erzherzogs annahm.

Die Hochzeit fand in Venedig statt. Es war nicht die erste Ehe Karl Ludwigs. Er war im Alter von 23 Jahren mit der blutjungen sächsischen Prinzessin Margarete verheiratet worden, die aber schon nach kurzer Ehe kinderlos starb. Auch die zweite Ehe wurde ihm von seiner energischen Mutter Sophie gewissermaßen verordnet, und Erzherzog Karl Ludwig hatte sich gehorsam gefügt. Dazu war er von Jugend an erzogen worden. Und zur Frömmigkeit. Letztere hielt Sophie ebenfalls für äußerst wichtig. Das galt auch für die Schwiegertöchter. Denn aus gehorsamen, frommen Mädchen wurden auch fromme, gehorsame Ehefrauen. Verbindungen zwischen den gut katholischen Bourbonen und den Habsburgern waren schon bisher keine Seltenheit. Erzherzogin Sophie hatte nur eines an ihrer neuen Schwiegertochter auszusetzen. Fand sie doch, daß Maria Annunciata zwar sehr hübsch war, aber einen etwas kränklichen Eindruck machte. Deshalb verordnete sie dem jungen Paar, seinen Aufenthaltsort zunächst in Görz zu nehmen, wo das milde Klima der an südliche Wärme gewöhnten Prinzessin guttun würde.

Das erste Kind, eben Franz Ferdinand, wurde in einem Palais unter dem Grazer Schloßberg geboren. Die junge Frau hatte sich in Görz nicht wohl gefühlt. Der Vater war selig. »Heute ¼ 8 morgens größte Freude meines Lebens, indem mir ein Sohn geboren wurde. Der Augenblick, als die kräftige Stimme unseres lieben Kindes sich vernehmen ließ, ist unbeschreiblich. Ich konnte nur unter Tränen der Rührung ... Annunciata umarmen und ihr für die Geburt danken«, schrieb er in sein Tagebuch.[8]

Zwei Jahre später wurde ein zweiter Sohn, Erzherzog Otto, geboren. Sorge bereitete jedoch die schwache Gesundheit von

Erzherzogin Annunciata. Allmählich wurde klar, daß es sich um Tuberkulose handelte, eine damals weit verbreitete Krankheit, die auch vor höchsten Kreisen nicht haltmachte. Zu einem innigen Verhältnis zwischen der Mutter und den Kindern kam es daher gar nicht. Um die Kinder keiner Ansteckungsgefahr auszusetzen, wurden sie möglichst von ihr ferngehalten. Im Jahre 1868 kam noch einmal ein Kind zur Welt, Ferdinand Karl, 1871 eine Tochter, Margarethe. Doch die Schwangerschaften hatten Maria Annunciatas schwache Gesundheit endgültig aufgezehrt. Sie starb wenige Monate später an ihrer fortgeschrittenen Tuberkulose. Der Tod beendete eine Ehe, der das Glück versagt geblieben war. Erzherzog Karl Ludwig war wieder Witwer, diesmal mit vier kleinen Kindern.

Der gute Geist der Familie

Eine dritte Ehefrau, die zugleich den Kindern eine gute Mutter sein würde, war der Wunsch nicht nur von Erzherzogin Sophie, sondern auch des Familienmenschen Karl Ludwig. Die Wahl fiel auf Prinzessin Maria Theresia, eine Tochter von Dom Miguel von Bragança, der für einige Jahre den Thron von Portugal usurpiert hatte, aber in der Verbannung gestorben war. Er hatte seine Familie ziemlich verarmt zurückgelassen. Maria Theresia, die einen Bruder und fünf Schwestern hatte, war zwar erst sechzehn Jahre alt, fand es aber selbstverständlich, trotz ihrer eigenen Jugend ihre jüngeren Geschwister zu bemuttern, worin sie großes Geschick bewies. Personal war knapp im Hause Bragança in Kleinheubach. Für das unbemittelte junge Mädchen war daher ein Erzherzog aus dem Hause Habsburg eine gute Partie, auch wenn er über 20 Jahre älter und ein Witwer mit vier Kindern war.

Der Ehetermin, der gleich nach Ablauf des Trauerjahres für Maria Annunciata festgesetzt wurde, mußte verschoben werden. Erzherzogin Sophie war überraschend gestorben, Hoftrauer angesagt. Die erst ein Jahr später geschlossene Ehe bedeutete für die erzherzogliche Familie aber einen Glücksfall. Diesmal hatte Erzherzogin Sophie gut gewählt. Denn Maria Theresia ging voll und ganz in ihrer neuen Rolle auf und nahm sich der Halbwaisen wie eine wahre Mutter an. Das änderte sich auch nicht, als sie selbst zwei Töchter zur Welt brachte. Erzherzog Karl Ludwig hatte im Alter von vierzig Jahren endlich das gefunden, wonach er in zwei Ehen vergeblich gesucht hatte: eine liebevolle Frau und eine zärtliche Mutter aller seiner Kinder.

Der Liebling des Vaters war der kleine Otto, ein fröhlicher Junge, der stets voll lustiger Streiche steckte, für die ihm aber niemand böse sein konnte. Neben diesem Bruder, dem alle Herzen zuflogen, hatte es der ernste, manchmal mürrische und schwierige »Franzi« besonders schwer. Erzherzogin Maria Theresia erkannte, daß der Ältere eifersüchtig war und sich zugunsten Ottos zurückgesetzt fühlte. Sie schloß ihn deshalb besonders innig in ihr Herz und gewann dadurch seine Liebe.

Noch zu Maria Annunçiatas Lebzeiten waren zwei Ereignisse eingetreten, die ihren Ältesten eine Stufe näher an den Thron heranrücken ließen. Im Jahre 1867 war der ehemalige Erzherzog Ferdinand Max, seit drei Jahren Kaiser Maximilian von Mexiko, von den republikanischen Gegnern seines Kaisertums besiegt und kurz darauf als Usurpator standrechtlich erschossen worden. Seine Ehe war kinderlos geblieben. Das Kind, das Kaiserin Elisabeth bald darauf erwartete, war nur ein Mädchen und kam daher für die Thronfolge nicht in Frage. Erzherzogin Maria Annunciata hatte das noch mit Befriedigung festgestellt.

Die Este-Erbschaft

Im Jahre 1875 starb Franz V., Herzog von Modena, ebenfalls ein Habsburger. Modena war wie die Toskana zwar 1859 an das neue Königreich Italien verlorengegangen, aber der Herzog hatte die Hoffnung nie aufgegeben, eines Tages wieder sein Reich in Besitz zu nehmen. Bevor er kinderlos starb, vermachte er seinen gesamten Privatbesitz dem ältesten Sohn Erzherzog Karl Ludwigs, legte dem Erben aber die Bedingung auf, seinem Namen den Namen Este hinzuzufügen und sich innerhalb eines Jahres ausreichende Kenntnisse der italienischen Sprache anzueignen. Der dritte Sohn von Maria Theresia und dem deutschen Kaiser Franz I. hatte seinerzeit mit der Erbtochter von Modena aus der Familie Este die Tertiogenitur der Habsburger begründet.

Die Erbschaft bestand außer aus einigen Millionen Gulden Bargeld aus Grundbesitz in Italien sowie Palästen in Modena, Rom, Venedig und Wien, der Villa Este in Tivoli und der wertvollen Estensischen Kunstsammlung, die die Familie Este in Jahrhunderten zusammengetragen hatte. Das Testament, ein 500 Seiten starkes Konvolut, wurde von verschiedenen Seiten angefochten, doch Karl Ludwig, der sich selbst als einen vergleichsweise »armen« Erzherzog bezeichnete, verstand es meisterhaft, die Ansprüche abzuwehren und einige Klauseln des Testaments, die Kosten verursacht hätten, unwirksam zu machen. Die Auflage, das Vermögen dazu zu benützen, um das Herzogtum Modena wiederherzustellen, war ohnedies illusorisch. Die Einigung Italiens unter dem König von Piemont-Sardinien, Viktor Emanuel, ließ sich nicht mehr rückgängig machen. Daß Erzherzog Franz Ferdinand die andere Bedingung des Testaments, nämlich die italienische Sprache ausreichend zu erlernen, je erfüllt hat, zieht sein Enkel, Herzog Georg von Hohenberg, in Zweifel. Sein Großvater sei überhaupt nicht sprachbegabt gewesen und über primitive Kenntnisse des Italienischen sicherlich nicht hinausgekommen. Aber der Erbonkel war ja nicht mehr am Leben, um das zu kontrollieren.

Die Lehrer, die Erzherzog Karl Ludwig für seine Söhne ausgewählt hatte, fast ausnahmslos Offiziere, hatten es nicht leicht mit Franz Ferdinand. Entsprechend bescheiden waren ihre Erfolge. Wie die meisten anderen Menschen bevorzugten sie Otto, dessen Leistungen zwar keineswegs besser waren, aber dessen verbindliche Art seinen Erziehern mehr entgegenkam. Franz Ferdinand reagierte mit Trotz und passivem Widerstand.

Das konnte Erzherzogin Maria Theresia nicht länger mitansehen. Sie hielt Ausschau nach neuen Lehrern und hoffte, daß diese es besser verstehen würden, das schwierige Kind zu behandeln. Vor allem zwei wußten mit ihrem Unterricht tatsächlich den Jungen zu fesseln und gewannen großen Einfluß auf ihn und seine gesamte Denkweise.

Der eine war der Historiker Dr. Onno Klopp, ein Kleriker, der vom Protestantismus zum katholischen Glauben konvertiert war. Er breitete vor den jungen Erzherzögen die Geschichte Habsburgs und ihre Bedeutung für das deutsche Kaisertum aus, ließ nicht unerwähnt, daß seit der Wahl Rudolfs von Habsburg durch die Kurfürsten im Jahre 1273 nicht weniger als zwanzig Herrscher des Heiligen Römischen Reiches deutscher Nation habsburgischer Herkunft waren und nur sieben anderen Familien entstammten. Während Otto solche Vorträge unbeeindruckt über sich ergehen ließ, hatte Klopp nicht nur das Interesse des Älteren erweckt, sondern auch dessen Stolz, dieser erlauchten Familie anzugehören. Und da, wie der Lehrer betonte, Gott selbst dem Hause Habsburg solche Macht und Größe verliehen hatte, gelte es, sich durch Frömmigkeit und ein tugendhaftes Leben dieser Ehre würdig zu erweisen. Franz Ferdinand hat die Vorträge seines Lehrers nie mehr vergessen. Die Weltanschauung, zum Herrscher berufen zu sein, wird ihn viele Jahre später darin bestärken, lieber eine morganatische Ehe in Kauf zu nehmen als auf seine Stellung als Thronfolger zu verzichten.

Dr. Godfried Marschall, Propst der Wiener Votivkirche, war völlig anders geartet. Lebensfroh und eher liberal gesinnt, gesellschaftlich gewandt und deshalb allgemein beliebt, wurde er bald über den Religionslehrer hinaus zum Freund Franz Ferdinands. Wie Weissensteiner in seiner Franz-Ferdinand Biographie darlegt, »verstand er es, die Wünsche seines Schützlings zu erahnen und in die von ihm gewünschte Richtung zu lenken, seine Begierden zu steuern, seine Hoffnungen zu beflügeln.«[9] Gewiß hatte er großen Einfluß auf die Haltung des Erzherzogs in seiner Liebe zu Sophie Chotek. Gerade diese Liebe sollte aber das vertraute Verhältnis zu Dr. Marschall zerstören.

Das Lehrprogramm wurde mit der Zeit immer umfangreicher, auch Rechts- und Staatswissenschaft zählte dazu, natürlich auch Unterricht in den Sprachen der Monarchie, für die der Heranwachsende allerdings, wie schon erwähnt, nicht viel Geschick mitbrachte. Viel Zeit für Vergnügungen, etwa Ausritte in den Prater oder die Entenjagd in den Donauauen, blieb nicht.

Die militärische Karriere des Erzherzogs

Wie alle Erzherzöge durchlief Franz Ferdinand eine rasche militärische Karriere.

Schon mit 14 Jahren wurde er Leutnant, mit neunzehn Oberleutnant, mit zwanzig Jahren begann sein Dienst bei den Dragonern in Enns. Doch seine Schüchternheit, gepaart mit einer eher schmächtigen Gestalt und einer nicht gerade eindrucksvollen Haltung, erschwerten das Verhältnis zu seinen Kameraden. So oft wie möglich fuhr er nach Wien, wo er im Palais Modena eine Wohnung besaß. In dieser Zeit scheint Franz Ferdinand auch das Liebesleben entdeckt zu haben. Seine vielen Abwesenheiten von Enns erregten jedoch Aufsehen. Einem Erzherzog und Neffen des Kaisers sahen zwar seine Vorgesetzten einiges nach, nicht aber der Kaiser. Kronprinz Rudolf sah sich sogar veranlaßt, den Cousin zu warnen:

»Der Kaiser ist ziemlich ungehalten«, schrieb er ihm am 22. November 1884, »da er es Deiner Jugend zuschreibt, als auch Deinem Regimentskommandanten, der Dich während Deiner Rekrutenzeit so oft fort läßt. Auch ich wurde zur Rede gestellt, warum ich quasi durch zu häufige Einladung Dich vom Regiment weglocke, statt durch weises Zureden auf Dich einzuwirken... Jetzt ist Onkel Albrecht noch nicht hier, wenn dieser kommt, kannst Du Dich auf Unannehmlichkeiten vorbereiten.« Und vier Tage später: »Denn er hat Freude am Schimpfen; denn er ist böse. Wenn er einen Fehler oder eine Blöße an einem anderen entdeckt, ist das für ihn eine Wonne...«[10]

Der Generalinspekteur des Heeres, Feldmarschall Erzherzog Albrecht, war ein entfernter Onkel des Kaisers, Sohn des legendären Erzherzogs Karl, der Napoleon im Jahre 1809 bei Aspern die erste Niederlage seines Lebens beigebracht hatte. Albrecht war ein Schwiegersohn von König Ludwig I. von Bayern und Sieger im Krieg von 1866 gegen Italien. Streng konservativ in seiner Anschauung, stand er bei Kaiser Franz Joseph in hohen Ehren und war bei Hof von großem Einfluß. Er galt als die »graue Eminenz« der Familie Habsburg, die unerbittlich über Moral und Auftreten der Jugend wachte. Die jungen Erzherzöge fürchteten ihn, denn er hatte seine Augen und Ohren überall und ließ es an Vorhaltungen und Ermahnungen nicht fehlen, wenn sie seiner Meinung nach am Platze waren. Und das war häufig der Fall. Franz Ferdinand machte da keine Ausnahme.

Noch ein Stück näher zum Thron

Ein entsetzliches, tragisches Ereignis von historischer Bedeutung brachte Franz Ferdinand dem Thron noch um eine Stufe näher.

Ende Januar 1889 beging Kronprinz Rudolf im Jagdschloß Mayerling gemeinsam mit seiner Geliebten Selbstmord.

Franz Ferdinand erhielt die Nachricht in Prag, wo er als Major im 102. Infanterieregiment stationiert war. Ihr Überbringer war sein Kammervorsteher Graf Wurmbrand. Sie sollte für Franz Ferdinand weitreichende Folgen haben. Denn Rudolf war der einzige Sohn des Kaisers geblieben. Es gab keinen zweiten, der seine Stelle als Thronfolger hätte einnehmen können. Zwar hätte die Pragmatische Sanktion, die Kaiser Karl VI. einst erlassen hatte, um seiner Tochter Maria Theresia die Erbfolge zu sichern, es theoretisch ermöglicht, auch die ältere Tochter Gisela aus der Ehe Franz Josephs und Elisabeths als Thronerbin einzusetzen – doch das lag, bei all seinem Respekt vor der Geschichte des Hauses Habsburg, jenseits der Vorstellungskraft des Kaisers. Wie alle übrigen weiblichen Mitglieder der weitverzweigten Familie Habsburg hatte auch Erzherzogin Gisela vor ihrer Eheschließung mit einem feierlichen Eid auf eine mögliche Thronfolge verzichten müssen.

Thronfolger war somit der jüngere noch lebende Bruder Franz Josephs, Erzherzog Karl Ludwig, der Vater Franz Ferdinands. Er war 56 Jahre alt und damit nur drei Jahre jünger als der Kaiser. Aber nicht allein aus diesem Grund hielt man es kaum für möglich, daß Karl Ludwig dieses Amt einmal ausüben würde: Er hatte sich nie für Politik interessiert und war auch gar nicht dafür ausgebildet worden. Seine offizielle Tätigkeit beschränkte sich auf die Eröffnung von Ausstellungen und Wohltätigkeitsveranstaltungen. Und, last not least, es mangelte ihm auch etwas an den nötigen geistigen Fähigkeiten.

Daran mußte Franz Ferdinand denken, als er im Schnellzug nach Wien saß und ihm das ungeheuerliche Ereignis, das so sehr in sein eigenes Leben eingriff, richtig zu Bewußtsein kam. Wie sein Vater sich zu der neuen Situation stellen und sich jetzt verhalten würde, wußte er jedoch nicht. Er hatte nie mit ihm darüber gesprochen. Auch wie der Kaiser darüber denken mochte, war ihm keineswegs klar. Die Zeit würde es erweisen. Es stand nur fest, daß er dem Thron um ein entscheidendes Stück näher gerückt war.

Rudolfs Tod warf viele Rätsel auf und stellte das Kaiserhaus vor große Probleme. Auf keinen Fall durfte zugegeben werden, daß der Kronprinz der katholischen österreichisch-ungarischen Monarchie einen Mord begangen und sein Leben durch Selbstmord beendet hatte! Also versuchten die Verantwortlichen zunächst, den plötzlichen Tod als Herzschlag zu deklarieren. Allerdings sah man nur zu bald ein, daß das nicht mehr möglich war. Zu weit war die Wahrheit bereits durchgesickert. Da aber dem Kaiser daran gelegen war, eine kirchliche Bestattung zu gewährleisten, blieb also nichts übrig, als Zuflucht zu einer medizinischen Diagnose zu nehmen. Diese besagte, daß sich bei der Obduktion des Gehirns ein abnormaler Befund ergeben habe, der es erklärte, daß die Tat im Zustand einer geistigen Verwirrung begangen worden sei. Der Kronprinz, ein hoch intelligenter Mann, wurde also gewissermaßen postum zum Irren erklärt.

Das Vorhandensein einer zweiten Toten, nämlich der Baronesse Mary Vetsera, die – so die heutige Standardversion der Geschichte – von Rudolf erschossen wurde, bevor er Hand an sich legte, wurde überhaupt totgeschwiegen und ihre Leiche bei Nacht und Nebel heimlich auf dem Friedhof von Heiligenkreuz begraben. Unbekannt blieb ihr Tod dennoch nicht. Ganz im Gegenteil, die Affäre wurde von der Bevölkerung zu einer rührenden Liebestragödie hochstilisiert: zwei Liebende, die lieber den Freitod wählten, als auf die Erfüllung ihrer Liebe zu verzichten. Mary Vetsera wurde zur romantischen Geliebten à la Julia, Rudolf zu einem neuen Romeo erhoben. Die Literatur darüber füllt Bände.

Die wahren Hintergründe des Geschehens liegen bis heute im dunkeln. Es müssen schwerwiegende Gründe gewesen sein, denn das Kaiserhaus hat es meisterhaft verstanden, alle Beweise zu vernichten, die Eingeweihten zum Schweigen zu verpflichten. So wurde den vielen Gerüchten, die bald zu kursieren begannen, der Boden bereitet. Auch über hundert Jahre und das Ende der Monarchie haben daran nichts geändert. Die Gerüchte bestehen bis heute.

Es ist anzunehmen, daß Erzherzog Franz Ferdinand zum Kreis derer zählte, die die Wahrheit kannten, aber auch er hat das Geheimnis bewahrt. Dasselbe gilt für seine Gattin, wenn sie davon überhaupt etwas erfahren haben sollte.

Über die Nachfolge wurde nicht gesprochen. Zwar sah man Franz Ferdinand allgemein als Thronerben an, der Kaiser betraute ihn auch zunehmend mit wichtigen Aufgaben, aber eine offizielle Bestätigung gab es nicht. Weder erklärte Erzherzog Karl Ludwig seinen Verzicht, noch ließ der Kaiser etwas darüber verlauten.

Nur Erzherzog Albrecht schrieb am 8. Mai 1889 neben vielen Ermahnungen: »... Außerdem sind Dir aber noch andere, viel wichtigere und schwierigere Pflichten für die Zukunft zugewachsen, welche Dir einst die schwerste Verantwortlichkeit, jene ausschließliche vor Gott und Deinem Gewissen aufbürden werden... als höherer Offizier wie als zukünftiger Regent wirst Du viel Zeit bedürfen, um Dich gewissenhaft vorzubereiten.«[11]

Thronfolger? Oder doch nicht? Mit dieser Ungewißheit sollte Franz Ferdinand einige Jahre lang leben müssen. Dann trat ein Ereignis ein, das seine Thronfolge tatsächlich ernsthaft in Frage stellte. Er erkrankte schwer.

Eine Liebesgeschichte bahnt sich an

Gräfin Sophie Chotek

Es gibt kein schriftliches Zeugnis dafür, wann Erzherzog Ferdinand und Gräfin Sophie Chotek einander zum ersten Mal begegnet sind. Ludwig Winder schildert in seinem Buch *Der Thronfolger,* das er allerdings selbst als Roman bezeichnet, auf sehr anschauliche und gefühlvolle Weise jene erste Begegnung auf einer »Soirée dansante«, die der Statthalter von Böhmen, Graf Franz Thun-Hohenstein, im Herbst 1894 in seinem Palais in Prag gab. Ehrengast des Abends war Erzherzog Franz Ferdinand, der damals die 38. Infanteriebrigade in Budweis kommandierte. Der gesamte Hochadel Böhmens war in den Empfangsräumen der Statthalterei versammelt, und die anwesenden Damen, sämtlich in Pariser Abendtoiletten, wetteiferten im Schmuck kostbarer Juwelen und umringten den prominenten Gast. Eine Dame stand allein und unbeachtet. Aber »ihre ungewöhnlich schönen braunen Augen, die ihm (dem Erzherzog) unaufhörlich zugewendet blieben, hätten ihn verfolgt«[12]. Sie hatte hellbraunes, ein wenig gewelltes Haar, das sie aufgesteckt trug, und war sehr schlank und ziemlich groß. Im Gegensatz zu den anderen war sie schlicht gekleidet und um ihren Hals lag nur eine einfache Goldkette mit einem kleinen Kreuz. Franz Ferdinands Kammervorsteher, Graf Wurmbrand, habe ihn dann über ihre Identität aufgeklärt. Es war Gräfin Sophie Chotek von Chotkowa und Wognin, damals gerade auf Besuch in Prag. Sie war sehr hübsch, ohne jedoch eine klassische Schönheit zu sein, ihre Gestalt für den damaligen Geschmack zu schlank. Manche nannten sie sogar verächtlich eine »Hopfenstange«.

Im Alter von sechsundzwanzig Jahren war sie im Hinblick auf die frühe Heirat vieler Mädchen keineswegs mehr als jung zu bezeichnen. Sie näherte sich sogar bereits bedenklich der Grenze, wo ein unverheiratetes Mädchen als »alte Jungfer« bezeichnet wurde. Doch ihr ganzes Wesen strahlte eine eindrucksvolle, ruhige Würde aus, und ihre dunklen Augen sprachen für Verstand und Reife, deuteten aber auch auf eine zweifellos vorhandene Leidenschaft des Gefühls. Eine interessante junge Dame, die bestimmt längst Anklang in der Männerwelt gefunden hätte, wären in einschlägigen Kreisen die prekären finanziellen Verhältnisse des Grafen Chotek nicht bekannt gewesen. Man wußte dort nämlich ganz genau, daß die bisher ledig gebliebene Sophie keine nennenswerte Mitgift zu erwarten hatte.

Franz Ferdinand ließ sich ihr vorstellen und zog sich nach einem Tanz mit ihr in einen kleinen Salon zurück. An diesem Abend sei der Funke zwischen den beiden übergesprungen. Von da an habe es heimliche Treffen gegeben und eine ebenfalls geheime Korrspondenz habe begonnen. So die Schilderung Winders.

Hingegen gilt es als ziemlich sicher, daß Erzherzog Franz Ferdinand und Gräfin Chotek einander schon seit langem, wenn wohl auch nur flüchtig, kannten. Der Erzherzog war bekannt als großer Jäger, der eine Jagdeinladung, die ein gutes Revier und eine entsprechende »Strecke« versprach, immer gerne annahm. Wie Beate Hammond in ihrem Buch *Habsburgs größte Liebesgeschichte* erwähnt, jagte Franz Ferdinand bereits seit Anfang der achtziger Jahre in Böhmen, meist in einer Gruppe Gleichgesinnter, zu der damals noch Kronprinz Rudolf, Prinz Philipp von Coburg und Fürst Schwarzenberg, Graf Rudolf Chotek und die Grafen Franz und Jaroslaw Thun zählten. Immer wieder traf man sich auf Schloß Neuhof in Kuttenberg, das Sophies Onkel Rudolf gehörte sowie in der Residenz der Thuns in Teschen. Ein Sohn des Grafen Thun, Jaroslaw, war, wie schon erwähnt, mit Sophies Schwester Marie verheiratet. Es ist also wahrscheinlich, daß bei diesen Zusammenkünften irgendwann einmal auch Sophie dabeigewesen war und den Erzherzog kennengelernt hatte.

Andere Gelegenheiten konnten sich leicht bei Festlichkeiten im Familienkreis der Habsburger ergeben haben. Denn am 10. August 1888 hatte Kaiser Franz Joseph die damals zwanzigjährige Sophie Chotek zur Hofdame bei Erzherzogin Isabella ernannt. Diese, eine Tochter des Herzogs von Croy-Dülmen, war die Gattin Erzherzog Friedrichs, eines Neffen und späteren Adoptivsohns Erzherzog Albrechts. Das Paar hatte acht Töchter, ehe endlich als letztes und neuntes Kind ein Sohn zur Welt kam. Erzherzog Friedrich war als Erbe Erzherzog Albrechts einer der reichsten Habsburger. Er erhielt zwar eine militärische Erziehung, war aber auch zur Verwaltung der riesigen Güter seines Onkels ausgebildet worden. Als Hofdame war Sophie oft in Begleitung der Erzherzogin unterwegs und selbstverständlich auch bei Einladungen zugegen.

Ein Photo, das in Halbthurn, einer Besitzung Erzherzog Friedrichs, anläßlich einer Jagd im Winter 1893 aufgenommen wurde, zeigt sowohl Erzherzog Franz Ferdinand als auch Sophie. Sie befindet sich darauf zwar im Hintergrund, macht aber einen ziemlich selbstbewußten Eindruck.

Wann es zwischen Franz Ferdinand und ihr tatsächlich »gefunkt« hat und wie und wann sich ihre Liebe zu einer ernstzunehmenden Beziehung entwickelte, ist unbekannt. Die beiden hatten allen Grund, sie geheim zu halten. Denn die trotz Uradels tief unter einem Erzherzog stehende böhmische Gräfin war alles andere als standesgemäß für einen Habsburger, erst recht für einen, der nach dem Tod von Kronprinz Rudolf als dessen Nachfolger und Thronerbe galt. Nicht einmal die erst 1990 verstorbene Tochter des Paares wußte, wann sich die beiden wirklich kennengelernt hatten. Und ein Vertrauter des Erzherzogs, der vom Forstadjunkt bei Graf Traun zum Haushofmeister Franz Ferdinands aufgestiegene Franz Janaczek, hat zeitlebens die Geheimnisse seines Herrn bewahrt. Jedes Angebot, seine Memoiren zu schreiben und damit so manches zu erhellen, was nun für immer im dunklen bleibt, wurde von ihm standhaft abgelehnt.

Doch wir dürfen den Beginn eines näheren Interesses Erzherzog Franz Ferdinands für Gräfin Chotek etwa für das Frühjahr 1894 ansetzen, denn ein an sie gerichteter Brief vom April 1894 ist erhalten geblieben. Die Beziehung kann damals noch nicht weit fortgeschritten gewesen sein, denn das Schreiben trägt noch die förmliche Anrede »Verehrteste Gräfin«. Der Erzherzog erinnert darin an ein Fest im Palais des Grafen Larisch in Wien und weist auch auf eine Begegnung an der italienischen Riviera hin.[13] Aus Budweis stammt ein Brief vom 18. August desselben Jahres, in dem von einem Aufenthalt in Wien und einem »Derwischball« sowie von »unserem letzten Tanzerl bei Sacher« die Rede ist. In einem anderen findet sich ein Hinweis auf ein gemeinsames Tennismatch in Preßburg, wohin Franz Ferdinand bald wieder zu kommen verspricht.[14]

Erzherzog Franz Ferdinand

Jeder junge Erzherzog, besonders wenn er einigermaßen gut aussah, war von Frauen umschwärmt. Auch so manche Mutter aus höchsten Kreisen erhoffte sich einen erzherzoglichen Schwiegersohn für eine ihrer Töchter. Aber sie war auch besonders darauf bedacht, daß der gute Ruf des jungen Mädchens keinen Schaden litt. Denn dessen Leumund war mindestens so viel wert wie Mitgift und Aussteuer. Für die jungen Herren aus dem Kaiserhaus, die schließlich auch mit der körperlichen Liebe Bekanntschaft machen mußten, blieben also nur die käuflichen »Damen« oder die ebenfalls nicht kostenlosen Mädchen vom Theater, die Schauspielerinnen und Tänzerinnen vom Ballett. Auch Franz Ferdinand hatte eine solche

Maitresse. Sie hieß Mila Kugler, war Schauspielerin und lebte mietfrei in einem Haus, das zum Grundstück des Palais Modena gehörte, in dem der Erzherzog eine Junggesellenwohnung besaß. Außerdem diente das Palais Modena auch seinem Bruder Otto als Quartier, wo dieser des öfteren Feste feierte, die nicht selten in wahre Orgien ausarteten.

Die Abenteuer Ottos waren Legion und bildeten nicht nur in Hofkreisen einen beliebten Gesprächsstoff. Deshalb war Otto, dessen Treiben auch dem Kaiser mißfiel, bereits im Alter von einundzwanzig Jahren mit der sächsischen Prinzessin Maria Josefa verheiratet worden. Man hoffte, daß sie den flatterhaften jungen Mann von seinen Abenteuern abhalten würde. Ein Wunschtraum, der leider unerfüllt blieb. Die fromme und nicht besonders hübsche junge Frau hatte so gut wie keinen Einfluß auf ihren Gatten. Otto dachte gar nicht daran, sein Leben ihretwegen zu ändern. Josefa schenkte ihrem Gatten zwei Söhne und ertrug das lockere Leben ihres Gatten in christlicher Demut.

Franz Ferdinand, zwar ernster geartet, hat bestimmt gelegentlich an Ottos Festen teilgenommen. Es war schließlich sein Palais, das sein Bruder gelegentlich in Anspruch nahm, von den kleineren oder größeren Geldbeträgen ganz zu schweigen, mit denen der Ältere dem Jüngeren oft aushelfen mußte. Franz Ferdinand hatte nämlich von seinem Vater die Tugend der Sparsamkeit geerbt, während Otto die Kronen reichlich locker in der Tasche saßen.

Zwei Liebesabenteuer Franz Ferdinands hatten Folgen. Eine Betroffene suchte sogar ihr Recht bei Gericht und der Erzherzog wurde zu einem Vergleich genötigt. Eine größere Summe wurde in die Salzburger Hofapotheke investiert, und als diese später pleite ging, mußte vom Vermögen der Nachkommen Franz Ferdinands für jenen Heinrich Jonke, der damals bereits erwachsen war, sogar noch die beträchtliche Summe von 50 000 Kronen bezahlt werden. Ebenfalls 50 000 Kronen erhielt ein Mann namens Kurt Hahn, der im Ersten Weltkrieg schwer verwundet wurde und dem deshalb eine Rente ausgesetzt wurde. Er erhob während der Nazizeit zudem Anspruch auf einen Teil des damals enteigneten Vermögens der Familie Hohenberg.[15]

Erzherzog Franz Ferdinand war also, was Frauen betraf, kein ganz unbeschriebenes Blatt, als er sich in Gräfin Chotek, wann auch immer, verliebte. Vielleicht hätte er sich anfangs durchaus mit einem »Verhältnis« begnügt, aber es scheint ihm bald klar geworden zu sein, daß Sophie Chotek keine Frau war, die mit einem solchen einverstanden gewesen wäre.

Ehepläne für den Erzherzog

Natürlich machte das Kaiserhaus sehr bald den Versuch, Franz Ferdinand zu verheiraten. Die erste mögliche Ehegattin war jene sächische Prinzessin Mathilde, die schon Kronprinz Rudolf seinerzeit abgelehnt hatte, weil sie ihm nicht gefiel. Franz Ferdinand gefiel sie nicht besser, was eine ernstliche Verstimmung im Hause Wettin hervorrief. Otto mußte schließlich in die Bresche springen, indem er Prinzessin Maria Josepha heiratete. Auch eine englische Prinzessin soll einmal als Ehepartnerin für Franz Ferdinand im Gespräch gewesen sein, doch das ist wegen deren anglikanischem Glaubensbekenntnis eher als Gerücht zu werten.

Am liebsten hätte der Kaiser es ja gesehen, wenn Erzherzog Franz Ferdinand und die seit Rudolfs Tod verwitwete Kronprinzessin Stephanie einander die Hand zum Ehebund gereicht hätten. Da hätte man gewissermaßen zwei Fliegen mit einer Klappe erlegt. Es muß daher eine große Enttäuschung für Kaiser Franz Joseph gewesen sein, als Franz Ferdinand die nicht standesgemäße Gräfin Sophie Chotek heiratete und auch Stephanie nach dem Mißerfolg ihrer Ehe mit Rudolf nicht noch einmal über sich bestimmen lassen wollte. Sie bestand darauf, ihren neuen Partner nach ihrem eigenen Geschmack zu wählen. Ein unerhörtes Ansinnen für den Kaiser und seine konservative Umgebung! Sie ehelichte den einfachen ungarischen Grafen Elemer Lonyay von Nagylonya und Vasarosnameny und nahm es in Kauf, daß sie daraufhin vor allem bei ihrem Vater, dem König von Belgien, in Ungnade fiel. Was soweit ging, daß König Leopold seine Tochter enterbte. Auch Kaiser Franz Joseph fand sich nur schwer mit der unstandesgemäßen zweiten Heirat seiner ehemaligen Schwiegertochter ab...

Erzherzog Franz Ferdinand widerstand allen Eheangeboten und blieb zunächst unvermählt. Am 10. Oktober 1898 schrieb er an Gräfin Nora Fugger, mit der er öfters korrespondierte. Da kannte er Sophie zwar schon seit längerer Zeit und einiges dürfte sich auf sie beziehen, aber der Brief widerspiegelt gewiß auch eine Ansicht, die er schon früher hatte. »Ich sehne mich ja selbst schon nach Ruhe, nach einem gemütlichen Heim, nach einer Familie. Aber dann stelle ich an Sie die große Frage: wen soll ich denn heiraten? Es ist ja niemand da. Gräfin sagen, ich sollte mir eine liebe, gescheite, schöne und gute Frau nehmen. Ja, sagen Sie mir: wo läuft denn sowas herum? Es ist ja ein Unglück, daß es keine Auswahl unter den heiratsfähigen Prinzessinnen gibt; lauter Kinder, lauter siebzehnjährige, achtzehnjährige Piperln, eine schiacher als die andere. Und erst die Erziehung meiner Frau zu besorgen, dazu bin ich zu alt, dazu habe ich weder Zeit noch Lust. Ich kann mir sehr gut das Ideal einer Frau vorstellen, wie ich sie gerne haben möchte und mit der ich auch glücklich werden könnte. Es müßte ein nicht zu junges Wesen sein, mit bereits vollkommen gefestigtem Charakter und Anschauungen. So eine Prinzessin gibt es nicht...«[16] Für die des Österreichischen Unkundigen: »Piperln« sind »junge Hühner«, »schiach« bedeutet »häßlich«!

Graf Sternberg schreibt in seinem Tagebuch in sehr poetischem Stil anläßlich einer Begegnung auf einer Gesellschaft in Abbazia (heute Opatija) über Sophie: »und in wahrer christlicher Demut senkte sie ihre schweren Augenlider über die glutschwarzen Augen in Gegenwart des Erzherzogs. Das lockte ihn, das reizte ihn zum Angriff. Unerreichbares lieben die Hoheiten über alles, Widerstrebendes, nicht auf dem Präsentierteller Hingereichtes. Die Gräfin Sopherl aber stellte seinen Werbungen den größten Widerstand entgegen. Nur so konnte sie in ihm jenen unstillbaren Trieb erwecken, dem keine Mühe, keine Kraft, keine Entsagung unüberwindlich schien, um sein Ziel zu erreichen.«[17] Als Graf Sternberg Zeuge jener Begegnung in Abbazia war, dürfte Franz Ferdinand den »glutschwarzen« Augen der Gräfin Sopherl schon völlig ausgeliefert gewesen sein und in ihr bereits längst das Ideal seiner zukünftigen Frau erblickt haben.

Die Hofdame

Hofdame bei Erzherzogin Isabella

Hofdame bei Erzherzogin Isabella zu werden war bestimmt nicht Sophies Traum.

Als sie die Berufung erhielt, lebte sie bei ihrem Vater in Dresden, dessen Einkünfte, wie schon erwähnt, nicht allzu üppig waren. Es reichte gerade zu einem standesgemäßen Leben für sich und die drei Töchter, die noch bei ihm verblieben waren: Sophie, Oktavia und Henriette. Sophie, eine höchst intelligente junge Dame, kannte ihre Situation ganz genau. Sie wußte, daß die materiellen Verhältnisse ihrer Familie die meisten Bewerber von vornherein abschreckten. Auch Männer mit Besitz und Reichtum zogen Mädchen vor, die diesen noch vermehrten. Sollte sich kein geeigneter Bewerber finden, hatte sie also nur die Auswahl zwischen einem Nonnenkloster, einem adeligen Damenstift oder eben einer Stellung als Hofdame.

Es ist anzunehmen, daß Kaiser Franz Joseph, der bekanntlich vom frühesten Morgen bis zum späten Abend an seinem Schreibtisch über seinen Akten saß und sich oft auch um Nebensächliches persönlich kümmerte, um die prekäre Finanzsituation der Choteks Bescheid wußte und Sophie jene Stellung verschaffte.

Erzherzogin Isabella entstammte, wie schon berichtet, dem herzoglichen Haus Croy-Dülmen, das in Westfalen reich begütert war. Als nicht mehr regierendes, sondern nur mediatisiertes Haus war die Familie eigentlich für einen habsburgischen

Erzherzog nicht ganz ebenbürtig. Aber im Rahmen der Bundesakte von 1815 hatte sich Österreich bereit erklärt, den ehemals souveränen Fürstentümern, die in größeren Gebieten aufgegangen waren, Ebenbürtigkeit zu gewähren. Der Kaiser mußte die Ehe also bewilligen. Dennoch bekam Isabella das bei Hof sehr wohl zu spüren. Aber auch an Kaiserin Elisabeth hatte man seinerzeit einen Makel in der Ahnenreihe gefunden: die Tatsache, daß sie, obwohl eine Königliche Hoheit, nur einer Nebenlinie der Wittelsbacher entstammte und eine Prinzessin Arenberg unter ihren Vorfahren war, die einem nicht souveränen Haus entstammte. Kaiser Franz Joseph hatte es damals nicht gestört.

»Erzherzog Friedrich, liebenswürdig, wenn auch alles andere als ansehnlich, macht eine ausgesprochen blasse Figur im Vergleich mit seiner Frau«, beschreibt ihn Brook-Shepherd in seinem Buch *Die Opfer von Sarajevo* und fährt mit der Beschreibung eines Photos folgendermaßen fort: »Isabella sieht aus wie eine resolute Dame (und war es wirklich): eine kurze und massige Statur, die voller Energie zu sein scheint, dazu der feste Blick einer höchst fähigen und höchst anregenden Matriarchin.«[18]

In Hofkreisen und natürlich nur hinter vorgehaltener Hand, wurde die gewichtige Erzherzogin gelegentlich wegen ihrer beachtlichen Oberweite mit dem Spottnamen »Busabella« bedacht.[19]

Es sieht so aus, als habe sich Isabella überall, nicht nur in ihrem eigenen Haushalt und in den Schlössern ihres Gatten, gebührenden Respekt verschafft. Das Paar hatte acht Kinder, zunächst nur Töchter, bis endlich das neunte der sehnlichst erwartete Stammhalter war. Die Familie teilte also das Schicksal der Choteks, nur mit dem Unterschied, daß der finanzielle Hintergrund mehr als befriedigend war und es mit Sicherheit keine Schwierigkeit darstellte, die Töchter mit einer fürstlichen Mitgift zu versorgen. Erzherzog Friedrich residierte hauptsächlich in Preßburg im Palais Grassalkovich, einem Barockjuwel aus dem 18. Jahrhundert, erbaut von Fischer von Erlach und heute der Sitz der slowakischen Regierung. Zu seinem Besitz zählte darüber hinaus eine Reihe von Schlössern, wie das östlich des Neusiedlersees gelegene Halbthurn, vor allem aber die von Erzherzog Albrecht ererbte Albertina in Wien, heute mit ihren Sammlungen eines der berühmtesten Museen Österreichs. Die Grundstücke, die sich in unmittelbarer Nähe befanden, waren nach Abbruch der Stadtbefestigungen meistbietend versteigert worden und zählten zu den teuersten der künftigen Ringstraße. Sie allein dürften Erzherzog Albrecht eine stattliche Summe eingebracht haben.

Isabella stand ihren diversen Haushalten souverän vor und erzog auch ihre Kinder vorbildlich. In ihrem unmittelbaren Dienst standen außer Sophie noch eine andere Hofdame, eine Kammervorsteherin und eine Kammerfrau. Die Hofdamen nahmen die Mahlzeiten an der Tafel der erzherzoglichen Familie ein, allerdings am untersten Ende des Tisches. Und sie saßen bei einer allerhöchsten Einladung selbstverständlich nicht am selben Tisch wie ihre Herrschaft. Aufgabe einer Hofdame war es, vor allem Gesellschafterin und unaufdringliche Begleiterin ihrer Herrin zu sein. Sie hatte bei Bedarf ein interessantes Thema zu finden, wenn das Gespräch stockte oder drohte, langweilig zu werden. Sie war eine Art zweites Gedächtnis, damit kein Termin oder kein Gedenktag vergessen wurde, und sie hatte nach Rücksprache mit ihrer Herrin Einladungen anzunehmen oder, wenn es dieser nicht paßte, sie höflich abzulehnen. Dafür erhielt eine Hofdame freie Kost und Quartier und ein angemessenes Gehalt. Große Ersparnisse konnte sie damit allerdings nicht zurücklegen. Die Kleidung, die sie benötigte, war nicht gerade billig, auch wenn sie nicht luxuriös war. Luxus wäre keineswegs erwünscht gewesen. Eine Hofdame hatte sich auch in ihrem Auftreten und Äußeren bescheiden im Hintergrund zu halten. Es gab allerdings Fälle, wo sich zwischen Herrin und Angestellten ein nahezu freundschaftliches Verhältnis entwickelte wie zwischen Kaiserin Elisabeth und Ida von Ferenczy und Gräfin Festetics. Dafür verlangte die Kaiserin aber auch das ausschließliche Verfügungsrecht über die Damen und verhinderte sogar deren Heirat.

Ganz einfach war der Dienst bei Isabella indessen keineswegs. Trotz allem Reichtum hatte diese nämlich die Gewohnheit, auf kleineren Reisen, etwa zu Verwandten, keine Kammerfrau mitzunehmen, sondern mit deren Obliegenheiten ihre Hofdame zu betrauen. Sophie hatte also öfters Arbeiten zu verrichten, die keineswegs zu den Pflichten einer Hofdame gehörten. Auch Isabellas herrischer Tonfall mag Sophie nicht selten gestört haben. Aber den gebrauchte diese auch ihrer eigenen Familie gegenüber, die sie genauso beherrschte wie ihre Angestellten.

Anfangs wird Sophie das vielleicht gar nicht so empfunden haben. Als sie zur Erzherzogin berufen wurde, war sie erst zwanzig Jahre alt. Es dürfte ihr also durchaus bewußt gewesen sein, daß sie in Anbetracht ihrer großen Jugend diese Position einer Gnade des Kaisers zu verdanken hatte.

Es ist aber denkbar, daß sich im Laufe der Jahre, die sie auf den Besitzungen der erzherzoglichen Familie verbrachte, ihre Einstellung etwas geändert hat. Sie verfügte inzwischen nicht nur über eine gute Portion Selbstbewußtsein, sondern war sich auch ihrer uradeligen Herkunft durchaus bewußt. Wir können uns also vorstellen, wie wütend sie manchmal innerlich über so manche Zumutung ihrer Herrin war und welche Beherrschung es sie kostete, gute Miene dazu zu machen. Aber ihr Verstand sagte ihr, daß ihr nichts anderes übrigblieb, als die Eigenheiten der Erzherzogin zu ertragen. Die Möglichkeiten, die ihr zur Verfügung standen, waren nicht gerade verlockend. Trotz ihrer Frömmigkeit fühlte sie weder eine Berufung zur Nonne noch zur Stiftsdame. So ausschließlich entsagen wollte sie der Welt nicht.

Oder war da bereits eine Lösung in Sicht? Ein kleiner Hoffnungsschimmer wenigstens, der nicht nur ein Ende jenes Dienstverhältnisses versprach, das sie bisweilen als so erniedrigend empfand? Ein Leben im höchsten Kreis, in dem nicht andere auf sie, sondern sie auf so manche andere heruntersehen durfte?

Hoffte sie bereits auf Franz Ferdinand? Doch wann sie seiner Liebe so sicher sein durfte, daß eine gemeinsame Zukunft mit ihm realistisch war, wird immer ein Geheimnis bleiben.

Inzwischen trachtete Gräfin Chotek, ihre Pflichten gewissenhaft zu erfüllen und der Erzherzogin keinen Grund zur Unzufriedenheit zu geben. Was sie dabei dachte und wovon sie möglicherweise träumte, ging ihre Herrin nichts an. Bis der Zufall jenes Geheimnis enthüllte, mit dem sie sich über Ungnade hinaus die tödliche Feindschaft Isabellas zuziehen sollte.

Die Krankheit

Als Oberst in Ödenburg

Im April 1890 wurde Erzherzog Franz Ferdinand von Kaiser Franz Joseph zum Oberst befördert und als Kommandeur des 9. ungarischen Husarenregiments nach Ödenburg (heute Sopron) versetzt. Der junge Erzherzog sollte den magyarischen Nationalismus in eigener Anschauung kennenlernen.

Franz Ferdinand war nicht glücklich in Ödenburg. Dem Gesetz nach war die Armee in der ganzen Monarchie zwar eine Einheit und die Befehle daher auf deutsch zu erteilen, trotzdem kommandierten die ungarischen Offiziere beharrlich auf ungarisch und beantworteten auf diese Weise sogar die Fragen ihres Vorgesetzten. Franz Ferdinand war empört. Noch nirgends war ihm ein solch ausgeprägter Chauvinismus begegnet, eine Anschauung, die ihm für die Monarchie als äußerst schädlich erschien! Die Stationierung in Ungarn prägte nicht unerheblich seine spätere tiefe Abneigung gegen das mit Österreich verbundene Königreich.

Ein Jahr später wurde Franz Ferdinand auf seine erste selbständige Mission, einen Freundschaftsbesuch bei Zar Alexander III. in St. Petersburg, geschickt. Doch gerade, als ihm der Kaiser auf diese Weise sein Vertrauen bewiesen hatte, machte ihm seine Gesundheit zu schaffen.

Die Krankheit bricht aus

Schon im Oktober 1891 waren hintereinander seine Schwestern Margaretha Sophia und Marie Therese, danach er selbst erkrankt. Franz Ferdinand erholte sich nur langsam. Er fieberte immer wieder und ein beharrlicher Husten quälte ihn. Die Diagnose des Arztes verhieß nichts Gutes: Tuberkulose. Eine nur sehr leichte, wie versichert wurde, aber auch das war damals schlimm genug.

Tuberkulose stellte zu jener Zeit eine Volkskrankheit dar, die besonders in den ärmeren Schichten grassierte, aber auch in Palästen durchaus heimisch war.

Sie war seit dem 18. Jahrhundert in Wien die häufigste Krankheit und erhielt in der medizinischen Literatur bezeichnenderweise den Namen »Morbus viennensis«. Beinahe 50 Prozent der Erkrankten starben daran.[20]

Auf Weltreise

Nicht zu unrecht vermutete man bei Franz Ferdinand ein Erbteil der Mutter, die an Tuberkulose gestorben war. Die Situation war bedrohlich, denn es standen weder wirksame Medikamente zur Verfügung noch sichere Behandlungsmethoden.

Man empfahl ihm einen längeren Aufenthalt in Davos, doch den lehnte er rundweg ab, auch der Öffentlichkeit wegen. Ein lungenkranker Thronfolger machte keinen guten Eindruck. Aber da gesunde, reine Luft zu den wenigen Möglichkeiten einer Behandlung zählte, warum also keine Seereise, offiziell getarnt als wissenschaftliche Expedition? Nur widerwillig und nach Intervention von Kaiserin Elisabeth stimmte der Kaiser zu. Am 15. Dezember 1892 trat Erzherzog Franz Ferdinand unter dem Pseudonym Graf von Hohenberg auf dem Rammkreuzer »Kaiserin Elisabeth« von Triest aus seine Reise an, die ihn um die ganze Welt führen sollte.

Einem Gerücht zufolge soll Franz Ferdinands Maitresse Mila Kugler ihn bestürmt haben, sie mitzunehmen und sich, als er dieses Ansinnen entschieden abgelehnt hatte, heimlich als Matrose an Bord geschlichen haben. Eine gewisse Erhärtung erfährt jenes Gerücht durch eine Meldung in einer Wiener Zeitung, nach der Fräulein Mila Kugler aus Port Said zurückgekehrt sei und nun wieder ihren Theaterverpflichtungen nachkommen werde.[21]

Die ganze Familie gab Franz Ferdinand an Bord der »Greif« noch bis Piran das Geleit, ehe das Schiff allein Kurs nach dem Süden nahm. Die Fahrt ging zunächst durch den Suezkanal nach Indien. Das Jagdvergnügen kam nicht zu kurz. In Ceylon machte man Jagd auf Elefanten, in Indien auf Tiger. Für die wissenschaftliche Forschung sorgten zwei Beamte des Naturhistorischen Museums, und der Erzherzog selbst führte ein umfangreiches Reisetagebuch, das später veröffentlicht wurde und einige tausend Seiten umfaßt. Er rauchte in China »zwei Pfeifen Opium« und setzte die Reise über Japan nach Australien fort, wo er in Sydney von der Schönheit und Anmut der Frauen schwärmte. In Japan war er auf das kanadische Schiff »Empress of China« gewechselt und durchquerte den amerikanischen Kontinent per Eisenbahn. In Le Havre betrat er wieder europäischen Boden. Am 18. Oktober 1893 war er schließlich in Wien. Er war im ganzen mehr als zehn Monate unterwegs gewesen. Zweifelhaft blieb nur, ob die Reise auch vom gesundheitlichen Standpunkt tatsächlich den erwünschten Erfolg gebracht hatte.

Zunächst schien es so, denn er trat seinen Dienst als Offizier im April 1894 in Budweis wieder an.

Auch Heiratspläne kamen wieder auf, eine bayrische Prinzessin war im Gespräch. Doch Franz Ferdinand wollte von ihr nichts wissen. Abgesehen davon, daß er zu diesem Zeitpunkt Gräfin Chotek bereits kannte, hatte ihn angeblich Kaiserin Elisabeth einmal vor einer Prinzessin aus dem Hause Wittelsbach gewarnt. »Tu es nicht, Franz. Heirate nur die, die du liebst, und keine aus unserem Blut, sonst wirst du häßliche Kinder haben.«[22] Franz Ferdinand hat sich an diesen Ratschlag gehalten.

Als häufiger Gast in Preßburg

Zur Zeit seiner Stationierung in Budweis nahm er mit großem Eifer die Gelegenheit wahr, die Familie von Erzherzog Friedrich zu besuchen, dort Tennis zu spielen, zu schwimmen oder mit den Töchtern auszureiten. Gelegentlich wurde aber auch musiziert oder es wurden Jagdausflüge unternommen, an denen Franz Ferdinand nur zu gerne teilnahm. Eine umfangreiche Korrespondenz mit Erzherzogin Isabella liefert dafür den Beweis. »Bitte, wie gewöhnlich alle Sport-Utensilien und Adjustierungen von den Rackets bis zum Schwimmkostüm mitzubringen«, schrieb sie beispielsweise am 1. Juni 1894.[23] Sie spricht ihn darin mit »Lieber Franzi« an und endet mit »Deine liebe Cousine«. Sein Aufenthalt dauerte manchmal sogar einige Tage. Meist wurde der Erzherzog nur von seinem Diener Janaczek begleitet.

Die häufigen Besuche bei der Familie Erzherzog Friedrichs, oft zweimal wöchentlich, gaben bald zu Gerüchten Anlaß. Vor allem Erzherzogin Isabella glaubte darin eine gewisse Absicht zu erkennen und sah sich zu den schönsten Hoffnungen berechtigt. Ihre älteste Tochter, Marie Christine, war sechzehn Jahre alt, also durchaus in einem Alter, um für sie an eine Heirat zu denken. Erzherzog Franz Ferdinand war 32, würde also gut zu ihr passen. Erzherzogin Isabella begann in ihren Zukunftsträumen ihre Tochter als künftige Kaiserin von Österreich zu sehen und sich selbst als kaiserliche Schwiegermutter. Sie konnte sich ja nicht vorstellen, daß der ersehnte Schwiegersohn Mädchen wie ihre Tochter nur als »unreife Piperln« bezeichnete, die ihn absolut nicht interessierten. Ganz im Gegenteil, sie tat, was sie konnte, um dem künftigen Paar Gelegenheit zum Kennenlernen zu geben, indem sie Franz Ferdinand immer wieder aufs wärmste einlud. Wem seine häufigen Besuche in Wirklichkeit galten, ahnte sie nicht. Und hätte jemand in ihrer Umgebung eine solche Vermutung geäußert, hätte sie ihn glattweg für verrückt erklärt.

Aber auf einmal schien sowieso alles in weite Ferne gerückt. Die Weltreise hatte die Gesundheit des Erzherzogs nicht verbessert, ganz im Gegenteil, im Juli 1895 hatte sich sein gesundheitlicher Zustand so verschlechtert, daß er ihn nicht mehr ignorieren konnte.

Fast ein Todesurteil

Im Zuge der ärztlichen Untersuchung bei Professor Schrötter wurde das Sputum des Erzherzogs von dessen Assistenten, Dr. Victor Eisenmenger, untersucht, der »ungewöhnlich massenhafte Tuberkelbazillen«[24] feststellte.

Schrötter schlug dem Erzherzog seinen Assistenten als Leibarzt vor und schickte ihn nach Schloß Chlumetz, wo dieser sich gerade aufhielt. In seinen Erinnerungen berichtet der Arzt über die Unterredung: »Ein hochgewachsener, magerer, blasser Mann in etwas schlaffer Haltung mit fieberglänzenden, hellblauen Augen stand vor mir. Ich nahm eine genaue Untersuchung vor. Der Befund war ein sehr ernster: Hohes Fieber, rasche Gewichtsabnahme, an der rechten Lungenspitze ziemlich ausgebreitete tuberkulöse Veränderungen. Auch die linke Spitze war suspekt.«[25] Er versicherte dem Patienten jedoch, daß die Krankheit bei richtiger Behandlung durchaus heilbar sei. Diese bestehe in vollkommener Ruhe, einer gesunden Ernährung, um die Widerstandskraft des Körpers zu stärken, und einem mindestens einjährigem Aufenthalt in einer kräftigen, reinen Luft. Auch er schlug Davos vor, aber das lehnte Franz Ferdinand ab. Kaiser Franz Joseph, dem Professor Schrötter inzwischen über das Ergebnis der Untersuchung Bericht erstattet hatte, wollte von einem Aufenthalt in der Schweiz gleichfalls nichts wissen. Dennoch schrieb der Kaiser am 2. August 1895 seinem Neffen: »So unendlich leid es mir tut, Dich bei den Manövern nicht an der Spitze Deiner Brigade sehen zu können, so ist doch baldigste Ruhe und Schonung für dich jetzt absolut notwendig. Und ich bitte Dich, Deinen Urlaub sogleich anzutreten. ... Ich muß Dich dringend aufmerksam machen, daß es Deine heilige Pflicht ist, jetzt nur für Deine Gesundheit zu leben und alles zu tun, um dieselbe herzustellen. Du mußt baldmöglichst an einen stillen Gebirgsort ziehen, dort ganz ruhig bleiben, später aber ein südliches Klima aufsuchen... vor allem aber den Weisungen des Dich begleitenden Arztes genauestens folgen. Nur so kannst Du Deine Gesundheit wieder erlangen und ich hoffe, daß Du auch ein wenig mir zuliebe geduldig und ausdauernd sein wirst, auch wenn es recht langweilig sein wird...«[26]

Man kann sich vorstellen, wie entsetzt Erzherzogin Isabella war, als Franz Ferdinand ihr die traurige Neuigkeit übermittelte. Was würde da wohl aus ihren schönen Plänen werden? Ihr Antwortschreiben vom 9. August 1895 drückt ihre Sorge aus: »Ich kann Dir gar nicht sagen, wie sehr mich Dein soeben erhaltener Brief betrübt und wie sehr ich mit Dir beschäftigt bin.« Sie versichert ihm, daß alles zuletzt schon wieder gut werden würde und er sogar als »armseliger Krüppel« stets bei ihr zu Hause willkommen sei. Offensichtlich hatte er sich selbst so bezeichnet.[27]

Graf Wurmbrandt, der Kammervorsteher des Erzherzogs, gab dem Arzt nicht viel Hoffnung: »Das wird große Schwierigkeiten haben. Der Erzherzog ist an eine Lebensweise gewöhnt, die gerade das Gegenteil von der ist, die Sie von ihm verlangen.«[28]

In Wien am Kaiserhof gab man überhaupt nicht mehr viel für Erzherzog Franz Ferdinand. Man war allgemein der Ansicht, daß die Aussichten auf Genesung sehr gering seien. Aber man tröstete sich damit, daß es ja noch Erzherzog Otto gab, und der hatte sogar schon Söhne.

Auf dem Mendelpaß südwestlich von Bozen, das damals noch zum österreichischen Tirol gehörte, wurde im Hotel »Europa« Quartier gemacht und für den hohen Gast ein ruhiges und einsames Plätzchen im Freien vorbereitet, wo er seine Liegekur absolvieren konnte. Eine wahre Zumutung für den sonst so Ruhe- und Rastlosen!

»Was nun meine Erkrankung anbelangt, so kann ich leider nichts Gutes melden«, schrieb er an Gräfin Fugger. »Ich habe einen starken Lungenkatarrh mit bösartigen Komplikationen und bin so schwach und elend, daß ich kaum hundert Schritte gehen kann. Ich bin physisch und vor allem moralisch gebrochen ... ich muß für lange Zeit auf jede Lebensfreude verzichten, die Jagd, das Reiten, jede Beschäftigung aufgeben und nur als siecher Krüppel leben. Hier liege ich den ganzen Tag herum, nähre mich von Milch und Arzneien und huste fort.«[29]

Eine gewisse Ablenkung war es für ihn, mit einem kleinen Luftgewehr einer Lärche Hunderte von kleinen Ästchen abzuschießen. Das gab ihm wenigstens die Genugtuung, daß seine Treffsicherheit nicht gelitten hatte.

Aber es gab auch Zeiten, wo Franz Ferdinands Widerstand gegen die Maßnahmen des Arztes stärker war als alle Einsicht und er Eisenmenger vorwarf, was er ihm zumute, könne niemand aushalten; er lasse sich nicht länger einsperren als sei er ein wildes Tier.

Einzige Abwechslung war die Post, die er täglich mit großer Ungeduld erwartete und auch beantwortete: Briefe von der Familie, von Erzherzogin Isabella, die ihn mit allerhand Klatschgeschichten zu unterhalten suchte, von Gräfin Fugger, der er oft sein Herz ausschüttete. Dabei entging es dem Arzt nicht, wie sehr die Stimmung und Laune des Patienten von der Post abhing und jede Verzögerung ihn über Gebühr aufregte. Vor allem, wenn es eine ganz bestimmte Post betraf.

»Manches Mal, wenn ich schon ganz kleinlaut war und es schien, daß der Erzherzog nicht mehr zu halten sei, kam ein plötzlicher Umschwung und er wurde wieder ein musterhafter Patient«, schrieb Eisenmenger in seinen Erinnerungen.[30]

Als er mit Graf Wurmbrandt darüber sprach, antwortete dieser: »Da steckt ein Frauenzimmer dahinter, und ich weiß auch wer es ist. Es ist eine Verwandte von mir, ich werde ihr aber das Handwerk legen.«[31] Der Leser wird bereits ahnen, daß es sich dabei um Gräfin Sophie Chotek handelte.

Es ist anzunehmen, daß Sophie den Patienten mit allen ihren Kräften ermutigt hat, im Kampf gegen die Krankheit auch um ihretwillen nicht zu erlahmen. Auf keinen Fall dürfe er die Flinte ins Korn werfen, auch wenn Erfolge zunächst ausblieben. Vor allem aber wird sie ihn ihrer Liebe versichert haben und ihres festen Willens, zu ihm zu stehen, was immer auch geschehe.

Daß der Erzherzog die Beziehung zu ihr ernst nahm, beweist ein Ausspruch, der ebenfalls von Eisenmenger überliefert ist, und von den Schwierigkeiten spricht, die damit verbunden waren: »Wenn unsereins jemanden gern hat, findet sich immer im Stammbaum irgendeine Kleinigkeit, die die Ehe verbietet, und so kommt es, daß bei uns immer Mann und Frau zwanzigmal miteinander verwandt sind. Das Resultat ist, daß von den Kindern die Hälfte Trottel und Epileptiker sind.«[32] Die »Kleinigkeit« im Stammbaum sollte Franz Ferdinand noch schwer zu schaffen machen.

Leider existiert kaum etwas von der Korrespondenz zwischen den Liebenden, deren Besorgung dem treuen Janaczek vorbehalten war. Eine Postkarte Franz Ferdinands an Sophie ist erhalten. »Obermais (Meran) Dort wohnt ihr alter Franz und lauert auf dem Postamt auf Briefe von der kleinen Sopherl.«[33]

Der rege Briefwechsel, auch wenn er nicht erhalten ist, läßt erahnen, wie tief die Verbundenheit der beiden bereits war, und daß es sich nicht um eine bloße Liebelei handelte, wie Graf Wurmbrandt vermutete. Dieser scheiterte mit seiner Intervention, und es sollte nicht lange dauern, bis er die Folgen zu spüren bekam.

Doch nicht nur auf das Verhalten des Patienten übten die Briefe der Gräfin eine wohltuende Wirkung aus; es scheint auch erwiesen zu sein, daß die Liebe an sich seine Genesungsaussichten verbesserte. In seinem Buch über Franz Ferdinand schreibt Gerd Holler, selbst Arzt: »In der damals bereits bestehenden Verbindung des Erzherzogs mit einer Frau, wobei er sich emotional heftig engagierte, dürfen wir den Grundstock zu seiner Heilung sehen. Später hat die Tuberkulosenforschung nachgewiesen, wie wichtig für den Heilungsverlauf eine derartige psychische Situation des Kranken ist.«[34]

Schließlich kam der Tag, an dem es Franz Ferdinand nicht mehr auf dem Mendelpaß aushielt. Ungeachtet der ärztlichen Warnungen kehrte er nach Wien zurück, mußte sich jedoch bald mit einem neuen Aufenthaltsort abfinden. Man wählte die adriatische Insel Lussin piccolo (heute Mali Losinj), ehe es im Dezember nach Ägypten ging.

Graf Wurmbrandt war nicht mehr dabei. »Er soll mich in Ruhe lassen«, lautete die unwirsche Antwort des Erzherzogs auf Dr. Eisenmengers diesbezügliche Frage. »Ich kann keinen Obersthofmeister brauchen, der sich in meine Sachen hineinmischt.«[35] Das »Frauenzimmer« hatte offensichtlich über Wurmbrandts Versuch, sie auszuschalten, berichtet und bewiesen, wer hier der Stärkere war. Wurmbrandts Karriere jedenfalls sollte seine Intervention nicht guttun. Er hatte die Loyalität, die Franz Ferdinand von seiner Umgebung verlangte, verletzt. Damit ging ein jahrelanges, fast freundschaftliches Verhältnis, das so manche Vorteile für den Grafen gebracht hatte, durch seine eigene Schuld zu Ende. Auch andere mußten diese Erfahrung machen, denn stets würde Franz Ferdinand sich bedingungslos hinter Sophie stellen. Und er sollte nichts vergessen – nicht das Gute, das man ihr erwies, noch weniger aber das Böse.

In Ägypten kam es zunächst zu einer Verschlechterung von Franz Ferdinands Zustand. Er hatte wieder hohes Fieber, litt unter einer dauernden Heiserkeit, die zu den schlimmsten Befürchtungen Anlaß gab und zu einem totalen Sprechverbot führte. Ausgedehnte nächtliche Bummel durch Kairo hatten sich bitter gerächt. »Ein Karthäuser ist ein Lebemann gegen mich«, beschwerte er sich bei Gräfin Fugger und setzte hinzu: »Was mir am meisten abgeht, ist ein liebes, weibliches Wesen, das einen pflegt und bändigt, denn da kann man sagen, was man will, das trifft nur eine Frau.«[36]

Am meisten empörte es ihn, daß die ungarische Zeitung *Magyar Hirlap* sogar schon voller Schadenfreude den baldigen Tod dieses notorischen Ungarnfeindes voraussagte. Franz Ferdinand reagierte mit einem wütenden Beschwerdebrief an den Kaiser. Er regte sich so auf, daß Eisenmenger zu einem drastischen Mittel Zuflucht nahm: »Wenn Eure Kaiserliche Hoheit sich nicht beruhigen und meine Anordnungen befolgen, kann ich für nichts garantieren. Wollen Kaiserliche Hoheit den Ungarn dieses Vergnügen machen?«[37] Darauf gab der Erzherzog seine Zustimmung zum Aufenthalt auf einem Nilschiff, einer sogenannten Dahabije, von dem er zuerst gar nichts hatte wissen wollen. Die Frau, von der er sich gerne hätte pflegen und auch bändigen lassen, konnte Eisenmenger zwar nicht rufen, aber er setzte sich heimlich mit Erzherzogin Maria Theresia in Verbindung, die daraufhin ankündigte, mit ihrem Gatten und ihren beiden Töchtern nach Ägypten zu kommen. Ein schöneres Geschenk hätte seine Familie dem Patienten gar nicht machen können. »Nur zwei Zeilen, da ich Dich Gott sei Dank in wenigen Tagen umarmen kann«, schrieb er der »lieben Mama« und fuhr fort: »Was ich diesen ganzen Monat in diesem Folterwerkzeug des 19. Jahrhunderts gelitten habe, kann ich nicht beschreiben, ebenso wie meine Sehnsucht nach Dir!

Ich freue mich rasend auf Deine Ankunft, die mich vor der Tobsucht rettet.«[38]

Erzherzogin Maria Theresia nötigte ihren Stiefsohn mit all ihrer Liebe, auf der Dahabije die vorgesehene Zeit auszuharren, und Franz Ferdinand fügte sich. Im März 1896 kehrte das Schiff nach Kairo zurück. Die Familie fuhr nun weiter in das Heilige Land, wo der fromme Erzherzog für die Gesundheit seines Sohnes beten wollte.

Der Tod des Vaters

Da es in Ägypten allmählich zu heiß wurde, folgten Aufenthalte in Monte Carlo, schließlich in Territet am Genfer See. Da erreichte den Erzherzog ein Telegramm aus Wien. Sein Vater war schwer erkrankt. Er hatte in seiner Frömmigkeit eine Flasche mit Wasser aus dem Jordan mitgenommen und daraus getrunken, wohl in der Annahme, daß es besonders zuträglich sei. Es war jedoch bakteriell derart verseucht, daß sein Genuß zu einer tödlichen Erkrankung führte. Franz Ferdinand fuhr sofort nach Wien, erhielt aber bereits in St. Pölten die Nachricht vom Tod des Vaters.

Bei der Beisetzung in der Kapuzinerkirche erschien auf der Liste der Trauergäste auch der Name der Gräfin Sophie Chotek, offensichtlich als Begleitung von Erzherzogin Isabella. Ob es zu einem Treffen mit Erzherzog Franz Ferdinand kam, ist nicht bekannt.

Franz Ferdinand erbte von seinem Vater das über dem linken Donauufer gegenüber von Pöchlarn gelegene Schloß Artstetten. In seinem Testament hatte der verstorbene Erzherzog aber auch den Wunsch geäußert, daß seine Kinder sich dynastisch ebenbürtig verheiraten sollten und er hatte den Kaiser gebeten, sich persönlich darum zu kümmern. War es eine Ironie des Schicksals, daß beide noch unverheirateten Söhne gerade diesem Wunsch nicht nachkamen?

Als Bruder des Kaisers war Erzherzog Karl Ludwig der nächste Anwärter auf den Kaiserthron gewesen. Mit seinem Tod ging die Nachfolge automatisch auf Franz Ferdinand über. Der Weg zum Thron schien für diesen nun frei.

Thronfolger Otto?

Doch der Erzherzog, der sich inzwischen zur Fortsetzung seiner Kur auf seinem Schloß Konopischt und später in dem Kärntner Jagdhaus Lölling befand, wartete vergeblich auf eine offizielle Nominierung. Ganz im Gegenteil, er erfuhr, daß der Minister des Äußeren und des Allerhöchsten Hauses, Graf Goluchowski, beim Kaiser angeregt hatte, die Thronfolge wegen der schweren Erkrankung Franz Ferdinands neu zu regeln. Es war nur zu klar, wer der Begünstigte sein würde: Otto, der tatsächlich bereits einen größeren Hofstaat erhalten und das Augartenpalais als neuen Wohnsitz zugeteilt bekommen hatte. Immer mehr wurde Otto zum Vertreter des Kaisers berufen und damit vielfach bereits als neuer Thronfolger angesehen. Entsprechend wandte sich ihm das Interesse der Höflinge zu, man war rasch bereit, das Mäntelchen nach dem Wind zu hängen. Otto war trotz seines lockeren Lebenswandels bei vielen beliebt und so mancher mochte einen künftigen Kaiser vorziehen, von dem bekannt war, daß er leichter lenkbar sein würde als der willensstarke Franz Ferdinand.

Man kann sich vorstellen, wie wütend dieser auf die offensichtliche Bevorzugung Ottos reagierte. Wieder einmal schüttete er Nora Fugger sein Herz aus und drückte darin alle Enttäuschung und Eifersucht auf den Bruder aus. »Sie werden begreifen, daß ich in der traurigen und lächerlichen Stellung, in die ich hineingezwungen worden bin, als mit Wartegebühr beurlaubter Thronfolger, mich nicht in Wien zeigen will und dort nichts zu suchen habe. Ich mußte in dieser Hühnersteige in der Beatrixgasse wohnen und kein Mensch kümmerte sich um mich. Jetzt auf einmal bekommt Otto Augarten, Hofhaltung, Hofküche, Lippizaner in Wien und am Land ... Ich gönne dem guten Otto, der mich ja immer so unter Tränen um Verzeihung bittet, alles und noch mehr, aber es ist das Gefühl der Gerechtigkeit, das aus mir spricht... Ich bekomme eine Menge Anfragen aus dem Auslande, was ich denn angestellt habe...«[39]

»Jetzt habe ich nur mehr zwei Freunde, die mir treu geblieben sind... Sie und den Janaczek«, soll der Erzherzog zu Eisenmenger gesagt haben. Der Arzt schreibt in seinen Erinnerungen: »Am brutalsten ging das Obersthofmeisteramt vor. Dort wurde er ganz offiziell zu den Toten geworfen... Jeder Wunsch wurde ihm abgeschlagen und wegen jeder Kleinigkeit mußte er sich direkt an den Kaiser wenden.«[40]

Doch Franz Ferdinand zeigte, daß er noch nicht zu den Sterbenden zählte. Im August 1886 kam er völlig überraschend und unangemeldet zum Empfang des Zaren in die Hofburg. Damit zeigte er den »auf meinen Tod lauernden Leuten, vor allem meinen Freunden Badeni und Goluchowski, daß ich noch lebe und ihnen vorläufig das Vergnügen zu sterben noch nicht machen kann.«[41]

Obwohl der Gesundheitszustand des Erzherzogs sich erheblich gebessert hatte, hielt es Eisenmenger noch für angebracht, auf einen Winter im Süden zu bestehen. Aufenthalte in Meran, Korsika, Algier und an der französischen Riviera folgten. Ende März 1897 traf der Erzherzog Kaiser Franz Joseph in Cap Martin, wo dieser die Kaiserin besuchte. Dort kam es offensichtlich zu einem offenen Gespräch. Denn der Kaiser schrieb ihm am 7. April. »Die Offenheit, mit welcher Du mir Dein Herz ausschüttetest, kann ich nur anerkennen, obwohl Du in Deinen Klagen von Voraussetzungen ausgehst, die vollkommen unbegründet sind; denn niemand will dir nahetreten oder Dich zurücksetzen. Daß Du seit dem Tode Deines Vaters nicht die Stellung einnehmen konntest, die Dir zukommt, lag an Deiner Krankheit, welche Dir den Aufenthalt in Wien unmöglich machte. Sobald Du vollkommen hergestellt sein wirst, was ja hoffentlich bald der Fall sein wird, wirst Du natürlich die Rechte, aber auch die Pflichten Deiner Stellung einnehmen.«[42] Das war immerhin ein Versprechen, das geeignet war, Franz Ferdinand einigermaßen zu beruhigen.

Die Karriereleiter empor

Als ein Beweis kaiserlicher Gunst ist es ebenfalls zu werten, daß Erzherzog Franz Ferdinand als Vertreter des Kaisers zu den Feierlichkeiten zum sechzigjährigen Thronjubiläum Königin Victorias nach London entsandt wurde, wo er in der Galauniform eines Husaren im Zuge der Vertreter aller Völker hoch zu Roß teilnahm. Er war zwar kein Freund Englands; er gab einer großen Allianz der Großmächte des Kontinents, einem Bündnis zwischen Österreich-Ungarn, Deutschland und Rußland, wie es schon einmal bestanden hatte, den Vorzug. Damit stand er allerdings in scharfem Gegensatz zur Politik des k.u.k. Außenministers Graf Goluchowski, der in Rußland den größten Feind der Monarchie sah. Doch Politik kam bei der Gelegenheit sowieso nicht zur Sprache, und die Mission trug Franz Ferdinand eine persönliche Belobigung des Kaisers ein.

Der Erzherzog fühlte sich gesundheitlich inzwischen sehr wohl, hatte etliches an Gewicht zugenommen, und alle jene bedrohlichen Anzeichen der Tuberkulose, die ihn so sehr geängstigt hatten, waren verschwunden. Eine weitere Behandlung war nicht mehr nötig. Im Februar 1898 stellte ihm eine Gesundheitskommision das Zeugnis der völligen Genesung aus.

Dessen unmittelbare Folge war am 29. März 1898 ein kaiserliches Handschreiben, in dem Franz Ferdinand »zur Disposition des Allerhöchsten Oberbefehls« gestellt wurde. Er wurde mit ausgedehnten Inspektionspflichten ausgestattet, um ihn besser mit allen Aspekten der Streitkräfte zu Wasser und zu Lande vertraut zu machen. Damit war er zum inoffiziellen Generalinspekteur ernannt worden. Es war zwar nicht der offizielle Rang, auch nicht die Proklamation zum Thronfolger, die erfolgte nie, aber immerhin eine bedeutende Erhöhung seiner Position.

Erzherzog Franz Ferdinand hatte mit einer Geduld, die er sich mühsam abringen mußte, und unter Einsatz seines ganzen Willens die gefährliche Krankheit überwunden. So mancher hätte es nicht ungern gesehen, wenn er still in den Tiroler Bergen oder im fernen Ägypten verschieden wäre, ein Opfer jener heimtückischen Krankheit, wie so viele andere auch. Dennoch waren Narben, vor allem solche seelischer Natur, zurückgeblieben. Graf Josef Stürgkh, der Bruder des österreichischen Ministerpräsidenten, hat in seinen *Politischen und militärischen Erinnerungen* darüber bemerkt: »Seine lange Krankheit hat seine Gemütsstimmungen nachhaltig beeinflußt. Er hat es nie überwunden, daß man ihn eine Zeitlang schon aus den Reihen der Lebenden gestrichen hat. Dazumal zog ein allgemeines Mißtrauen gegen die Menschen in sein Herz ein, und an den Fingern zu zählen sind die, denen er wirklich Freund wurde und denen er seine Freundschaft dauernd erhielt.«[43]

Eine Sorge quälte ihn jedoch noch; es war die bange Frage, ob und welche Gefahr durch Erblichkeit oder Infektion für seine zukünftige Frau oder seine Kinder bestehe. Doch Dr. Eisenmenger konnte ihn beruhigen. Es bestehe keinerlei Gefahr mehr, denn er sei seit langem frei von Erregern und vollkommen gesund. Er solle sich nur von Zeit zu Zeit einer ärztlichen Kontrolle unterziehen und seinen Gesundheitszustand überprüfen lassen.

Damit hatte Erzherzog Franz Ferdinand nun die körperliche und geistige Kraft wiedergewonnen, den Schwierigkeiten persönlicher Natur die Stirn zu bieten, die auf ihn zukommen mochten.

Der Tod der Kaiserin

Im Jahr 1898 jährte sich zum fünfzigsten Mal der Tag, an dem Kaiser Franz Joseph den Thron bestiegen hatte. Das genaue Datum war zwar der 2. Dezember, doch hatten sich die Feierlichkeiten über das ganze Jahr hingezogen. Auch der Thronfolger mußte ihnen beiwohnen, obwohl er derlei Feste nicht besonders mochte. Die Kaiserin zeigte sich schon lange nicht mehr in der Öffentlichkeit. Ihr letztes Auftreten lag zwei Jahre zurück, als sie den Feierlichkeiten anläßlich des tausendjährigen Jubiläums des Königreichs Ungarn in Budapest beigewohnt hatte. Ihre viel bewunderte Schönheit war dahin, Altersleiden quälten sie, meist hielt sie sich im Ausland auf, wo sie ruhelos von Kurort zu Kurort reiste. Im September befand sie sich am Genfer See. Sie hatte der Baronin Rothschild einen Besuch gemacht und im Hotel »Beau Rivage« in Genf übernachtet. Am nächsten Tag wollte sie nach Territet zurückkehren. Dort wollte sie sich noch einige Wochen aufhalten. Da stürzte auf dem Weg zum Schiff ein Mann auf sie zu und stieß ihr eine dreieckig zugeschliffene scharfe Feile ins Herz. Der Anarchist Luigi Lucheni hatte durch eine Indiskretion erfahren, daß sich die Kaiserin von Österreich in jenem Hotel befand und ihr aufgelauert. Eigentlich hatte er den französischen Thronprätendenten als Opfer ausersehen, doch der war nicht nach Genf gekommen. Kaiserin Elisabeth war also nur Ersatz. Sie erreichte noch das Schiff, starb jedoch wenig später, ohne zu wissen, was eigentlich mit ihr geschehen war.

»Mir bleibt nichts erspart auf dieser Welt«, soll Kaiser Franz Joseph gesagt haben, als sein Adjutant Graf Paar ihm das Telegramm mit der Todesnachricht brachte. Er hatte die Sechzehnjährige einst aus Liebe geheiratet und diese Liebe über alle Unstimmigkeiten hinweg bis an sein Lebensende bewahrt.

Die Trauer in der Bevölkerung hielt sich in Grenzen. Ihr war die Kaiserin durch ihre langen Abwesenheiten seit langem fremd geworden. Franz Ferdinand aber hatte in ihr einen Menschen verloren, der ihn vielleicht in seinem Heiratswunsch unterstützt hätte. Unkonventionell wie Elisabeth war, immer bereit, der Hofgesellschaft ein Schnippchen zu schlagen, hätte sie vielleicht auch diese Idee, die den meisten am Hof so unmöglich erschien, zu der ihren gemacht.

Der Eklat

Heimlichkeiten

Wir haben keine genaue Kenntnis von den Ereignissen, die sich im Jahr 1898 in Preßburg abgespielt haben. Wir können uns nur vorstellen, daß Franz Ferdinand die unklare Situation, in der er sich befand, die Heimlichkeiten, zu denen die Umstände ihn zwangen, von Herzen leid war. Noch ärger dürfte es aber für Sophie gewesen sein. Sie war nun an die zehn Jahre Hofdame bei Erzherzogin Isabella, in einer Stellung, die immer nur eine Notlösung für sie gewesen war. Zwar war sie inzwischen zur ersten Hofdame aufgestiegen, aber das verbesserte ihre Lage nicht wesentlich. Öfters mochte sie auch daran gedacht haben, daß sie inzwischen dreißig Jahre zählte, in der damaligen Zeit für eine unverheiratete Frau schon ein reifes Alter, in dem die meisten ihrer Standesgenossinnen bereits seit langem Ehefrauen und Mütter mehrerer Kinder waren. Dazu mochte sie auch manchmal die Sorge quälen, ob der Mann, den sie liebte, bei allen Beteuerungen wirklich zu ihr stand, oder ob ihr nicht doch nur ein Dasein in einem Kloster oder in einem Stift als letzter Ausweg übrigblieb.

Schon im Jahre 1896 war ihr Vater, der inzwischen pensioniert worden war, schwer erkrankt. Seine Töchter pflegten ihn, auch Sophie, soweit sie abkömmlich war. Er starb noch im Oktober desselben Jahres und wurde in Waltirsche bei Großpriesen beerdigt, wo bereits seine Gattin und eine im Kindesalter verstorbene Tochter ruhten.

Er hinterließ zwei unversorgte Töchter, die 23jährige Oktavia und die 16jährige Henriette. Antonie hatte einige Jahre zuvor den deutschen Ulanenrittmeister Baron Adam von Wuthenau geheiratet. Oktavia sollte erst nach dem Tod des Vaters Gräfin von Schönburg-Glauchau werden. Da Graf Bohuslaw über keinerlei Vermögen verfügt hatte und der einzige Sohn Wolfgang als Beamter in der Bezirkshauptmannschaft Aussig auf keinen Fall seine Schwestern erhalten konnte, sah er sich gezwungen, beim Ministerium des Äußeren um eine »Gnadengabe« für sie zu bitten. Es wurden ihm 600 Gulden im Jahr bewilligt. Allzuviel dürfte das jedoch nicht gewesen sein. In einer rosigen Lage befand sich Sophie also nicht. Es mußte ihr klar sein, daß sie in ihrer Familie keinerlei finanziellen Rückhalt besaß.

Es besteht kein Zweifel daran, daß Erzherzog Franz Ferdinand Sophie gegenüber ehrliche Absichten hegte. Sie liebten einander, und er wünschte sich nichts sehnlicher, als diese Liebe endlich zu legalisieren. Zugleich war ihm aber klar, welch immense Schwierigkeiten auf ihn zukommen würden und daß er nicht nur sich selbst, sondern vor allem Sophie einer reichlich unangenehmen Lage, ja einem echten Skandal, aussetzen würde. War es da nicht verständlich, daß er sich scheute, dieses heiße Eisen anzupacken? Bis schließlich ein Ereignis eintrat, das ihn zu handeln zwang.

Die Berichte darüber sind widersprüchlich. Die genaue Abfolge der Ereignisse wird sich nie mehr feststellen lassen. Die Wahrheit darüber haben alle Beteiligten mit ins Grab genommen.

Indes geben die meisten Autoren, die sich mit dem Thema beschäftigt haben, eine Version wieder, die deshalb sehr glaubhaft erscheint, weil die spätere Gräfin Nostitz-Rieneck, die Tochter des Erzherzogs und der Herzogin von Hohenberg, diese ebenso bestätigte, wie Enkel von Erzherzogin Isabella dem Schriftsteller Brook-Shephard gegenüber. Hingegen hat Herzog Georg von Hohenberg, der derzeitige Chef des Hauses, der Autorin gegenüber geäußert, jene Geschichte selbst nur aus der Literatur zu kennen. Sie hat den Vorzug eines Gags, eines Überraschungseffektes, und scheint durchaus geeignet, einen Eklat auszulösen. Vielleicht wurde sie deswegen so gerne verbreitet.

Die Enttäuschung der Erzherzogin

Der Erzherzog hatte nach seiner Genesung die Besuche in Preßburg samt den üblichen sportlichen Betätigungen, hauptsächlich dem Tennisspiel, wieder aufgenommen. Preßburg stellte für ihn die einzige Möglichkeit dar, Sophie zu sehen und mit ihr, wenn auch meist nur für Minuten, allein zu sein. Nachdem Franz Ferdinand wieder abgereist war, wahrscheinlich sogar mit einer Verabredung für das nächste Mal, fand ein Diener im Umkleideraum eine goldene Taschenuhr. Offensichtlich hatte der Erzherzog sie vergessen. Der Diener brachte sie pflichtschuldigst seiner Herrin. Diese nahm die Uhr mit der Absicht entgegen, sie einstweilen aufzubewahren, um sie bei nächster Gelegenheit ihrem Eigentümer zurückzugeben, der sie schon vermißt haben mochte. Ein Medaillon, das an der Kette hing, erregte dabei ihre Neugier. Sie öffnete den Deckel und erblickte ein kleines Photo. Ihr Herz mag dabei ein wenig rascher geschlagen haben, erwartete sie doch, endlich die Bestätigung ihres größten Wunsches zu erhalten, nämlich in dem Medaillon das Bild ihrer Tochter Maria Christina zu sehen. Doch das Photo zeigte nicht Maria Christina, es zeigte ihre Hofdame Sophie Chotek.

Dieser Anblick muß ein wahrer Schock für sie gewesen sein, verbunden mit der Bitternis unendlicher Enttäuschung. In einem Augenblick war ihre Zukunftshoffnung zerbrochen, ihre Tochter als künftige Kaiserin zu erleben. Zugleich erfüllte sie größter Zorn auf jene Frau, die sie so schmählich hintergangen, die ihre Vertrauensstellung für ihre Liebesabenteuer ausgenutzt hatte – eine Frau, die sie aus Güte bei sich aufgenommen und mit Wohltaten überhäuft hatte, eine Person, die letztendlich nicht viel mehr war als ein Dienstbote!

Doch auch der Erzherzog hatte aus Isabellas Sicht ein schändliches Spiel getrieben und seine Verwandte, vor allem deren Tochter, kompromittiert. Die Erzherzogin dürfte daher äußerst erzürnt gewesen sein.

Die Entlassung

Nach diesem Vorfall habe Erzherzogin Isabella Sophie angeblich rufen lassen, um ihr in Anwesenheit des ganzen Hofstaats ihr Vergehen vorzuwerfen. Dann habe sie die Hofdame, die ihre Beziehung zum Thronfolger gar nicht leugnete, kurzerhand fristlos entlassen. Sie solle ihre Sachen packen und verschwinden.

Herta Pauli gibt in ihrem Buch *Das Geheimnis von Sarajevo* sogar den Wortlaut wieder, mit dem Isabella sich dem italienischen Gesandten gegenüber beschwert haben soll: »Das also ist der Lohn für unsere Güte zu dieser gemeinen Person, dieser slawischen Intrigantin!«[44] Ob diese Worte wirklich so gefallen sind, ist zu bezweifeln. Durchaus glaubhaft ist es hingegen, daß Isabella sich auch später noch bei allen möglichen Gelegenheiten abfällig über Sophie geäußert haben soll. Nach dieser Auseinandersetzung habe die entlassene Hofdame den nächsten Zug nach Wien genommen.

Über das Ende ihres Dienstes gibt es jedoch Widersprüche. Nach einer Lesart sei Sophie im Hotel »Kaiserin Elisabeth« abgestiegen, nach einer anderen habe sie sich zu ihrer Schwester Zdenka geflüchtet, die Hofdame bei der ehemaligen Kronprinzessin Stephanie war. In Wien habe sie sich mit Janaczek in Verbindung gesetzt und ihm aufgetragen, sofort Seine Kaiserliche Hoheit zu verständigen.

Über den Zeitpunkt dieser Ereignisse herrscht ebenfalls keine Klarheit. Laut Brook-Shepherd habe Erzherzogin Isabella noch bis zur letzten Juliwoche 1899 mit Franz Ferdinand korrespondiert, erst danach sei der Briefwechsel jäh abgebrochen.[45] Das spräche dafür, daß der Eklat nicht vor Ende Juli 1899 stattgefunden hätte, eine Jahreszeit, die durchaus geeignet ist, um im Freien Tennis zu spielen.

Gräfin Fugger, die langjährige Vertraute des Erzherzogs, gibt in ihrem Buch folgende Schilderung der Ereignisse: »Zu Ende des Jahres 1899 tauchten Gerüchte über eine bevorstehende Verlobung des Thronfolgers mit der Hofdame der Frau Erzherzogin Isabella, Gräfin Sophie Chotek, auf. Die Welt schenkte jedoch diesem Gerücht nur wenig Glauben. Die Gräfin erfreute sich in der Familie des Erzherzogs ungemeiner Beliebtheit. Erzherzogin Isabella schenkte ihr das größte Vertrauen und hielt in jeder Hinsicht große Stücke auf sie. So hatte sie ihr denn auch die Aufsicht über eine ihrer Töchter übergeben, die aus Gesundheitsrücksichten mehrere Wochen in Abbazia (heute Opatija) verbringen sollte. Da die junge Erzherzogin zur Pflege auch eine sehr verläßliche Kinderfrau mitbekommen hatte, konnte sich Gräfin Chotek von Zeit zu Zeit eine freie Stunde gönnen. Wußte sie doch, daß die in ihrer Obhut stehende Erzherzogin in verläßlichen Händen und gut beaufsichtigt war. Erzherzog Franz Ferdinand kam, zu jener Zeit sehr damit beschäftigt, unsere Marine auszugestalten und zu modernisieren, sehr oft nach Fiume (Rijeka). So war er auch ein häufiger Gast in Abbazia. Gräfin Chotek wurde öfters in Gesellschaft des Erzherzogs gesehen, und das Gerücht davon drang an die Ohren der Erzherzogin Isabella, die nun plötzlich in Abbazia eintraf. Es kam zu einer sehr heftigen Auseinandersetzung zwischen der hohen Frau und ihrer Hofdame. Zufällig ergab es sich, daß Erzherzog Franz Ferdinand zu dieser Auseinandersetzung plötzlich erschien. Mit den Worten ›Sophie ist meine Braut‹, schützte er die Gräfin vor weiteren Angriffen.«[46]

Nach einem Brief, der sich im Museum Artstetten befindet, hat aber der Erzherzog bereits im März 1899 auf Anraten seines Bruders um Audienz beim Kaiser angesucht, um die Erlaubnis zu erbitten, die Gräfin Chotek heiraten zu dürfen. Demnach würde der Eklat schon irgendwann zur Tennissaison 1898 stattgefunden haben. Tatsache ist nur, daß Erzherzogin Isabella nach der Trennung von der ihrer Ansicht nach so undankbaren Hofdame ebenfalls nach Wien fuhr und sich dort bei Kaiser Franz Joseph beklagte. Dieser nahm den Bericht zunächst ziemlich kühl auf. Offensichtlich vermutete er dahinter eine jener zahlreichen Liaisons, wie er sie im Laufe der Jahre schon bei anderen Erzherzögen erlebt hatte. Er versprach jedoch, mit seinem Neffen zu sprechen. Das Telegramm, mit dem der Kaiser Franz Ferdinand zu sich befahl, stammt laut Beate Hammond vom 5. Oktober 1899.[47]

Bei dieser Unterredung erklärte Franz Ferdinand dem Kaiser, daß er Gräfin Chotek zu heiraten gedenke. Er liebe sie seit Jahren und habe ihr sein Wort gegeben, das müsse er halten. Deswegen bitte er um die entsprechende Erlaubnis. Er entsprach damit dem Familienstatut, wonach jedes Mitglied des Kaiserhauses verpflichtet war, beim Oberhaupt der Familie um eine entsprechende Bewilligung anzusuchen. Kaiser Franz Joseph reagierte äußerst unwillig. Die Gräfin komme als Gattin für den Thronfolger nicht in Frage. Sie sei nicht ebenbürtig. Die Ehe würde einen Schaden für die Monarchie bedeuten. Nie könne er ihr zustimmen. Er gab dem Neffen ein Jahr Bedenkzeit und empfahl ihm, sich die Sache gründlich zu überlegen. Damit mußte sich Franz Ferdinand zunächst abfinden.

Nach der Audienz beim Kaiser schrieb Franz Ferdinand an Sophie: »Übrigens sagte ich, wenn alle Stricke reißen, so abdiziere ich, denn von der Sopherl lasse ich nicht. Das halte ich für mein Recht.«[48]

Es scheint zudem unwahrscheinlich, daß Erzherzogin Isabella die Gräfin Chotek wirklich fristlos entließ. Schließlich handelte es sich nicht um ein gewöhnliches Dienstmädchen, das einen Diebstahl begangen hatte, sondern um eine Hofdame, die jahrelang in der erzherzoglichen Familie gelebt, mit ihr Freud und Leid geteilt und auch unwillkürlich in intime Angelegenheiten eingeweiht worden war.

Nach der Version von Brook-Shepherd wurde Sophie zunächst auf Urlaub geschickt und bat dort um ihre Kündigung aus persönlichen Gründen, die möglicherweise sogar erst im Frühjahr 1899 erfolgte. So sei die Form gewahrt worden.[49]

Dies wird durch Daten gestützt, die im Franz-Ferdinand-Museum in Artstetten aufscheinen. Daraus ergibt sich, daß Erzherzogin Isabella ihrer Hofdame am 21. November 1898 bekanntgab, daß sie ihre Stellung aus gesundheitlichen Gründen aufzugeben habe. Ab diesem Zeitpunkt sei auch Franz Ferdinand nicht mehr eingeladen worden. Am 15. März 1899 sei es dann in Abbazia zu einem neuen Konflikt gekommen. Die Erzherzogin hatte wohl erfahren, daß sich Sophie wieder heimlich mit dem Erzherzog getroffen habe.

Es scheint aber, daß Sophie sich am 23. April noch immer in Preßburg befand. Das beweist ein Brief, den Franz Ferdinand ihr aus Vordernberg (Steiermark) schrieb und in dem von einem Verlobungsring die Rede ist, »der sie schützen soll«. Die tatsächliche Trennung von der erzherzoglichen Familie dürfte nach den Unterlagen in Artstetten erst am 25. Mai 1899 stattgefunden haben, ohne daß der Gräfin eine Schuld beigemessen wurde.

Diese Annahme deckt sich mit einem Schreiben, das der Kaiser am 4. Mai 1899 aus Gödöllö an Erzherzogin Isabella richtete und das manches Gerücht in einem anderen Licht erscheinen läßt. Sein Text lautet:

»Verehrte Cousine, mit herzlichem Dank und wahrer Befriedigung erhalte ich in diesem Augenblick Deine Zeilen vom gestrigen Tag, welche ich mich zu beantworten beeile. Ich bin mit Deiner Absicht, die Gräfin Sophie Chotek sowohl bei der bevorstehenden Enthüllungs-Feierlichkeit als auch bei dem Gala-Diner Dienst machen zu lassen, vollkommen einverstanden, da auch ich finde, daß man ihr dieses schuldig ist. Auch glaube ich, daß die von Dir ins Auge gefaßte Art des Rücktrittes der Gräfin, so wie der Zeitpunkt desselben, vollkommen den Verhältnissen entspricht. Ich bitte Dich, die Gräfin zu versichern, daß ich ihr nie die geringste Schuld beigemessen habe und wegen ihr innigst bedaure, in der unglücklichen Angelegenheit nicht anders entscheiden zu können. Auch danke ich ihr, daß sie sich ruhig und gefaßt meinem Willen fügt. Indem ich Dich bitte, Fritz herzlichst von mir zu grüßen, bleibe ich Dein treu ergebener Vetter Franz Joseph.«

Dieser Brief des Kaisers ist Teil von Erinnerungen, die Sophie Gräfin Nostitz-Rieneck über ihre Eltern schrieb. Ihr Sohn, Alois Graf Nostitz-Rieneck, stellte sie freundlicherweise der Autorin zur Verfügung.

Gräfin Nostitz-Rieneck erklärt darin: »Durch die große Freundlichkeit der Enkelinnen Hohenlohe von Erzherzogin Isabella kam der Brief leider erst im Jahre 1985 in unsere Hände. Viel Unrichtiges in der Geschichtsschreibung wäre dadurch vermieden worden.«

Wie Müller-Guttenbrunn berichtet, gab Franz Ferdinand im Fasching 1899 etwas von seiner Zurückhaltung auf. Als er mit dem Kaiser den Ball der Stadt Wien im Rathaus besuchte, begann er nach dem formellen Teil plötzlich eine Unterhaltung mit einer Ballbesucherin, die die wenigsten kannten. Es war die Gräfin Chotek. Dennoch sprach es sich in Windeseile herum, wer diese Dame war, deren Vertrautheit mit dem Thronfolger auffiel. Die Gesellschaft hatte wieder einmal ihren Gesprächsstoff.[50]

Etwas mußte Erzherzogin Isabella aber schon längst geahnt haben, allerdings ohne die Angelegenheit ernst zu nehmen. Jahre später zeigte Franz Ferdinand seinem Neffen Karl und dessen Gattin Zita ein Telegramm, das er einst von Erzherzogin Isabella erhalten hatte. Es handelte sich um eine Jagdeinladung mit dem bezeichnenden Zusatz: »Gräfin Chotek wird dasein.«[51] Auch ihre Tochter Maria Christina soll längst gewußt haben, daß zwischen dem Erzherzog und Sophie eine Verbindung bestand.

Wir wollen Erzherzogin Isabella nichts unterstellen, aber es könnte sogar sein, daß ihr das Interesse des Erzherzogs für ihre Hofdame zunächst ganz gelegen kam. Ihrer Meinung nach war diese sowieso nicht ernst zu nehmen und stellte daher keine Gefahr dar, doch folgte er auf diese Weise gerne ihren Einladungen und hatte dabei Gelegenheit, sich von den Qualitäten ihrer eigenen Töchter zu überzeugen. Daß eine davon den Sieg davontragen würde, daran konnte in den Augen der Erzherzogin kein Zweifel bestehen. Sie waren wohl geraten und reich. Darüber hinaus paßten sie als echte Erzherzoginnen weit besser zu einem Mann, der einmal als Kaiser die Monarchie regieren würde, als eine böhmische Gräfin.

Der Kampf um Liebe und Thron

Das habsburgische Familiengesetz

Um die schroffe Reaktion Kaiser Franz Josephs zu verstehen, müssen wir uns ein wenig mit dem habsburgischen Familiengesetz beschäftigen.

»Nachdem im Titel I., § I des Familienstatuts die Anordnung getroffen ist, daß die standesgemäße, vom jeweiligen Allerhöchsten Familienoberhaupt genehmigte Ehe eine Grund- und Vorbedingung ist, damit die aus einer solchen ehelichen Verbindung stammenden Sprossen als zu dem allerhöchsten Erzhaus gehörig angesehen werden ... so erklären Wir hiermit, daß als standesgemäße Ehen in Hinkunft diejenigen anzusehen sind, welche Mitglieder unseres durchlauchtigsten Erzhauses mit einem Mitglied des Allerhöchsten Erzhauses eingehen, mit Mitgliedern eines anderen christlichen, gegenwärtig oder vormalig souveränen Hauses oder mit Mitgliedern solcher fürstlichen Häuser, denen nach Artikel XIV der deutschen Bundesakte und nach dem von weiland Seiner Majestät Kaiser Franz I. erlassenen Handschreiben de dato Preßburg, 17. September 1825, das Recht der Ebenbürtigkeit zusteht und welche in dem ... Verzeichnisse namentlich angeführt sind.«

Das waren 15 österreichische und 30 deutsche Fürstenhäuser. Infolge der Napoleonischen Kriege und den damit verbundenen territorialen Veränderungen in Deutschland waren viele kleine reichsunmittelbare (nur dem Kaiser unterstellte) Gebiete und Fürstentümer im Reichsdeputationshauptschluß

1803 und in den Rheinbundakten 1806 mediatisiert, d.h. in den »mittelbaren« Zustand versetzt und größeren Gebieten angegliedert worden. Diese Familien sollten wenigstens in dieser Beziehung ihren Rang beibehalten.

»Alle anderen Eheschließungen können nicht als standesgemäße Ehen angesehen werden. Dieselben gelten nur als Ehen zur linken Hand oder sogenannte morganatische Ehen und es kommen diesen Ehen die Wirkungen der standesgemäßen Ehen nicht zu. Diese Bestimmungen sind auch für die von dem Oberhaupte unseres durchlauchtigsten Erzhauses einzugehenden Ehen maßgebend.«[52]

Der Begriff der »Ebenbürtigkeit« wurde erstmals in dem mittelalterlichen Rechtsbuch *Sachsenspiegel* erwähnt, geht aber schon auf die germanische Zeit zurück. Er beruht auf der Überzeugung, daß das Blut mancher Menschen zur Herrschaft prädestiniert sei, auch wenn es nicht »blau« durch die Adern fließt, sondern ebenso rot wie das der gewöhnlichen Sterblichen ist. Erbrecht, Lehensfolge und die Rechtsstellung der Kinder hingen davon ab. Eng damit verbunden ist das »Gottesgnadentum«. Es bezeichnet den göttlichen Auftrag des christlich-abendländischen Herrschers und stammt ebenfalls aus dem frühen Mittelalter. »Dei gratia«, von Gottes Gnaden, wurde seit der Karolingerzeit dem Herrschertitel beigefügt. Noch der letzte Kaiser von Österreich, der im Jahre 1916 die Regierung antrat, wurde mit dieser mittelalterlichen Floskel als »Kaiser von Gottes Gnaden« bezeichnet.

Kaiser Franz Joseph lebte noch zutiefst in jener Welt des Gottesgnadentums, aus der sich die Überzeugung ableitete, daß Gott selbst einst den Habsburgern die Macht zu herrschen erteilt hatte. Daraus ergab sich, daß jenes blaue Blut sich nur mit einem ebensolchen vereinen und auf keinen Fall durch einen nicht ebenbürtigen Partner gewissermaßen »verwässert« werden durfte. Ob der Kaiser wirklich an die Kraft des Blutes glaubte? Oder nur einer Tradition folgte, die er für unabänderlich hielt?

Auch den Kindern der Familie war von ihren Erziehern und Lehrern das Gottesgnadentum des Herrschers und die Bestimmung der Habsburger für dieses Amt vermittelt worden. Jener Dr. Onno Klopp, der den jungen Franz Ferdinand in Geschichte unterrichtet hatte, war nicht müde geworden, seinem Schüler die magische Kraft des Blutes als einem »besonderen Saft« vor Augen zu führen und damit den Stolz des Kindes zu erwecken, der auserwählten Familie anzugehören. Es ist daher eine seltsame Ironie des Schicksals, daß eben dieser gelehrige Schüler später eine Frau heiraten wollte, die nicht dem erlauchten Kreis entstammte.

Morganatische Ehen im Hause Habsburg

Selbstverständlich hatte es im Laufe der Zeit schon andere Erzherzöge gegeben, die eine Ehe mit einer nicht standesgemäßen Frau einer konventionellen Heirat vorzogen.

Einer der spektakulärsten Fälle betraf Philippine Welser, genannt »die schöne Welserin«. Erzherzog Ferdinand, Herzog von Tirol, verliebte sich in die Nichte des Großkaufmannes Bartholomäus Welser und schloß mit ihr 1557 eine heimliche Ehe. Kaiser Ferdinand I., Ferdinands Vater, billigte diese zwar, erzwang aber deren weitere Geheimhaltung und den Verzicht auf die fürstlichen Erbfolgerechte der beiden Söhne.

Eine gewisse Berühmtheit erlangten auch Erzherzog Johann, Sohn Kaiser Leopolds II., und die Postmeisterstochter von Bad Aussee, Anna Plochl. Der Erzherzog erhielt nach langen Kämpfen die Erlaubnis, Anna morganatisch heiraten zu dürfen. Kaiser Franz I., Erzherzog Johanns Bruder, schrieb im April 1823: »Der für die Beruhigung Deines Gewissens von Dir erbetenen ehelichen Verbindung mit der Jungfrau Anna Plochl von Aussee in Steiermark, erteile ich hiermit meine Zustimmung, jedoch nur unter der ausdrücklichen Bedingung, daß dadurch weder ihr noch den aus dieser Ehe entstehenden

Kindern ein Anspruch … auf Deinen Namen, Stand und Versorgung von Seite des Österreichischen Staates und von Seite unseres Hauses erwachen dürfe.«[53] Anna Plochl und ihre Nachkommen erhielten den Titel Grafen von Meran.

Andere Erzherzöge, die sich nicht mit den Bedingungen des Familiengesetzes abfanden, wurden genötigt, auf ihre Würden und die damit zusammenhängenden, recht beträchtlichen Einkünfte zu verzichten, so Erzherzog Johann aus dem Hause Toscana, der später den Namen Johann Orth annahm, oder dessen Neffe Leopold, der sich später Leopold Wölfling nannte. Leopolds Schwester Luise, damals Kronprinzessin von Sachsen, verließ ihren Gatten und ihre Kinder und wurde prompt nicht nur aus dem Hause Wettin, sondern auch aus dem Hause Habsburg ausgeschlossen. Auch Franz Ferdinands jüngerer Bruder Ferdinand erlitt dieses Schicksal, nachdem er heimlich gegen den Willen des Kaisers eine Bürgerliche geheiratet hatte.

Noch eine andere bekannte Persönlichkeit sollte an dieser Stelle erwähnt werden: Erzherzogin Maria Luise, Tochter von Kaiser Franz I., war einst aus politischen Gründen mit Kaiser Napoleon verheiratet worden. Nach der endgültigen Niederlage Napoleons und seiner Verbannung auf die Insel Sankt Helena erhielt sie durch die Beschlüsse des Wiener Kongresses die Herzogtümer Parma, Piacenza und Guastalla. Nach dem Tode Napoleons, 1821, heiratete sie in heimlicher, morgantischer Ehe ihren Oberhofmeister und Berater Adam Graf Neipperg, dem sie bereits zwei Kinder geboren hatte, die sofort nach der Geburt einem Arzt in Pflege gegeben worden waren. Die Kinder nannten ihre leiblichen Eltern zwar »La Signora« und »Il Signore«, ihre Herkunft aber war ein offenes Geheimnis. Der Name »Neipperg« (»neuer Berg«) wurde später in »Montenuovo« italienisiert, die Kinder Maria Luises im Jahre 1864 von Kaiser Franz Joseph in den Fürstenstand erhoben. Fürst Alfred Montenuovo, der Enkel Maria Luises, sollte im Leben von Erzherzog Franz Ferdinand und der Gräfin Chotek noch eine unheilvolle Rolle spielen.

Bei allen Habsburgern, die von ihrem Kaiser eine Heiratserlaubnis für einen nicht ebenbürtigen Partner erhielten, hatte es sich jedoch nie um einen Thronfolger gehandelt, sondern um Erzherzöge, die weit von einer Thronfolge entfernt waren, oder wie bei Maria Luise um eine Frau, die überhaupt nicht dafür in Frage kam. In jedem Fall hatten sich die Bittsteller mit einer morganatischen Ehe zufriedengeben müssen.

Doch kehren wir zu Erzherzog Franz Ferdinand und Gräfin Chotek zurück, für die eine schwierige Zeit begann. Ein erbittertes Ringen zwischen Kaiser und Thronfolger folgte.

Der Kampf zwischen Kaiser und Thronfolger

Sowohl der Kaiser als auch der Erzherzog suchte in der prekären Streitfrage zunächst den Rat der Rechtsgelehrten. Franz Ferdinand holte sich ihn bei seinem ehemaligen Lehrer, dem späteren Ministerpräsidenten Dr. Max Wladimir Freiherr von Beck. Dabei stellte sich bald heraus, daß das Familienstatut nicht so eindeutig und lückenlos war, wie es ursprünglich schien.

Das Kaiserliche Familienstatut legte im § I ausdrücklich fest, daß das »Allerhöchste Erzhaus« nächst dem Kaiser als dessen Oberhaupt, aus dessen Gemahlin, den etwa noch lebenden Witwen seiner Regierungsvorfahren, den Erzherzogen und Erzherzoginnen bestehe. Demnach wäre Sophie, sobald Franz Ferdinand den Thron bestiegen hätte, als »Gemahlin des Kaisers« trotz ihrer unebenbürtigen Herkunft automatisch Mitglied des Erzhauses geworden. Damit wäre aber eine Handhabe gegeben, sie auch zur Kaiserin zu machen – ein Schlupfloch also, das Erzherzog Franz Ferdinand einmal zu seinen und seiner Gattin Gunsten hätte auslegen können. Das aber hätte nach Ansicht des Kaisers dem Geist des Familienstatus widersprochen. Er würde diesen Paragraphen gerade noch rechtzeitig, das heißt 18 Tage vor der Heirat, ändern. Doch wir wollen dem Lauf der Geschichte nicht vorgreifen.

Eine andere Schwierigkeit bezüglich Franz Ferdinand und seiner Braut betraf Ungarn. Im ungarischen Staatsrecht war der Begriff der morganatischen Ehe unbekannt. Daher hätte Sophie, sobald Franz Ferdinand den Thron von Österreich bestiegen haben würde, zur Königin von Ungarn gekrönt werden können. Infolgedessen würde ihr Sohn, falls sie einen haben sollte, dort die Nachfolge seines Vaters antreten können. Eine erschreckende Vorstellung für Kaiser Franz Joseph. Die Ungarn waren nämlich der Meinung, daß nach der Pragmatischen Sanktion Kaiser Karls VI., mit der dieser die Thronfolge seiner Tochter Maria Theresia gesichert hatte, keineswegs ein mit Österreich gemeinsames Thronfolgerecht geboten sei. Damit hätte ein langjähriger Wunsch der freiheitsliebenden Ungarn, eine gewisse Trennung von Österreich durchzusetzen, in Erfüllung gehen können. Erst mit großer Mühe gelang es schließlich, zu einer dem Kaiserhaus genehmen Einigung zu gelangen. Die Rechtslage war also keineswegs so eindeutig, wie es auf den ersten Blick schien.

Es hätte durchaus in der Macht Kaiser Franz Josephs gestanden, den Ehewunsch seines Thronfolgers zu sanktionieren und über die mangelnde Ebenbürtigkeit Sophies hinwegzusehen. Als kaiserlicher Gnadenbeweis gewissermaßen. Schließlich war sie eine Gräfin aus uradeligem Geschlecht, seit 11. Januar 1889 Trägerin des Sternkreuzordens, für den strenge Abstammungskriterien galten. Und nicht zuletzt hatte ihr Vater dem Kaiserhaus treu gedient und sich dabei finanziell beinahe ruiniert.

In diese Kerbe stieß Graf Franz Thun als Repräsentant des böhmischen Adels, in Böhmen selbst reich begütert und mit Sophie verschwägert. Nicht nur er, sondern auch seine Standesgenossen empfanden die ablehnende Haltung des Kaisers gegenüber einer ihrer Angehörigen als Brüskierung für die sie sich persönlich angegriffen fühlten. Der in Böhmen ansässige Adel hatte schon zu Zeiten des Dreißigjährigen Krieges seine Treue zum Hause Habsburg bewiesen und diente diesem in vielfältiger Weise in Diplomatie und Armee. Wie schon an anderer Stelle bemerkt, verließ sich das Kaiserhaus dabei nur zu oft auf die materiellen Ressourcen seiner Repräsentanten, abgesehen davon, daß es Positionen bei Hof gab, die reine Ehrenstellen ohne jede Besoldung waren. Genützt hat die Demarche des Grafen Thun allerdings nichts. Der Kaiser wollte offensichtlich beweisen, daß es in dieser Hinsicht keine Ausnahmen gab. Eine Gräfin Chotek gehörte eben nicht dem Kreis ebenbürtiger Partner an und würde es daher auch nicht werden. In ihren Adern floß zwar altadeliges Blut, aber doch nicht jener »besondere Saft«, der den Herrscher auszeichnete. Selbst kaiserliche Gnade durfte nicht so weit gehen, sich in dieser Hinsicht über das Familienstatut hinwegzusetzen. Der streng konservative Kaiser, durchdrungen vom Glauben an die göttliche Berufung des Hauses Habsburg, hätte mit der Zustimmung zu einer solchen Heirat seine eigene Gesinnung verraten. War doch der Thronfolger in einem besonderen Maße verpflichtet, ebenbürtig zu heiraten.

Sophie befand sich zu dieser Zeit in einer ausgesprochen unangenehmen Lage: Sie hatte kein Heim, in das sie sich hätte zurückziehen können und mußte bei ihren Verwandten Zuflucht suchen, um die Wartezeit bis zu einer endgültigen Entscheidung ihrer Situation zu überbrücken. Zum Glück bestand an Verwandtschaft kein Mangel. Dennoch ist es ihr bestimmt nicht leicht gefallen, tatenlos den Gang der Dinge abzuwarten. Aber sie wußte, daß sie alle weiteren Schritte Franz Ferdinand überlassen mußte.

So befand sie sich Ende Mai 1899 bei ihrer Schwester Oktavia, nun Gräfin Schönburg-Glauchau in Sachsen, im Juli bei Graf und Gräfin Franz und Sophie Kinsky, der Familie ihrer Mutter auf deren Besitzung in Adlerkosteletz, bei Schwager und Schwester Thun in Mähren, anschließend bei Fürst und Fürstin Alois von Löwenstein auf deren Sitz in Bruck, im Oktober reiste sie zu den Henckels nach Preußisch-Schlesien, dann zu ihrer Schwester Antoinette Wuthenau nach Dresden, anschließend nach Großpriesen bei Teplitz, der Besitzung ihres Onkels Carl Chotek. Die Verbindung mit Franz Ferdinand hielten heimliche Treffen. Wenn diese nicht möglich waren, schrieben sich die Liebenden Briefe, Telegramme oder Ansichtskarten in Geheimschrift. Manches wurde nicht einmal der Post anvertraut, sondern durch Janaczek befördert, dessen Diskretion man sicher sein konnte.

Das bestätigt auch die Tochter des Thronfolgerpaares in ihren Erinnerungen: »Nachdem meine Mutter den Dienst bei Erzherzogin Isabella beendet hatte, wohnte sie bei ihren Schwestern und Cousinen in Großpriesen und Kosteletz, wo sie immer gern gesehen war. Besonders gern war sie in Dresden bei Wuthenaus, wo sie meinen Vater hie und da sehen konnte. Tante Antoinette Wuthenau war ihre Lieblingsschwester und Vertraute.«

Ein Brief von Franz Ferdinand mit Datum vom 31. Dezember 1899 ist erhalten. Darin schreibt er Sophie nach Perglas den bemerkenswerten Satz: »Denke an unsere Verlobung in Plauen, wo ich Dich so ganz als meine Frau kennenlernte.«

Doch ganz ruhig und unbehelligt ließ das Kaiserhaus diese unerwünschte Braut des Thronfolgers nicht. Kaiser Franz Joseph hatte sich mit seinem Obersthofmeister, Fürst Montenuovo, über das leidige Thema ›Chotek‹ beraten. Er schätzte diesen strengen Wächter über das Zeremoniell und war ihm bei aller gebotenen Distanz beinahe freundschaftlich verbunden. Montenuovo war streng konservativ, ein Mann nach seinem Herzen.

Die Rolle Fürst Montenuovos

Natürlich war Montenuovo gegen eine solche Heirat. Sie war ein Affront für das ehrwürdige Haus Habsburg, eine Tragödie, die man dem Kaiser um jeden Preis ersparen mußte. Da sowohl Franz Joseph als auch seinem Obersthofmeister der Starrsinn des Thronfolgers unliebsam bekannt war, wußten sie, daß sie den Hebel anderswo ansetzen mußten, um die Verbindung zu verhindern.

Daß Fürst Montenuovo so besonders unbeugsam an Zeremoniell und Hausgesetz festhielt, mochte, wie erwähnt, mit seiner eigenen Abstammung zusammenhängen. Er konnte wohl nie vergessen, daß sein Vater Wilhelm eigentlich unehelich geboren und erst später durch eine heimliche und natürlich nur morganatische Ehe legimiert worden war, die Erzherzogin Maria Luise, Ex-Kaiserin von Frankreich, mit ihrem Oberhofmeister Graf Neipperg geschlossen hatte. Somit war Montenuovo zwar ein Neffe seines Dienstherrn und Kaisers Franz Joseph, aber er war weder ein Erzherzog noch ein Angehöriger des Hauses Habsburg, sondern nur ein Fürst Montenuovo, und die Erhebung in den Fürstenstand hatte er allein der kaiserlichen Gnade zu verdanken. Hatte man einst einen Grafen Neipperg nicht als würdig erachtet, der Gatte einer Erzherzogin zu werden – die sowieso nicht als Thronerbin in Frage kam und damals nur mehr eine Herzogin von Parma war –, warum sollte dann diese Gräfin Chotek die rechtmäßige Gattin des Thronfolgers und womöglich einmal Kaiserin von Österreich und Königin von Ungarn werden?

Kaiser und Obersthofmeister waren sich klar darüber, daß sie bei Franz Ferdinand nichts erreichen würden. Er hatte seiner Braut sein Wort gegeben und das würde er auch halten. Folglich war es an Sophie, ihm dieses Wort zurückzugeben. Montenuovo schrieb also einen Brief, einen sehr höflichen und sehr diplomatischen Brief, der aber an Klarheit nichts zu wünschen übrig ließ. Von der Würde des allerhöchsten Hauses war darin die Rede, dessen Thronfolger nur in einer ebenbürtigen Ehe für eine rechtmäßige Nachfolge sorgen könne. Daher müsse er sich an das Gerechtigkeits- und Taktgefühl der Gräfin wenden, der es nun obliege, den Erzherzog von der Unmöglichkeit seines Heiratswunsches zu überzeugen. Wenn sie davon zurücktrete, müsse er notwendigerweise daraus die Konsequenzen ziehen. Die Dankbarkeit des Kaiserhauses sei ihr sicher…

Sophie, die sich damals bei ihrer Schwester in Dresden befand, erhielt dieses Schreiben durch einen Privatkurier. Der Brief muß ihr also Ende Oktober 1899 zugestellt worden sein. Zweifellos hat sie Franz Ferdinand postwendend davon unterrichtet. Dessen Verhältnis zu Fürst Montenuovo wird sich dadurch nicht gerade verbessert haben.

Die Tatsache, daß während all dieser nervenaufreibenden Monate die Verbindung der beiden Liebenden nie abriß, hat zweifellos dazu beigetragen, daß sie standhaft blieben. Es kam zu heimlichen Treffen, und wenn das nicht möglich war, mußte man mit Briefen vorliebnehmen. Wie der kaiserliche Postmeister in Großpriesen, Bruno Richter, in seinen Erinnerungen schreibt, wunderte er sich anfangs über die häufigen Telegramme an Gräfin Sophie Chotek, die mit »Hohenberg« unterschrieben waren, besonders als diese ihn sehr freundlich bat, sie ihr jeden Abend zu bringen. Sie holte sie dann persönlich am Tor ab. Es kam sogar vor, daß Richter den Weg zweimal machen mußte. Eines Tages rief ihn der Postdirektor an und informierte ihn, daß die Post an Gräfin Sophie von einem Mitglied des Kaiserhauses stammte und empfahl ihm größte Vorsicht. Zugleich verbot er ihm, eventuell auftauchenden Zeitungsreportern Auskünfte darüber zu erteilen. Als die Gräfin von dem Anruf erfuhr, sei sie sehr aufgeregt gewesen, doch er habe ihr versichert, daß er über diese dienstliche Angelegenheit Schweigen bewahren würde.[54] Das scheint er auch gehalten zu haben.

Doch die Versuche, Sophie zu beeinflussen, beschränkten sich nicht auf Fürst Montenuovos Schreiben. Ganz im Gegenteil, plötzlich sah sich die Gräfin von allen Seiten von Gegnern umringt. Dazu zählte in erster Linie ihre eigene Familie, allen voran ihr Bruder Wolfgang. Denn Montenuovo war auch da nicht untätig geblieben. Er hatte einen Beamten des Obersthofmeisteramtes nach Troppau gesandt, wo Wolfgang Graf

Chotek als Regierungsrat tätig war. Der Beamte machte dem Grafen klar, daß eine Heirat seiner Schwester mit einem Mitglied des Kaiserhauses seiner Karriere nicht gerade zuträglich sei. Deshalb liege es in seinem eigenen Interesse, sie von dieser unsinnigen Idee abzubringen. Wir können uns vorstellen, wie diese unverhüllte Drohung auf Graf Wolfgang wirkte, der auf seine Beamtenlaufbahn angewiesen war.

Widerstand von allen Seiten

Doch Sophie ging auf die Ängste ihres Bruders nicht ein. Sie verständigte Franz Ferdinand, der Graf Chotek in Troppau zu sich befahl. Einen Freund hatte sich Graf Chotek mit seiner Haltung bestimmt nicht gemacht.

Auch die übrigen Geschwister waren bestürzt. Sie wußten, daß der Arm des Kaisers weit reichte. Eine allerhöchste Ungnade mochten auch Gräfin Marie Thun und Gräfin Karoline Nostitz, die mit österreichischen Grafen verheiratet waren, nur ungern riskieren. Ebenso ging es Oktavia und Antonia, die zwar mit ihren Gatten dem König von Sachsen unterstanden, dieser aber war bekanntlich mit Kaiser Franz Joseph gut befreundet und zudem durch vielerlei verwandtschaftliche Beziehungen verbunden. Auch ihre Schwester Zdenka, Hofdame bei Ex-Kronprinzessin Stephanie, bat Sophie dringend, von ihrem Wunsch abzulassen. Leicht hatte es die Gräfin also auch mit ihren Geschwistern nicht. Sie alle fragten sich bangen Herzens, wie diese Angelegenheit wohl enden würde. Sie kannten die strengen Gesetze des Kaiserhauses und waren davon überzeugt, daß Sophie letztendlich nur Schimpf und Schande ernten werde, wenn sie auf ihrer Absicht bestünde.

Abgesehen von diesen persönlichen Einflüssen war sich auch fast der gesamte Hochadel einig in strikter Gegnerschaft. Eifersüchtig auf die Bewahrung der Vorrechte bedacht, die die Geburt ihnen gab, sahen seine Mitglieder ihre Ausnahmestellung bedroht, wenn nun eine Frau, die ihrem Kreis nicht angehörte, in diesen eindrang.

Zwei Frauen aus der engsten Umgebung des Kaisers waren besonders erbitterte Gegnerinnen Sophies. Eine war die Enkelin Franz Josephs, Elisabeth, die einzige Tochter Kronprinz Rudolfs. Der Kaiser liebte sie abgöttisch und verwöhnte sie entsprechend, wahrscheinlich, weil sie das einzige war, was von seinem Sohn geblieben war. Vielleicht wollte er an ihr gutmachen, was er an jenem versäumt hatte. Elisabeth wiederum wollte mit ihrer Gegnerschaft Franz Ferdinand treffen, der jetzt die Stelle ihres Vaters einnahm. Paradoxerweise bestand sie bald darauf auf dem Wunsch, einen Fürsten Windischgraetz zu heiraten, dessen Haus auch nicht ganz den Erfordernissen des Familienstatuts entsprach. Aber sie war nicht nur des Kaisers geliebte Enkelin, sondern auch eine Frau. Und Frauen konnte sich Franz Joseph sowieso nicht auf dem Thron vorstellen. Da zeigte er sich großzügiger.

Die andere war die Burgschauspielerin Katharina Schratt, des Kaisers »liebe Freundin«, die überhaupt gegen alles war, was den Kaiser ärgerte und seine Ruhe störte.

Doch auch in Franz Ferdinands engster Familie waren manche keineswegs mit seiner Wahl einverstanden. Das galt vor allem für seine Brüder, was zunächst verwundern mag. Gerade Otto, der durch sein lockeres Leben und seine unzähligen Liebschaften ständig für Gesprächsstoff sorgte? Von dem man Verständnis für eine Liebesheirat am ehesten erwartet hätte? Vielleicht war ein gewisser Neid im Spiel. Nicht auf die Stellung eines Thronfolgers, die sein Bruder jetzt innehatte. Denn Ehrgeiz lag Otto fern. Aber vielleicht war es die Tatsache, daß er selbst in eine dynastische Ehe mit einer ungeliebten Frau gedrängt worden war, während sich Franz Ferdinand mit Erfolg gegen eine solche gewehrt hatte und nun auf der Frau seiner Wahl bestand. Sollte doch auch er ein Opfer für das Haus Habsburg bringen. Das Zerwürfnis zwischen den beiden Brüdern ließ sich nie mehr kitten. Nicht einmal die unheilbare und qualvolle Krankheit Ottos sollte daran etwas ändern. Es würde bis zu dessen Tod dauern.

Die Gegnerschaft des jüngeren Bruders Ferdinand Karl sollte sich einige Jahre später als besondere Ironie des Schicksals erweisen. Da verliebte sich Ferdinand Karl in die Tochter eines Universitätsprofessors. Vergeblich bat er den Kaiser um die Heiratserlaubnis. Auch Franz Ferdinand bedeutete für ihn keine Stütze, wie der Jüngere gehofft hatte. Dieser wies auf den großen Rangunterschied zwischen einem einfachen Fräulein Czuber und einer uradeligen Gräfin Chotek hin und verweigerte jegliche Unterstützung. Eine späte Rache für die abweisende Haltung des Bruders drei Jahre zuvor? Nachtragend zu sein, Unrecht nicht vergessen zu können und es nie zu verzeihen, war eine der unschönen Charktereigenschaften Franz Ferdinands. Er würde sie noch öfters unter Beweis stellen.

Am 2. Mai 1900 fand in der Hofburg eine Sitzung statt, an der auch Erzherzog Rainer, ein Cousin Franz Josephs, der in moralischer Hinsicht die Stelle des verstorbenen Erzherzogs Albrecht eingenommen hatte, teilnahm. Am selben Tag schrieb er an Erzherzog Franz Ferdinand: »... Dein Fall ist durch Deine Stellung eben ganz verschieden von denen anderer Erzherzöge. Was Deine Angelegenheit betrifft, kann ich nur wiederholen, was ich vor einigen Tagen gesagt habe. Trachte Dich durch ernste Beschäftigung zu zerstreuen und überlege Dir sehr die Folgen des beabsichtigten Schrittes, denn glaube nicht, daß Du in diesem Bunde ein bleibendes Glück finden wirst. Die Zurücksetzung einer Frau, die man liebt, empfindet man schmerzlich und sollte sich das Blatt wenden und Du hast die gehoffte häusliche Zufriedenheit nicht finden können, so wird dies noch weit schwerer auf Dir lasten. Jeden Mann treffen in seinem Lebenslaufe mehr oder minder schmerzliche Augenblicke. Die Erinnerung an die Pflicht hilft dieselben zu überwinden, und je höher man steht, desto weniger darf man sich von der Erfüllung derselben abbringen lassen. Aus diesen Ursachen ist es mir nicht möglich, für Deinen Wunsch einzutreten. Ich sehe in der Durchführung Deiner Absicht die Nachteile für das Reich, glaube nicht, daß Du nach einer Reihe von Jahren die gesuchte Zufriedenheit finden werdest, werde es daher stets für meine Pflicht achten ... dagegen zu sprechen.«[55]

Dr. Godfried Marschall

Doch sowohl der Erzherzog als auch Sophie blieben allen Versuchen, sie zu trennen, gegenüber standhaft und ließen sich nicht umstimmen. Daß der Neffe darauf bestand, beides zu bekommen, den Thron und die unebenbürtige Frau, empörte den Kaiser besonders. Er beschloß, bei Sophie einen neuerlichen Versuch zu machen. Dazu empfing er den ehemaligen Lehrer Franz Ferdinands, Dr. Godfried Marschall, der großen Einfluß auf seinen einstigen Schüler hatte. Marschalls Ehrgeiz war bekannt. Er war inzwischen Weihbischof, strebte aber danach, Erzbischof von Wien zu werden. Wußte er doch, daß bei seinen zweifellos vorhandenen Qualitäten dazu Aussicht bestand. Um sein Ziel zu erreichen, brauchte er jedoch die Einwilligung des Kaisers. War es ein Wink des Schicksals, daß Franz Joseph ausgerechnet ihn beauftragte, bei Sophie zu intervenieren und als Priester die fromme Tochter der Kirche von ihrer wahren Pflicht zu überzeugen?

Dennoch befand sich Marschall in einem Dilemma. Nur zu gut kannte er den Charakter seines ehemaligen Schülers. Zugleich war ihm klar, daß der Wunsch des Kaisers ein Befehl war und keine Weigerung zuließ. »Bei welchem Kaiser werde ich in Ungnade fallen? Beim jetzigen oder beim künftigen? Oder bei beiden?«[56], soll er damals verzweifelt geschrieben haben. Schweren Herzens machte er sich auf den Weg zu Sophie, die sich gerade in Wien befand, um sie zum Verzicht auf den Geliebten zu bewegen. Es heißt auch, daß sie sich in das Kloster Sacré Cœur in Prag zurückgezogen habe, um Kranke zu pflegen und auszuharren, bis sie durch Gottes höheren Ratschluß von ihrem Bräutigam geholt werde. Allerdings gibt es auch in Wien ein Kloster namens Sacré Cœur.

Marschall zog alle Register seiner Überredungskunst. Gerade weil die Gräfin den Erzherzog liebe, müsse sie ihn freigeben, denn was würde sie davon haben, ihn um die Krone zu bringen und mit ihm ein Leben in Verbannung zu führen? Die Befriedigung ihrer Leidenschaft werde ein kurzer Rausch sein, aus dem das Erwachen einen Sturz in die Tiefe bedeute. Der Verzicht hingegen sei groß und erhaben. Er sichere ihr den Himmel. Aber anstatt Kaiser und Papst zu beglücken, wolle sie beide erzürnen …«[57]

Marschalls Worte verfehlten nicht ihren Eindruck auf die fromme Gräfin. Sie begann zu zweifeln, ob sie wirklich richtig handelte. Der Bischof beschloß, aufs Ganze zu gehen. Er empfahl ihr, am besten unverzüglich auf alles irdische Glück zu verzichten und den Schleier zu nehmen, wobei er ihr die fürstliche Würde einer Äbtissin in Aussicht stellte. Darüber hinaus bot er diensteifrig an, ihr die unangenehme Aufgabe abzunehmen und selbst Franz Ferdinand von ihrem Verzicht Mitteilung zu machen. Nicht mehr seine Braut sei sie jetzt, sondern die eines Höheren, nämlich die Jesu Christi. Damit war der Bischof aber doch etwas zu weit gegangen. Sophie fühlte sich überrumpelt. Sie bat um Bedenkzeit und versprach, Seiner Kaiserlichen Hoheit selbst zu schreiben. Damit mußte Marschall sich zufrieden geben. Dennoch war er hoffnungsvoll.

Sophie schrieb tatsächlich. Die eindringlichen Worte Marschalls hatten ihren Eindruck nicht verfehlt. Plötzlich fühlte sie sich schuldig und voller Zweifel. Durfte sie wirklich den Mann, den sie liebte, von seiner Pflicht trennen und eine Ehe schließen, die eine Sünde war? Mußte sie nicht gerade um seinetwillen verzichten? Sie übergab das Schreiben der Äbtissin mit der Bitte, es sofort an seinen Empfänger weiterzuleiten. Daraufhin fand ihr Aufenthalt im Kloster ein jähes Ende, denn Franz Ferdinand holte sie, nur von Janaczek begleitet, unverzüglich ab und brachte sie an einen Ort, den sein ergebener Diener nie verriet.

Um die Wirksamkeit seiner Mission zu erhöhen, hatte Marschall noch versucht, Franz Ferdinands Schwester Margarete und seine Stiefmutter Erzherzogin Maria Theresia von der Unmöglichkeit jener Ehe zu überzeugen. Doch da hatte er kein Glück. Franz Ferdinands Stiefmutter gehörte zu den wenigen Menschen, die sich für den Wunsch ihres Stiefsohnes mit allen Kräften einsetzten. Sie ließ sich auch jetzt nicht beirren. Angeblich wandte sie sich in dieser Angelegenheit sogar an den Papst. Die Berichte darüber sind widersprüchlich, manche sprechen davon, daß sie persönlich nach Rom reiste. Der Heilige Vater soll schließlich über die Wiener Nuntiatur mitgeteilt haben, er sei der Meinung, daß die Ehe des Thronfolgers mit Gräfin Chotek eine ebenbürtige sein solle.

Über den Vorstoß Marschalls bei Sophie schrieb der Thronfolger wütend an Beck. »Sagen Sie diesem Trottel von Marschall alle Grobheiten, die im Lexikon stehen ... Sagen Sie ihm, daß ich von allen seinen Quertreibereien vollkommen orientiert bin und daß er daher für mich für mein ganzes Leben lang aufgehört hat, zu existieren. Sagen Sie ihm, daß seine Karriere vollkommen vernichtet ist, nachdem solange ich lebe er nie etwas anderes wird, als Pfarrer in der Votivkirche.« Und er setzte empört hinzu: »Wie hat man meine Braut gefoltert! Zu ihrer Frömmigkeit nahm man die letzte Zuflucht. Bei ihrem Glauben und ihrer christlichen Demut packten sie die Sache an. Und es wäre ihnen beinahe geglückt, schon hatte ich die Absage in Händen, den mit Tränen geschriebenen Verzicht. Da fuhr ich wie ein Donnerwetter drein und befreite sie aus der Atmosphäre, in der sie lebte ... Denn das war wider die Abrede gehandelt. Ich sollte mich ein Jahr prüfen, ob ich nicht etwa aus Leidenschaft etwas unternehmen wolle, was ich zeitlebens bereut hätte. Ich prüfte mich. Aber man hat sie zum Abfall von mir verleiten wollen, hat ihr Herz bedrängt und ihr Gewissen. Das war wider die Abrede.«[58]

Ob Beck wirklich dem Bischof die wütende Tirade genauso bestellte, sei dahingestellt.

Jedenfalls hatte sich Marschall in Franz Ferdinand einen erbitterten Feind geschaffen. Er wurde weder Erzbischof von Wien noch Kardinal. Statt dessen wurde der Bischof von Trient, Karl Nagl, zum Titular-Erzbischof und Koadjutor des schon recht betagten Kardinals Gruscha ernannt und schließlich sein Nachfolger. Man hätte Marschall nicht tiefer treffen können als mit dieser Zurücksetzung, die alle seine ehrgeizigen Pläne, ein großer Kirchenfürst zu werden, vernichtete. Die Enttäuschung konnte er nie verwinden. Hatte er nicht sein Möglichstes getan? Hatte er nicht alles versucht, diese Gräfin zum Verzicht zu bewegen? Beinahe schien es ihm geglückt. Aber nur beinahe... Marschall zog sich von allen Ämtern zurück und unternahm eine Pilgerfahrt. Davon kehrte er schwer krank zurück und starb schließlich im Jahre 1911. Zeit seines Lebens blieb er davon überzeugt, daß der Thronfolger und seine Frau bei der Berufung Nagls ihre Hand im Spiel gehabt hatten. Möglich ist es durchaus, daß Franz Ferdinand sich auf diese Weise rächte. Beweise dafür gibt es allerdings keine.

Ein Bittbrief an den Kaiser

Doch kehren wir zum Monat Mai 1900 zurück. Die mißglückte Intervention Marschalls und die damit verbundenen Aufregungen hatten Franz Ferdinand in dem Entschluß bestärkt, etwas Entscheidendes unternehmen zu müssen. Als Beck ihm mitteilte, daß die Politiker in Österreich und Ungarn eine Übereinkunft getroffen hatten, nach der sie einer Heirat des Erzherzogs mit der Gräfin Chotek zustimmen würden, wenn dieser eine Verzichtserklärung – eine sogenannte Renunziation – für seine Nachkommen leiste, beschloß Franz Ferdinand, sich nochmals an den Kaiser zu wenden. Franz Joseph war nach wie vor der Meinung, daß sein Neffe entweder auf den Thron oder auf seine Liebe verzichten müsse. Der aber wollte beides: Thron und Liebe.

Inspiriert von dem Juristen Beck, richtete er einen flehentlichen Brief an seinen Onkel, in dem er an dessen väterliches Herz appellierte. Seine ganze zukünftige Existenz, sein Glück, seine Ruhe und Zufriedenheit hingen von der Erfüllung dieses »einzigen, innigsten und liebsten Wunsches« ab. »Ich kann abermals nur erwähnen, daß der Wunsch, die Gräfin zu heiraten, nicht die Frucht einer Laune ist, sondern der Ausfluß der tiefsten Neigung, jahrelanger Prüfungen und Leiden... Und daß für Eure Majestät vollkommene Garantie für mein späteres Leben besteht, gibt die Bürgschaft mein bisheriges Verhalten, in dem ich stets bestrebt war, loyal vorzugehen und nie etwas offen oder geheim gegen den Willen E. M. zu unternehmen, was vielleicht mancher andere versucht hätte, der sich in der gleichen verzweifelten Lage befunden hätte wie ich... Repräsentative und ceremonielle Schwierigkeiten bestehen nicht, denn wie ich schon zu erwähnen und versprechen erlaubte, wird sich die Gräfin nie wieder bei Hofe noch in der großen Gesellschaft zeigen und nie irgendwelche Ansprüche erheben oder eine Rolle spielen wollen. Ich kenne ihren Charakter, ihr Gemüt und ihr Herz zu genau und weiß, daß sie ihre Stellung mit voller Anspruchslosigkeit einnehmen und nur ausschließlich unserem Glück, einem stillen, glücklichen Heim leben wird... Die Ehe mit der Gräfin ist das Mittel, mich für die ganze Zeit meines Lebens zu dem zu stempeln, was ich sein will und soll: zu einem berufstreuen Mann und zu einem glücklichen Menschen. Ohne diese Ehe werde ich ein qualvolles Dasein führen, welches ich ja jetzt schon durchmache und das mich vorzeitig aufzehren muß... Eine andere Ehe kann und werde ich nie mehr eingehen, denn es widerstrebt mir und ich vermag es nicht, mich ohne Liebe mit einer anderen zu verbinden und sie und mich unglücklich zu machen, während mein Herz der Gräfin gehört und ihr ewig gehören muß...« Er schloß mit den Worten: »E. M. können in Ihrem gütigen Herzen die Verantwortung für das nicht übernehmen, was aus mir wird, wenn ich nicht bald in die Lage komme, die Gräfin zu heiraten.« Seine Nerven seien bereits »in traurigstem Zustand ... ich bitte Eure Majestät daran zu glauben, daß ich von dem Streben erfüllt bin, in meiner schwierigen Lage das Beste zu leisten, was ich vermag, aber dazu muß ich mich glücklich fühlen können, und deshalb bitte ich Eure Majestät um mein Lebensglück, um die Bewilligung zu der heiß ersehnten Ehe ...[59]

Auch an Ministerpräsident Koerber, der von großem Einfluß beim Kaiser war, richtete der Erzherzog einen Brief. »Exzellenz arbeiten für eine gute Sache, die Sie nie zu bereuen haben werden, und die der Monarchie mehr nützt, als wenn ich durch unausgesetzte Schwierigkeiten und Hinausschiebungen zur Verzweiflung getrieben werde... Ich will stets ein ordentlicher und pflichttreuer Mensch sein und mit meinen besten Kräften meinem Land dienen. Nehmen Sie mir nicht die Möglichkeit, diesen festen Vorsatz auszuführen, indem ich für mein Leben zu einem unglücklichen und desperaten Menschen gemacht werde.«[60]

Die wärmste Fürsprecherin Franz Ferdinands war Erzherzogin Maria Theresia. Obwohl ihr Versuch, beim Kaiser Verständnis für ihren Stiefsohn zu wecken, schon einmal fehlgeschlagen war, ließ sie sich nicht entmutigen. Sie ging nochmals zu ihrem Schwager und versuchte mit weiblichem Takt, die Gegensätze zwischen den beiden Kontrahenten zu überbrücken. Dabei flehte sie ihn erneut an, dem Erzherzog die Ehe zu erlauben. Da gab der Monarch endlich nach. Franz Ferdinands versteckte Drohung, sich am Ende etwas anzutun, dürfte das ihre dazu beigetragen haben.

Die Warnung seines Außenministers, Graf Goluchowski, das könne ein »Zweites Mayerling« geben, mochte nicht ohne Wirkung geblieben sein. Noch ein Mayerling? Das lag außer der Vorstellungskraft des Kaisers. Eine Möglichkeit, die ihm theoretisch noch offenstand, widerstrebte ihm nämlich zutiefst, nämlich Otto anstelle von Franz Ferdinand zum Thronfolger zu ernennen. Ottos Lebenswandel, der sich trotz aller Vorhaltungen nicht besserte, hielt ihn davon ab.

Noch etwas mochte ihn bewogen haben, den Wunsch des Neffen zu erfüllen. Im August wurde Franz Joseph siebzig Jahre alt. Das war in der damaligen Zeit bereits ein hohes Alter, das die meisten gar nicht erreichten. Was würde geschehen, wenn der Thronfolger einfach auf seinen Tod wartete? Dann könnte er heiraten, ohne jemanden zu fragen, und seine Gattin und seine Kinder würden automatisch zu Mitgliedern des Kaiserhauses werden. Denn auf die Frau verzichten würde er nicht. Da war es schon besser, dem Hartnäckigen diese unerwünschte Ehe zu bewilligen, ihm aber zugleich durch einen feierlichen Eid entsprechende Einschränkungen aufzuerlegen. Hätte der Kaiser geahnt, daß er 86 Jahre alt werden würde, hätte er vielleicht anders gehandelt.

Die Entscheidung

So unter Druck gesetzt, gab Kaiser Franz Joseph bei der nächsten Audienz, die er seinem Neffen gewährte, endlich die erwünschte Erlaubnis, Gräfin Sophie Chotek zu heiraten. »Möge es Sie nie gereuen, mein Herr Neffe«, sagte er, nicht ohne warnend hinzuzufügen, »Die Ehe wird eine morganatische sein und Ihre Gemahlin kann niemals – niemals – Mitglied des Kaiserhauses werden. Sind Sie sich dessen bewußt?«[61]

Der Begriff ›morganatische Ehe‹ leitet sich vom althochdeutschen Wort ›morgan‹ für Morgen her und bedeutete, daß die Frau, mit der sich ein Mann in einer solchen Ehe verband, nur eine Morgengabe, aber kein Wittum, also keine Witwenversorgung, erhielt. Die Lage der unebenbürtigen Frau und der aus dieser Ehe hervorgegangenen Kinder konnte durch Gewährung eines Ranges und Titels sowie von vermögensrechtlichen Vorteilen verbessert werden. Aber das unterlag der

Gnade des Familienoberhauptes. Wenn Franz Ferdinand Sophie heiratete, mußte er sich darüber im klaren sein, daß, falls sie einmal Kinder haben würden, diese automatisch von der Thronfolge ausgeschlossen waren.

Die Entscheidung, die Franz Joseph letztlich getroffen hatte, widerstrebte der konservativen Seele des Monarchen zutiefst. Es mußte ihn auch stören, daß sein Wunsch, der sonst immer und überall Gesetz war, diesmal nicht respektiert worden war. Daß er gescheitert war an einem Stärkeren. Eine trübe Aussicht für die Zukunft.

Es machte ihm den Neffen nicht sympathischer. Immer weniger verstand er die Welt, in der er lebte. Wie sehr hatte sie sich doch seit seiner Jugend verändert! Damals hatte noch Zucht und Ordnung geherrscht, und die Werte, die die ältere Generation verkörperte, waren respektiert worden. Mit Schrecken dachte der greise Mann daran, wie die Unbotmäßigkeit der jungen Erzherzöge von Jahr zu Jahr zunahm. Wie Freiherr von Margutti, sein langjähriger Adjutant, in seinen Erinnerungen bemerkt, »verdüsterte die Ehe des Thronfolgers trotz aller Einschränkungen, die er [Franz Joseph] ihr auferlegt hatte, seinen siebzigsten Geburtstag, den er am 18. August 1900 beging. Der Vorwurf, falsch gehandelt zu haben, diese Heirat bewilligt zu haben, die die legitime Thronfolge verhindern würde, quälte ihn während seines ganzen Lebensabends.«[62]

Am 12. Juni 1900 teilte der Kaiser seinen Entschluß allen Erzherzögen mit. Alle waren versammelt, außer Franz Ferdinand. Zugleich ließ Franz Joseph die Erzherzöge einen Zusatz zum Hausgesetz unterschreiben. Durch diesen sollte verhindert werden, daß bei der Thronbesteigung Franz Ferdinands seine Gattin automatisch Mitglied des Kaiserhauses werden würde. Der Artikel machte es zugleich auch den künftigen Herrschern des Hauses Habsburg unmöglich, durch einen Machtspruch eine morganatische Ehe zu einer standesgemäßen zu erklären. Kaiser Franz Joseph hatte sich gegen seine

Überzeugung drängen lassen, die Ehe seines Neffen zu bewilligen, doch der Gedanke, sich eine Gräfin Chotek als Kaiserin von Österreich vorzustellen und eines ihrer Kinder als künftigen Herrscher des Landes, war für ihn unerträglich. Das mußte um jeden Preis verhindert werden. Der Ansicht mancher Ungarn, daß ein Sohn des Erzherzogs durchaus einmal König von Ungarn würde sein können, hatte der Kaiser durch die neue Verfügung gleichfalls einen Riegel vorgeschoben. Der jeweilige König von Ungarn müsse identisch sein mit dem Kaiser von Österreich.

Selbstverständlich kamen alle Anwesenden dem Wunsch des Familienoberhauptes nach. Die meisten taten es wohl sehr gern. Sie wünschten keinen Eindringling in ihrem erlauchten Kreis. Damit war die Ehe des Thronfolgers von einer Angelegenheit, die auch den Staat betraf, zu einer ausschließlich privaten Franz Ferdinands geworden. Wenn er ebenfalls das Dokument unterschrieb, wäre für ihn der Weg zu seiner Heirat frei. Vielleicht hätte der Kaiser noch länger gezögert, aber zu dieser Jahreszeit pflegte er sich alljährlich in seine Villa nach Bad Ischl zu begeben, wo ihn die Regierungsgeschäfte zwar nicht ganz losließen, aber immerhin noch Zeit für das eine oder andere Jagdvergnügen blieb.

Franz Ferdinand unterschrieb den gewünschten Zusatz am 23. Juni 1900. Er dankte für die ihm erwiesene Gnade und erklärte seine Bereitschaft, durch einen feierlichen Eid den Verzicht auf die Würden seiner Frau und seiner zukünftigen Kinder zu bekräftigen.

In seinem Brief an Beck, der sich gerade in Paris befand, schrieb er im Überschwang der Gefühle: »Überhaupt schwimme ich in einem Meer von Glück, daß ich endlich nach 15 langen und bangen Monaten in den Hafen der lang ersehnten Ehe einlaufe.«[63]

In einem Schreiben an die verwitwete Kronprinzessin Stephanie heißt es: »Es ist merkwürdig, was für unglaubliche Begriffe in unseren höheren Gesellschaftsklassen herrschen und wie die Stimme des Herzens so gar nicht berücksichtigt wird. Lieber opfert man auf dem Altar der antiquierten und lächerlichen ›Convenienz‹ zahlreiche gebrochene Herzen und vernichtet Existenzen, als daß man dem Herzen freien Lauf läßt und glückliche Menschen schafft.«[64] Stephanie widersetzte sich bekanntlich ebenfalls allen Versuchen, sie ein zweites Mal nach dynastischen Grundsätzen zu verheiraten und wählte bald darauf einen einfachen ungarischen Grafen zum Ehemann.

Gleich nach seiner Audienz beim Kaiser unterrichtete der Erzherzog Sophie: »Dein Franzi ist einfach ganz närrisch vor Freude. Denk Dir, Soph, Seine Majestät ließ mich heute, 2 Uhr, kommen und gab mir freundlich die Bewilligung, am 1. Juli in Reichstadt zu heiraten. Hoch! Hoch! Hoch! Ich komme also am 29. abends in Deine Arme. Und dann nach Reichstadt und nach Konopischt.«[65]

Die Renunziation

Die Zeremonie in der Geheimen Ratsstube

Der 28. Juni 1900 war ein Sommertag wie er nicht schöner hätte sein können. Schon am frühen Morgen hatten sich zahlreiche Neugierige bei der Hofburg eingefunden. Bereits seit Tagen berichteten die Zeitungen über die Hochzeit des Erzherzogs und den geforderten Verzicht. Besonders erfreut klangen die Kommentare aus Böhmen; ein italienisches Blatt berichtete in blumigen Worten über den Triumph, den die Liebe über die Staatsraison errungen hatte. Man prophezeite aber auch so manche Schwierigkeit, mit der eine unter diesen Umständen geschlossene Ehe zu kämpfen haben werde. An den Würden ihres Gatten dürfe die Erwählte keinen Anteil haben, wohl aber an dessen Sorgen und Lasten.

Einige Tage später, nach der Verzichtserklärung des Thronfolgers, wird die Wiener *Neue Freie Presse* ebenfalls in diesem Sinne bemerken: »Die Gräfin Chotek wird niemals eine Krone auf ihr Haar setzen, aber die Dornen wird sie empfinden, denn nichts kann ihr fremd bleiben, was ihren Mann betrifft. Mit der Politik wird sie nichts gemein haben, aber die Reflexe derselben werden in ihre Zimmer dringen.«

Erst in späteren Jahren, als die Monarchie zerbrochen war, sollte eine jüngere Generation für die Starrköpfigkeit des Kaisers kein Verständnis mehr aufbringen. Denn schließlich war das habsburgische Hausgesetz kein Evangelium, und es hätte durchaus in der Macht des Monarchen gestanden, es zu ändern, wie es einst Karl VI. für seine Tochter mit der Pragmatischen Sanktion getan hatte.

Die Wiener, vor allem diejenigen, die sich keine Sensation entgehen ließen, wußten jedenfalls, daß ein besonderes Ereignis bevorstand. Zwar konnten sie nicht mehr sehen als die Auffahrt der goldgeränderten und mit edlen Pferden bespannten Fiaker der Erzherzöge und die etwas bescheideneren der Würdenträger, aber auch das wollten sie mitansehen.

Die Zeremonie selbst fand in der Geheimen Ratsstube der kaiserlichen Hofburg statt. Allerdings wurde in dem Raum, der diesen Namen trug, weder über geheime Pläne der hohen Politik Rat gehalten noch war der Staatsakt, der hier stattfand, ein Geheimnis. Es war ein heller lichtdurchfluteter Saal in Weiß, Gold und Rot. Hier hatte auch der junge Franz Joseph, nachdem er im Alter von 18 Jahren die Nachfolge seines zurückgetretenen Onkels Ferdinand angetreten hatte, seine erste Thronrede gehalten.

Die Zeremonie begann Schlag zwölf Uhr. Auf einer Estrade befand sich ein vergoldeter Thronsessel, den ein scharlachfarbener Baldachin überspannte. Davor stand Kaiser Franz Joseph in der Uniform eines Feldmarschalls. Anwesend aufgrund allerhöchsten Befehls waren neben dem Mann, dem die Zeremonie galt, alle männlichen Mitglieder sämtlicher Linien des Hauses Habsburg, fünfzehn an der Zahl. Die weiblichen waren nicht hinzugebeten worden. Sie hatten keine dynastische Bedeutung, ihre Aufgabe war es, durch eine vorteilhafte Heirat den Ruhm ihres Hauses zu erhöhen.

An der rechten Seite des Thronsessels stand Franz Ferdinand, neben ihm die beiden Zeugen, die Grafen Albert Nostitz und Wolfgang Chotek, links die Brüder Franz Ferdinands. Ihnen gegenüber die Mitglieder der Regierung, die höchsten Würdenträger des Hofes, Fürsterzbischof Dr. Gruscha sowie der Primas von Ungarn, die Herren des Geheimen Rates, hohe Militärs und hochrangige Abgesandte aus den Ländern.

Der Kaiser begann mit einer Rede, in der er nochmals betonte, daß er zwar mit Rücksicht und »als Beweis Meines steten Wohlwollens für Meinen geliebten Neffen«, der dem Ruf seines Herzes nachgegeben habe, seine Erlaubnis zur Ehe mit Gräfin Sophie Chotek von Chotkowa und Wognin erteilt habe, daß diese aber im Hinblick auf deren Unebenbürtigkeit nur eine morganatische sein könne. Weder sie noch ihre künftigen Kinder könnten daher die Rechte beanspruchen, die denen aus ebenbürtigen Ehen zukämen. Darauf ermahnte er den »geliebten Herrn Neffen, die Verpflichtungen des Eides, den Er ablegen wird, Sich stets gegenwärtig zu halten und getreulich zu erfüllen«.[66]

Wie Gräfin Nostitz-Rieneck festhält, berichteten Augenzeugen, »daß die Rede Kaiser Franz Josephs sehr versöhnlich klang, Milde und Geborgenheit ausstrahlte. Auch für die Braut hatte er einige nette Worte, aber leider sei sie nicht standesgemäß.«

Alle Anwesenden verbeugten sich tief vor dem Kaiser, worauf der k.u.k. Minister des Auswärtigen und des Kaiserlichen Hauses, Graf Agenor Goluchowski, mit lauter Stimme die Verzichterklärung vorlas.

»Wir, Erzherzog Franz Ferdinand Carl Ludwig... von Österreich-Este..., erklären es als Unseren festen und wohlerwogenen Entschluß, Uns mit der hochgeborenen Gräfin Sophia Maria Josephine Albina Chotek von Chotkowa und Wognin, Dame des hochadeligen Sternkreuzordens und Tochter des verstorbenen Geheimen Rates, Kämmerers und Oberststabelmeisters Seiner kaiserlichen und königlichen Apostolischen Majestät Bohuslaw Grafen Chotek von Chotkowa und Wognin, und dessen ebenfalls in Gott ruhenden Gemahlin, Gräfin Wilhelmine, geborenen Gräfin Kinsky von Wchinitz und Tettau, Sternkreuzordens- und Palastdame, ehelich zu verbinden. Zu dieser ehelichen Verbindung haben Wir, in Beobachtung der seit altersher in dem durchlauchtigsten Erzhause bestehenden Observanz und der Bestimmungen der Uns bindenden Hausgesetze die Einwilligung Seiner kaiserlich und königlich Apostolischen Majestät, des glorreich regierenden Kaisers und

Königs Franz Joseph I., Unseres erhabenen Oheims, als des durchlauchtigsten obersten Hauptes des gesamten Erzhauses erbeten und eingeholt, und haben Seine Majestät geruht, Uns dieselbe als einen neuen Beweis Allerhöchst Ihrer gnädigen und wohlwollenden Gesinnungen, huldreichst zu erteilen. Bevor Wir aber zur Schließung des ehelichen Bundes schreiten, fühlen Wir uns veranlaßt, unter Berufung auf die oben erwähnten Hausgesetze des durchlauchtigsten Erzhauses, deren Bestimmungen Wir noch ganz besonders im Hinblick auf gegenwärtige von Uns einzugehende Ehe vollinhaltlich anerkennen und als bindend erklären, festzustellen, daß Unsere Ehe mit Gräfin Sophie Chotek nicht eine ebenbürtige, sondern eine morganatische ist und als solche jetzt und für alle Zeiten anzusehen ist, demzufolge weder Unserer Frau Gemahlin, noch den, mit Gottes Segen, aus dieser Unserer Ehe zu erhoffenden Kindern und deren Nachkommen jene Rechte, Ehren, Titel, Wappen, Vorzüge, etc. zustehen und von denselben beansprucht werden können und sollen, die den ebenbürtigen Gemahlinnen und den aus ebenbürtiger Ehe stammenden Nachkommen der Herren Erzherzöge zukommen. Insbesondere erkennen und erklären Wir aber noch ausdrücklich, daß Unseren aus oben erwähnter Ehe stammenden Kindern und deren Nachkommen, nachdem dieselben nicht Mitglieder des Allerhöchsten Erzhauses sind, ein Recht auf die Thronfolge in den im Reichsrate vertretenen Königreichen und Ländern und somit auch im Sinne der Gesetzartikel 1723: I und II in den Ländern der ungarischen Krone nicht zusteht und selbe von der Thronfolge ausgeschlossen sind.

Wir verpflichten Uns mit Unserem Wort, daß Wir gegenwärtige Erklärung, deren Bedeutung und Tragweite Wir Uns wohl bewußt sind, als für alle Zeiten, sowohl für Uns, wie für Unsere Frau Gemahlin und Unsere aus dieser Ehe stammenden Kinder und deren Nachkommen bindend anerkennen, und daß Wir niemals versuchen werden, diese gegenwärtige Erklärung zu widerrufen oder etwas zu unternehmen, welches daraufhin zielen sollte, die bindende Kraft derselben zu schwächen oder aufzuheben.

Zur Bestätigung gegenwärtiger in zwei Exemplaren auszustellender Erklärung haben Wir diese Urkunde eigenhändig gefertigt und mit Unserem erzherzoglichen Insiegel versehen lassen. Gegeben zu Wien, am 28. Juni 1900.«[67]

Graf Goluchowski, ein erklärter Gegner der Heirat des Thronfolgers und diesem auch persönlich nicht verbunden, ließ es sich nicht nehmen, den bedeutenden Stellen der Erklärung auch einen besonderen Akzent zu verleihen. Er dürfte sich sehr wichtig vorgekommen sein. Aber auch er gehörte zu den Menschen, die die Gegnerschaft Franz Ferdinands noch zu spüren bekommen sollten.

Franz Ferdinand beugte das Knie vor dem Kaiser und trat zu dem Tisch, auf dem ein Kruzifix zwischen zwei brennenden Kerzen stand. Es diente seit Jahrhunderten für Eidesleistungen in der Familie. Franz Ferdinand legte die Schwurfinger seiner unbedeckten rechten Hand auf die Bibel, die der Fürstbischof ihm hinhielt, sprach die Eidesformel nach, die dieser ihm vorsagte und bekräftigte sie mit den Worten »So wahr mir Gott helfe«. Dann begab er sich zu einem anderen Tisch, um die in deutscher und ungarischer Sprache abgefaßte Verzichterklärung zu unterzeichnen. Schließlich versah ein Notar die Schriftstücke mit dem erzherzoglichen Siegel. Was der Betroffene in diesem Augenblick dachte, wissen wir nicht. Er mochte sich einerseits über den endlich errungenen Sieg gefreut haben, anderseits war es ihm wohl bewußt, daß er und Sophie teuer dafür würden bezahlen müssen.

Die Zeremonie war beendet. Sie hatte nicht länger als eine halbe Stunde gedauert. Der Kaiser verließ, begleitet von den beiden Obersthofmeistern, die Geheime Ratsstube. Die anderen folgten.

Noch am selben Tag brachte die offizielle *Wiener Zeitung* den Text der Verzichterklärung, und die gesamte Presse berichtete über den Ablauf der Zeremonie. Eine Kritik am Kaiser, der sich reichlich lange gegen diese Ehe gewehrt hatte und mit etwas gutem Willen auch nicht auf all den Einschränkungen hätte bestehen müssen, fand nicht statt.

Stimmen zugunsten des Thronfolgers und seiner künftigen Frau fanden sich in der tschechischen Presse, in der man der Hoffnung Ausdruck verlieh, daß die künftige Gemahlin Franz Ferdinands sich an die Tradition ihrer Familien halten würde »in der Liebe zum Land, dessen Glanz zu erneuern und in demselben das gleiche Recht beider Volksstämme zu regeln.«[68] Dagegen protestierte sofort die *Wiener Reichspost*, die es für ungehörig hielt, die Gräfin Chotek gewissermaßen als »Tschechin« zu reklamieren und chauvinistisches Kapital daraus zu schlagen.

Die *Arbeiterzeitung*, Organ der sozialdemokratischen Partei, betonte, daß das Recht auf die Krone keine Sache zwischen den Erbberechtigten allein, sondern nicht minder eine Angelegenheit zwischen der Dynastie und dem Volke sei. In Österreich werde sie durch ein Hausgesetz geregelt, das nie veröffentlicht worden sei. Es müsse also »dem jeweils regierenden Monarchen das Abänderungsrecht … zustehen.«[69]

Der Thronfolger begab sich in seine Wohnung im Modena-Palais und verabschiedete sich dort von Baron Beck, der sich als treuer Freund und Berater erwiesen hatte. Beide waren tief bewegt. Am Abend nahm Franz Ferdinand an der Vorfeier zum 70. Geburtstag des Kaisers in Schönbrunn teil und reiste am nächsten Morgen von Wien ab.

Wo Sophie sich damals befand, geht aus der Literatur nicht eindeutig hervor. Einerseits liest man, daß Franz Ferdinand nach Dresden reiste, da sie sich bei ihrer Schwester Antoinette von Wuthenau aufhielt. Anderseits ist zu lesen, sie habe das ganze Geschehen von Großpriesen aus verfolgt. Wie Bruno Richter, der schon erwähnte Postmeister des Ortes, in seinen Erinnerungen festhielt, traf er die Gräfin zufällig auf der Straße, wo sie ihm den Besuch des Erzherzogs ankündigte: »Sie wissen ja, wer der Absender der Depeschen ist: der Thronfolger. Er kommt diesen Sonntag mit dem Schnellzug Wien – Berlin und wird den Zug hier halten lassen, um meine Verwandten kennenzulernen. Wenn Sie Interesse haben, kommen Sie zum Bahnhof, aber sagen Sie es niemand.«[70]

Dennoch sprach sich das Ereignis herum, und sämtliche Honoratioren des Städtchens und eine Menge anderer Neugieriger fanden sich am Bahnhof ein, um die hohen Gäste zu sehen, die den Erzherzog begrüßten.

Ein tragisches Schicksal wollte es, daß auf den Tag genau vierzehn Jahre nach der Renunziation, am 28. Juni 1914, ein bosnischer Student in Sarajevo die tödlichen Schüsse abgab, denen Erzherzog Franz Ferdinand und seine Gattin zum Opfer fielen.

Die Hochzeit

Die Fürstin von Hohenberg

Eine Woche nach der Renunziation waren Franz Ferdinand und Sophie endlich am Ziel ihrer Wünsche. Die ersehnte Hochzeit konnte gefeiert werden. Die Trauung fand nicht, wie sonst üblich, in dem Ort statt, wo die Familie der Braut beheimatet war, sondern in einem habsburgischen Schloß. Das in der nordböhmischen Reichstadt gelegene Anwesen, ursprünglich Eigentum der Familie Lobkowitz, hatte im Laufe der Zeit öfters den Besitzer gewechselt, bis es schließlich die Habsburger erwarben und es auf bemerkenswerte Weise in die Geschichte Eingang fand: Napoleons einziger Sohn, der auch heute noch als Napoleon II. gezählt wird, wurde nach dem Sturz des französischen Kaisers am Hofe seines Großvaters Franz I. erzogen. Er hieß nun wie dieser Franz. Die Erinnerung an den großen Eroberer sollte möglichst auch im Gedächtnis des Sohnes getilgt werden. Da der stolze Titel eines Königs von Rom, den sein Vater dem Neugeborenen verliehen hatte, inzwischen obsolet geworden war, überlegte man sich in Wien, was dieser Sohn einer habsburgischen Erzherzogin denn für einen Titel erhalten solle. Schließlich machte Großvater Franz seinen Enkel im Jahre 1818 zum Herzog von Reichstadt und die Stadt und ihre Umgebung zum Herzogtum. Das Anwesen fiel nach dem frühen Tode des ersten und letzten Herzogs an das Kaiserhaus.

Offensichtlich wurde Reichstadt auch deswegen als Trauungsort gewählt, weil Erzherzogin Maria Theresia, die gute Fee der beiden Liebenden, im Schloß den Sommer verbrachte. Ohne ihren unermüdlichen Einsatz hätte es wohl an diesem 30. Juni 1900 keine Hochzeit gegeben.

Von Großpriesen aus fuhr das Brautpaar mit einigen Hochzeitsgästen aus Sophies Familie im Hofzug nach Reichstadt, wo Erzherzogin Maria Theresia und ihre beiden Töchter, die Halbschwestern Franz Ferdinands, Elisabeth und Maria Annunziata, sie begrüßten. Franz Ferdinands Lieblingsschwester Margarethe, nun Herzogin von Württemberg, war nicht anwesend.

Am Hochzeitsmorgen hatte Graf Goluchowski im Namen Kaiser Franz Josephs Gräfin Sophie Chotek folgendes Telegramm gesandt: »Ich fühle mich in Gnaden bewogen, die morganatische Gattin Meines Herrn Neffen Erzherzogs Franz Ferdinand von Österreich-Este, Sophie geborene Gräfin Chotek von Chotkowa und Wognin taxfrei in den erblichen Fürstenstand mit dem Namen ›Hohenberg‹ und dem Prädikat ›fürstliche Gnaden‹ zu erheben.«[71] Der Name Hohenberg war historischen Ursprungs und durchaus von tieferer Bedeutung. Die Stammutter des Hauses Habsburg, die Gattin des ersten deutschen Königs aus diesem Hause, Rudolf, hieß Gertrud Gräfin von Hohenberg. Auch Franz Ferdinand hatte sich, wenn er inkognito reiste, häufig des Namens eines Grafen von Hohenberg bedient, seit dem 14. Jahrhundert eine Grafschaft in österreichischem Besitz, die 1806 an das Königreich Württemberg gefallen war. Ein Pressebericht führt den Namen Hohenberg auf eine Burg im niederösterreichischen Tal der Unrechttraisen zurück, deren Eigentümer von der Babenbergerzeit bis ins 16. Jahrhundert lebten und sich nach ihr benannten.

Außerdem hatte der Kaiser seiner unwillkommenen »Nichte« ein kostbares Diadem zum Geschenk gemacht. Was Schmuckstücke betraf, war Seine Majestät immer großzügig.

Die offiziöse *Wiener Zeitung* schreibt in der damals üblichen Ausdrucksweise anläßlich der Hochzeit: »Seine kaiserliche und königliche Apostolische Majestät haben als oberstes Haupt des allerdurchlauchtigsten Erzhauses den von Seiner k. und k. Hoheit, dem durchlauchtigsten Herrn Erzherzog Franz Ferdinand von Österreich-Este allerhöchst demselben vorgetragenen Bitte, Höchstsich mit Gräfin Sophie Chotek von Chotkowa und Wognin verehelichen zu dürfen, Allerhöchst zu willfahren geruht. Da aber Gräfin Chotek einer jener Familien nicht angehört, mit welcher Mitglieder des Allerhöchsten Erzhauses ebenbürtige Ehen abschließen können, so muß die Ehe des durchlauchtigsten Herrn Erzherzogs als eine morgantische Ehe gelten.«

Auch das *Salonblatt* Nr. 26 vom 1. Juli 1900 berichtet in blumigen Worten über das denkwürdige Ereignis. Der Verfasser versäumt es ebenfalls nicht, die Rolle des Kaisers entsprechend zu würdigen: »Der kaiserliche Prinz, welcher dem Thron der habsburgischen Monarchie und unserem erhabenen Monarchen am nächsten steht, tritt am heutigen Sonntag in der Schloßkapelle zu Reichstadt vor den Altar des Herrn, um mit der Frau seiner Herzenswahl, mit Gräfin Sophie Chotek, in morganatischer Ehe verbunden zu werden. So ist der heutige Tag ein Markstein in der Familienchronik des habsburgischen Herrscherhauses. Zum ersten Mal geschieht es, daß ein Thronfolger dieses Herrscherhauses einen nicht ebenbürtigen Ehebund schließt, einen Ehebund, dessen Sprossen von der Thronfolge ausgeschlossen sind. Aus der Einzigkeit dieses Vorkommnisses schon geht es klar hervor, welche großen, schwer zu überbrükkenden Hindernisse familiärer und staatsrechtlicher Natur sich dem Entschluß Franz Ferdinands, seinem unbezwinglichen Herzenswunsch zu folgen, entgegenstellen mußten. Der bewundernswerten Charakterstärke, dem energischen Willen des kaiserlichen Prinzen ist es gelungen, diese Hindernisse zu überwinden, den Kampf um sein Herzensglück siegreich zu Ende zu führen. Freilich fand er eine mächtige, eine entscheidende Unterstützung in diesem Kampf ums Glück in der milden, unerschöpflichen Herzensgüte seines kaiserlichen Herrn und Oheims, in der Herzensgüte und Seelengröße des vielund hartgeprüften Monarchen, der das Lebensglück seines

Neffen und Nachfolgers nicht an der Klippe kalter Staatsraison zerschellen lassen wollte... Die liebenswürdige, an Geist und Gemüt reiche hohe Dame, welche als Schloßherrin ins Belvedere einziehen wird, hat nun allein das einzige Glücksschicksal, daß sich ihr die innige Herzensneigung des Thronfolgers einer mächtigen Monarchie zugewandt hat, sie hat auch das Glücksbewußtsein, einen Mann von wirklich seltenen Charakter- und Gemütseigenschaften ihre Hand zum Lebensbund gereicht zu haben... Und das reinste und schönste Glück wird auf diesem Ehebunde ruhen, der ein echter Herzensbund ist... Und so geht in diesem sieghaften Erringen seines Lebensglücks dem kaiserlichen Prinzen ein eigenartig prophetischer Segenswunsch in Erfüllung, den auf seiner Weltreise ein indischer Priester an einem Februartag des Jahres 1896 über den illustren Gast aussprach und der so lautet: ›Mögen die acht Wohltäter dich stets beschützen, Franz Ferdinand, und die Fama, welche die Lieblichkeit deiner stolzen Tugenden teuer macht, stets dich in die Arme schließen! Möge Sieg und Glück in der Welt nie von deiner Seite weichen! Und mögen Brahma, Mahadewa und Wischnu unaufhörlich ihren Segen über dich ergießen.‹« Leider reichte der Segen des Inders nicht über den 28. Juni vierzehn Jahre später hinaus...

Besonders glücklich war Franz Ferdinand über die Rangerhöhung seiner Braut jedoch nicht. Die künftige Fürstin von Hohenberg rangierte nicht nur hinter der jüngsten Erzherzogin, sondern auch hinter sämtlichen Gemahlinnen und Witwen der Chefs der vormals reichsunmittelbaren und nun mediatisierten deutschen Fürstenhäuser. Fünfzehn von ihnen waren in Österreich ansässig und erschienen regelmäßig bei Hof.[72] Schwierigkeiten waren programmiert. Denn das Zeremoniell war streng, die Rangordnung heilig.

Kaiser Franz Joseph wohnte der Hochzeit selbstverständlich nicht bei, außer den schon genannten Erzherzoginnen auch sonst niemand vom Kaiserhof. Nicht einmal die Brüder des Bräutigams waren erschienen. Fürst Montenuovo hatte es zu verhindern gewußt. Zufällig und für Montenuovos Absicht gerade im richtigen Augenblick, nämlich am 19. Juni, war Fürstin Josefine von Hohenzollern gestorben. So konnte eine Hoftrauer von zwölf Tagen angeordnet werden, die das Datum der Hochzeit einschloß, darüber hinaus erhielten alle Erzherzöge ein unmißverständliches Rundschreiben, in dem das Obersthofmeisteramt sie ersuchte, während der Hoftrauer allen Festlichkeiten mit »freudigem oder festlichem Charakter« fernzubleiben.[73] Dabei hätte ein übliches Kondolenzschreiben des Kaiserhofes vollkommen genügt.

Die Hochzeit stand ganz im Zeichen der nächsten Angehörigen und Verwandten Sophies. Doch obwohl die Feierlichkeit in diesem Fall wirklich nur eine Privatangelegenheit war und der Erzherzog sich jegliche Willkommenszeremonie verbeten hatte, ließen es sich weder die Bürger von Großpriesen noch die von Reichstadt nehmen, das Brautpaar entsprechend zu feiern, als es vom Bahnhof zum Schloß fuhr. Die Einwohner von Reichstadt standen an den Straßen Spalier; die Kinder schwenkten Fähnchen; Militärveteranen, Schützenvereine und Feuerwehr hatten ihre Uniformen samt Orden angelegt; viele Häuser waren mit Fahnen in den habsburgischen Farben geschmückt und eine Schützenkapelle spielte die österreichische Hymne »Gott erhalte unseren Kaiser«, als die Wagenkolonne zum Schloß fuhr.

Die Trauung

Um 11 Uhr vormittags zeigte feierliches Glockengeläut den Beginn der Zeremonie an.

»Da war keine Spur von höfischem Zeremoniell, kein Gepränge, keine Entfaltung von Luxus, die Feier hatte bürgerlichen Charakter«, schrieb der Reporter, den die Wiener *Neue Freie Presse* zu dem Ereignis nach Reichstadt entsandt hatte.

Erzherzog Franz Ferdinand, in der Galauniform eines Generals, geschmückt mit dem Band des Großkreuzes des Stephansordens und dem Goldenen Vlies, betrat zuerst die Kapelle. An seinem Arm schritt Erzherzogin Maria Theresia, gefolgt von ihren Töchtern.

Alle Augen richteten sich auf die Braut. Sie trug ein Kleid aus weißem Atlas, das der Journalist ganz genau beschreibt: »Eine von Wellenlinien sich in den Saum des Kleides und der Schleppe schlängelnde Girlande von Myrthen und Orangenblüten hielt einen Volant von weißem Mousselinchiffon fest. Die Taille zeigte ein Fichu aus echten Applikationsspitzen, das seitwärts in einem Knoten geschlungen und durch ein Myrthenbukett festgehalten wurde. Der weiße Schleier reichte von der Stirn bis zu ihren Füßen. Das Symbol der Jungfräulichkeit, Myrthen und Orangenblüten, waren im Brillantdiadem verwoben und zierten den Brautstrauß, der in Prag gestaltet worden war. Ein zweireihiges Perlencollier und Brillantboutons vervollständigten die Toilette.«

Als Brautführer fungierte Sophies früherer Vormund, Fürst Löwenstein. An ihrer anderen Seite ging Graf Carl Chotek, das Familienoberhaupt, gefolgt von den übrigen Mitgliedern der Familie.

Die Trauung vollzog nicht, wie es eigentlich dem Rang des Bräutigams entsprochen hätte, der Kardinal von Wien, sondern der alte Dekan Hickisch von Reichstadt. Trauzeugen waren der Obersthofmeister des Erzherzogs, Graf Nostitz, und der Erbprinz von Löwenstein.

Die weiblichen Gäste erschienen der Jahreszeit entsprechend in Sommertoiletten.

Laut und deutlich klang Franz Ferdinands Jawort auf das Ehegelöbnis, ebenso klar das der Braut. »Bis daß der Tode euch scheidet«, hatten beide gelobt. 14 Jahre später würde nicht einmal der Tod das Ehepaar trennen können. Doch das lag an diesem glücklichen Tag noch in weiter Ferne.

Die Ringe wurden gewechselt und der alte Priester schloß mit den Worten: »Mögen diese Trauringe zugleich auch allezeit Zeugen Ihres ungetrübten ehelichen Glückes sein. Das ist der heiße Wunsch vieler Millionen Herzen, insbesondere auch der, die jetzt in Ihrer Nähe weilen. Da aber nur der allmächtige Gott verleihen und erfüllen kann, was wir wünschen und hoffen, so wollen wir jetzt zu ihm beten.«[74]

Nach der Trauung vereinigte ein Hochzeitsdéjeuner die Gäste im Schloß. Das *Salonblatt* beschreibt seinen Lesern, hauptsächlich wohl den interessierten Leserinnen, ganz genau die Sitzordnung, nämlich, daß Franz Ferdinand den Mittelplatz der rechten Längsseite der Tafel einnahm, zu seiner Linken befand sich die Braut, zu seiner Rechten Erzherzogin Annunziata. Dem Bräutigam gegenüber hatte Erzherzogin Maria Theresia Platz genommen, flankiert vom Erbprinzen zu Löwenstein und Graf Nostitz. Die Tafelmusik besorgte die Kapelle des 94. Infanterie-Regiments.

Nach dem dritten Gang, nach der Menufolge » Selle de chevreuil à la macédoine«, einem Rehrücken mit verschiedenen Gemüsen, brachte Erzherzogin Maria Theresia ein dreifaches Hoch auf das Brautpaar aus, die Kapelle intonierte die Kaiserhymne, die die Gäste stehend anhörten. Bald nach dem Essen, um 14 Uhr, brachen die Neuvermählten auf, um zum Bahnhof zu fahren.

Die nunmehrige Fürstin von Hohenberg trug für die Reise »ein ›drapefarbenes‹ Kostüm mit kurzer Jacke und einen schwarzen Strohhut mit ebensolchen Bändern«, schrieb das *Illustrierte Wiener Fremdenblatt.*

Die Schützenvereine, die Veteranen, die Feuerwehr und die Musikkapelle brachten eine Ovation dar, der Bürgermeister verabschiedete sie mit einer kurzen, herzlichen Ansprache.

Vor der Abreise sandte der Thronfolger ein Telegramm an Baron Beck: »Meine Frau und ich sprechen am schönsten Tag unseres Lebens dem Mitbegründer unseres Glücks unseren herzlichen und wärmsten Dank aus für alles, was Sie in dieser langen Zeit für uns gearbeitet und geleistet haben«, stand in der Depesche.[75]

Ein Salonwagen brachte das junge Ehepaar über Prag – wo der Bahnsteig allerdings dem Publikum verschlossen war – nach Beneschau, der Bahnstation von Schloß Konopischt. Auch dort war der Bahnhof vor der Einfahrt des Zuges gesperrt worden und der Erzherzog hatte sich jede Begrüßung verbeten. Konopischt, von Anfang an Franz Ferdinands und von jetzt an auch Sophies Lieblingsschloß, war für die Flitterwochen ausersehen worden.

Es wird nicht Sophies erster Besuch in Konopischt gewesen sein. Ganz heimlich und verstohlen, um den allgegenwärtigen Spitzeln keinen Grund für Klatschgeschichten zu liefern, war sie in den schweren Jahren, die nun hinter ihr lagen, bestimmt schon bisweilen dort gewesen. Zum ersten Mal aber betrat sie an diesem Julitag 1900 das Schloß als künftige Hausfrau und Herrin des Besitzes. Trotz aller Erniedrigung, die ihr auch an ihrem Hochzeitstag in mancher Hinsicht zuteil geworden war, trotz des Bewußtseins, daß weder sie noch ihre Kinder je Angehörige des Kaiserhauses sein würden, muß es dennoch nicht nur ein glücklicher, sondern auch ein stolzer Tag für die Fürstin von Hohenberg gewesen sein. Das Hauspersonal begrüßte sie, angeführt vom treuen Janaczek, der an diesem Freudentag zum Haushofmeister ernannt worden war.

Flitterwochen in Konopischt

Schloß Konopischt

Der Erzherzog hatte Schloß und Gut Konopischt im Jahre 1887 in ziemlich verwahrlostem Zustand für sechs Millionen Gulden von der Fürstenfamilie Lobkowitz gekauft. Er hatte dazu einen Teil seines Este-Erbes aufgewandt, wenigstens soweit es mit einiger Nachsicht rechtlich einigermaßen zu vertreten war. Herzog von Modena, der Erblasser, hatte ihm in seinem Testament bekanntlich etliche Beschränkungen auferlegt.

Konopischt war ursprünglich im Besitz des berühmt-berüchtigten Feldherrn Wallenstein, allmächtiger kaiserlicher Generalissimus im Dreißigjährigen Krieg, ehe er des Verrates verdächtigt und umgebracht wurde. Im Mittelalter hatte dort eine Burg der Rosenberger gestanden, eines damals reich begüterten Adelsgeschlechts, dessen Angehörige in Grillparzers *König Ottokars Glück und Ende* zu den Personen der Handlung zählen.

Dr. Eisenmenger, der Arzt, der Franz Ferdinand während seiner Lungenerkrankung betreut hatte, schreibt anläßlich eines Besuches in Konopischt in seinen Erinnerungen: »Das Schloß liegt zwischen Budweis und Prag auf einer Anhöhe. Ein kleiner Bach, der zu zwei schilfbewachsenen Teichen aufgestaut wurde, fließt vorbei. Ein großer Tiergarten, Wald und fruchtbare Felder umgeben den Park... Zum Tor führt eine Brücke über den Rest eines gemauerten Burggrabens...« Besonders rühmte Eisenmenger die Aussicht, die man vom Turm aus genießen konnte – nicht ohne hinzuzufügen, daß der günstigste Punkt dafür ausgerechnet das Toilettenfenster sei, der Erzherzog aber nicht zögere, seine Gäste darauf aufmerksam zu machen.[76]

Franz Ferdinand hatte gleich nach dem Ankauf des Besitzes begonnen, ihn weitgehend nach seiner Vorstellung umzugestalten. Denn so manches störte seinen Schönheitssinn, beispielsweise eine Zuckerfabrik. Sie wurde ersatzlos abgerissen, obwohl sie zu den wenigen lukrativen Einrichtungen des Gutes zählte. Eine seit langem bestehende Brauerei wurde nach Beneschau verlegt, wo sie allerdings erst zehn Jahre später ihren Betrieb wieder aufnahm. Abgerissen wurde auch eine beliebte Gastwirtschaft, etliche Bauernhäuser samt ihren Grundstücken aufgekauft und aufgelöst. Auf diese Weise war vom Ort Konopischt bald nichts mehr vorhanden; an seiner Stelle entstand ein 300 Hektar großer Park.[77] Die Proteste der Bevölkerung, die nicht nur ihre altvertraute Umgebung vermißte, sondern auch in Fabrik und Brauerei Arbeitsplätze einbüßte, wurden nicht beachtet und schon gar nicht berücksichtigt. Sehr laut werden sie auch nicht geäußert worden sein. Zu hoch stand ein Erzherzog, der noch dazu der künftige Kaiser war, über dem gewöhnlichen Volk. Sein Wille war Gesetz.

Franz Ferdinand, ein großer Gartenfreund, kümmerte sich bei der Neugestaltung des Parks um jede Einzelheit. In einem kleinen Wägelchen kutschierte er unermüdlich umher und bestimmte genau, welche Art von Baum an dieser oder jener Stelle neu gepflanzt werden sollte. Die Setzlinge und Samen wurden bei den besten Baumschulen bestellt. Berühmt und allseits bewundert wurde der Rosengarten mit seinen Tausenden Rosen aus den verschiedensten Züchtungen, die in künstlerisch angelegten Beeten ihren Duft verströmten.

Wo der umzäunte Teil zu Ende war und die Felder und Wiesen des Gutshofes begannen, bestand der Erzherzog darauf, daß einen Meter breite Raine unbesät blieben, damit dort blühende Wiesenblumen und Kräuter angepflanzt werden konnten. Das wäre zwar bestimmt im Sinne der heutigen Umweltschützer gewesen, fand aber damals nicht viel Zustimmung. Die bäuerliche Bevölkerung war der Meinung, es sei verschwendeter Boden, der besser nutzbringend bebaut werden sollte. Um das Vieh daran zu hindern, die Blumen abzufressen, wurden Hunderte von Maulkörben angeschafft, was die Bauern sehr gewundert haben dürfte. Auch sämtliche Gebäude des Gutshofes wurden renoviert oder überhaupt erneuert, durch die Wälder Forststraßen errichtet, Fischteiche angelegt und, wo es geboten schien, neue Bäume gepflanzt. Kurz, die vorhandenen 5400 Hektar Land wurden nicht nur zu einem Mustergut im Sinne der Landwirtschaft gestaltet, sondern auch im Sinne der Schönheit.

Der Erzherzog liebte seine Blumen über alles, er kannte im Park jeden Baum und jeden Strauch, und jede Pflanze fand die Lebensbedingungen vor, unter denen sie am besten gedieh. Die Kosten müssen astronomische Höhen erreicht haben, aber für sein Hobby war Franz Ferdinand nichts zu teuer.

Das Schloß selbst wurde im Stil der alten Architektur renoviert und modernisiert, Badezimmer und Toiletten wurden installiert, ein hydraulischer Aufzug eingebaut und später auch alles elektrifiziert. Der Erzherzog legte nicht nur Wert auf eine stilvolle Umgebung, sondern auch auf modernen Komfort.

Der in Italien gelegene Este-Besitz in Venedig, Modena und die berühmte Villa d'Este in Tivoli bei Rom, die im 16. Jahrhundert für Kardinal Ippolito II. d'Este errichtet worden war und deren Wasserspiele heute eine vielbesuchte Sehenswürdigkeit sind, lag dem Este-Erben nie am Herzen.

Die Estensische Waffensammlung ließ der Erzherzog nach Konopischt verlegen, ebenso wertvolle Möbel und Kunstgegenstände, aber vieles wurde auch neu erworben. Wie Brook-Shepherd berichtet, stammte der Kandelaber aus dem Rittersaal aus einer galizischen Synagoge, so manche Kommode oder Truhe aus österreichischen Bauernhäusern, einige Wandbehänge wurden in Algerien als Kleiderstoffe gewebt.[78] Über einige Kostbarkeiten aus Este-Besitz wurde erst nach einem Rechtsstreit mit dem König von Italien entschieden. Berühmt wurde die St.-Georgs-Sammlung, bestehend aus sämtlichen Statuen und Bildern des heiligen Georg, deren Franz Ferdinand habhaft werden konnte. Sie befindet sich in einem eigens angebauten Trakt in Konopischt und umfaßt 3750 Exponate kostbarer oder auch ganz banaler Natur, in Elfenbein und Silber, aber auch als billige Drucke oder Abbildungen auf fabrikmäßig hergestellten, ganz gewöhnlichen Tassen oder Vasen. Die St.-Georgs-Sammlung übertrifft in der Anzahl die von Schloß Windsor. Warum der Erzherzog gerade den heiligen Georg, einem zum Märtyrer gewordenen römischen Legionär, zum Objekt seiner Sammelleidenschaft erkoren hat, ist heute nicht mehr bekannt.

Zum Este-Besitz gehörte auch das bei Wittingau, jetzt Trebone, gelegene Schloß Chlumetz. Es befindet sich heute ebenfalls in der Tschechischen Republik, unweit der niederösterreichischen Grenze bei Gmünd. Das Gut umfaßte über 6000 Hektar, die hauptsächlich aus Wäldern bestanden. Das im Barockstil erbaute Schloß wurde ebenfalls von Franz Ferdinand vollständig umgebaut und mit Antiquitäten ausgestattet, der Besitz durch Erwerb von weiteren Grundstücken noch vergrößert. Von Chlumetz aus traten der Erzherzog und seine Gattin ihre Fahrt nach Bosnien und in den Tod an. Dorthin wollten sie zu ihren Kindern zurückkehren, um mit ihnen gemeinsam in den Sommerurlaub zu fahren…

Doch zum unbestrittenen Lieblingsaufenthalt des Ehepaares und später der ganzen Familie wurde Schloß Konopischt.

Endlich vereint

In Konopischt herrschte nach all den Schwierigkeiten, die Franz Ferdinand und Sophie zu überwinden hatten, nach allen Heimlichkeiten, zu denen sie gezwungen worden waren, nach Skandal und Kampf das ungetrübte Glück einer großen Liebe.

Eine Woche nach der Hochzeit, am 9. Juli 1900, schrieb der Erzherzog an die Frau, die ihm dazu verholfen hatte, die immer wieder zwischen ihm und dem Kaiser vermittelnd eingegriffen und den völligen Bruch verhindert hatte:

»Liebste Mama! Endlich bißl in Ruhe gekommen nach Beantwortung zahlloser Telegramme – Briefe – nach Einrichtung unserer Wohnung und Auspackung aller Sachen von Sophie ist es mir Erstes Dir einige Zeilen zu schreiben und Dir in meinem und Sophies Namen auch noch schriftlich von ganzem Herzen zu danken für all die unbeschreibliche Güte und Liebe, die Du uns in Reichstadt bewiesen hast! Wir sind Dir bis an unser Lebensende dankbar für alles, was Du für uns getan hast, für die zahllosen Beweise Deines goldenen mütterlichen Herzens. Wir beide sind unsagbar glücklich: dieses Glück verdanken wir in erster Linie Dir! Wo wären wir heute, wenn Du Dich nicht in so edler rührender Weise unserer angenommen hättest. Wir sprechen auch unausgesetzt von Dir und unsere Dankbarkeit kennt keine Grenzen. Wir können Dir nichts bieten als die Versicherung, daß Du ein so gutes Werk gemacht hast und daß Du Deine 2 Kinder für ihr ganzes Leben glücklich gemacht hast. Sophie wollte Dir auch schreiben, doch fand sie es unbescheiden Dich mit einem Schreiben zu behelligen und so übernahm ich es, auch ihren gerührtesten Dank und ihren Handkuß zu vermelden. Soph liest diesen Brief nicht, da sie gerade Bettelbriefe ordnet. Also kann ich Dir sagen, liebste Mama, unter vier Augen, daß Soph ein Schatz ist, daß ich unbeschreiblich glücklich bin! Sie sorgt so für mich, mir geht es famos, ich bin so gesund und viel weniger nervös. Ich fühle mich wie neugeboren. Sie schwärmt von Dir und redet nur von Deiner Güte und Liebe. Ich habe vollkommen in meinem Inneren das Gefühl, daß wir beide bis zu unserem Lebensende unbeschreiblich glücklich sein werden. Gute, liebe Mama. Du hast so das Richtige getroffen, daß Du mir so geholfen hast! Der liebe Gott, zu dem ich täglich zweimal in der Kapelle mit Soph bete, lohne Dir, gute Mama, alles was Du für uns getan.

Ich umarme Dich und die Schwestern, küsse Dir die Hände und bin ewig Dein dankbarster Dich innigst liebender Sohn Franzi.«[79]

Was war es nur, das Franz Ferdinand so an Sophie fesselte? Niemand war anwesend, wenn sie allein waren, die Zeit, in der die Intimitäten bekannter Persönlichkeiten in der Presse breitgetreten werden, war noch in weiter Ferne, und es gab eine Menge Tabus, über die man nicht sprach. Es war eben jenes Gefühl von seelischer und körperlicher Übereinstimmung, das man Liebe nennt, echte und wahre Liebe, die keine Kompromisse kennt und für das ganze Leben gilt.

Obwohl die Heirat viele Gegner hatte, gab es auch solche, deren Glückwünsche aus ehrlichem Herzen kamen. So schrieb Herzog Miguel von Braganza am 1.9.1900 an den Thronfolger: »Es war mir eine große Freude Dich in Deinem so glücklichen Familienleben zu sehen und man kann nur in jeder Hinsicht Gott dankbar sein, daß die viele Arbeit und die manchen Kämpfe einen so glücklichen Ausgang genommen haben. Ich bin überzeugt, daß selbst die meisten ehrlichen Gegner Deiner Heirat mit der Zeit einsehen werden, daß dieselbe nur zu Deinem und dem allgemeinen Wohl beitragen wird.«

Leider gibt es keinen Brief von Sophie, in dem sie ebenfalls über ihr Glück berichtet, aber sie hat es zweifellos nicht anders empfunden als ihr Gatte. Sie hatte geduldig ausgeharrt, sich mit den Heimlichkeiten abgefunden, zu denen ihre Liebe verurteilt war, und trotzdem Diskretion gewahrt. Sie hatte die Launen Erzherzogin Isabellas ertragen und dem Freund Mut zugesprochen, wenn er verzweifelt war und so manche ihn überhaupt bereits als einen sicheren Todeskandidaten abgeschrieben hatten. Dann war das Geheimnis trotz aller Vorsicht zum Skandal eskaliert, und der Kampf mit dem Souverän und seinem allmächtigen Obersthofmeister hatte begonnen. Sie hatte nichts dazu tun können, als geduldig zu warten und Franz Ferdinand ihrer Liebe zu versichern. Schließlich hatte er gesiegt, hatten sie beide gesiegt, aber der Preis dafür war hoch.

Wie hoch er war, würde die neu ernannte Fürstin von Hohenberg, die »Morganatische«, wie man sie nannte, sehr bald bitter erfahren.

Reaktionen auf die Heirat

Nicht nur der Kaiser hatte mit äußerstem Widerwillen und gegen seine Überzeugung die Ehe seines Thronfolgers gestattet, auch Hof und Hochadel waren einig in ihrer ablehnenden Haltung gegen jene Frau, die da in ihren elitären Kreis eingedrungen war, in den sie überhaupt nicht gehörte. Besonders die weiblichen Mitglieder des Kaiserhauses konnten Franz Ferdinand nicht verzeihen, daß er keine Frau aus ihren Reihen gewählt hatte

Eine erbitterte Feindin Sophies war neben Erzherzogin Isabella die Enkelin des Kaisers, Erzherzogin Elisabeth. Offensichtlich sah sie in Franz Ferdinand einen Rivalen, der unberechtigterweise die Stelle ihres vergötterten Vaters einnahm. Dabei sollte Elisabeth selbst einen nicht ganz ebenbürtigen Mann heiraten, später durch ihre Liaison mit dem bürgerlichen Marineoffizier Egon Lerch auch nicht gerade die Tradition des Kaiserhauses wahren und eines Tages sogar eine Ehe mit dem sozialdemokratischen Abgeordneten Otto Petznek eingehen, was ihr schließlich den Namen »die rote Erzherzogin« eintragen wird. Doch das lag noch in der Zukunft.

Als eine Ironie des Schicksals könnte man ein Ereignis werten, das Erzherzogin Isabella betraf. Oder war es eine Art Rache der Geschichte? Wie an anderer Stelle erwähnt, hatten Erzherzog Friedrich und seine Gattin acht Töchter. Aber da stetes Bemühen in einem solchen Fall aller Wahrscheinlichkeit nach doch einmal zum Erfolg führt, wurde ihnen im Jahre 1897 der ersehnte Sohn und Stammhalter geboren. Er erhielt nach dem Adoptivvater Friedrichs den Namen Albrecht. Im Jahre 1930 – die Monarchie war längst Geschichte und sogar der Titel Erzherzog existierte offiziell nicht mehr – ging Albrecht eine Ehe ein. Es muß der adelsstolzen Isabella nicht gerade leicht gefallen sein, eine Schwiegertochter akzeptieren zu müssen, die nicht einmal eine Gräfin aus uradeligem Hause war wie ihre Hofdame von Anno dazumal, sondern bürgerlicher Herkunft und, als sei dies nicht genug, sogar geschieden! Dabei hatte Isabella ihren Sohn einst zum König von Ungarn ausersehen, ein Plan, der ihr allerdings nicht geglückt war. Um das Maß voll zu machen, heiratete Albrecht nach Trennung seiner Ehe noch einmal eine Bürgerliche und ging nach erneuter Scheidung eine dritte ein, ebenfalls mit einer bürgerlichen Frau. Das wenigstens mußte seine Mutter nicht mehr erleben. Sie starb bereits 1931.[80]

Von der erbitterten Gegnerschaft Katharina Schratts wurde bereits berichtet.

Das Verhältnis Franz Ferdinands zu seinen Brüdern hatte sich auch durch seine Eheschließung nicht gebessert. Für sie existierte die neue Schwägerin überhaupt nicht, sie gingen ihr soweit wie möglich aus dem Weg und blieben Festlichkeiten fern, bei denen das Thronfolgerpaar erschien.

Sogar die langjährige Vertraute des Erzherzogs, Gräfin Nora Fugger, hielt die Ehe nicht für ein Glück. Sie war der Meinung, Franz Ferdinand hätte besser getan, dem Thron zu entsagen und sich mit einem ruhigen Familienleben zu begnügen. Da der Klatsch auch am Kaiserhof blühte, ließ es sich nicht vermeiden, daß die Bemerkung dem Erzherzog hinterbracht wurde. Beinahe wäre es zu einer ernstlichen Verstimmung zwischen den beiden gekommen. Doch der Erklärung der Gräfin, daß sie der Fürstin von Hohenberg keineswegs zu nahe getreten sei, sondern eine Kette von Komplikationen und Schwierigkeiten fürchte, mußte der Erzherzog beistimmen.[81] Er bekam die Spannungen bei Hofe bald selbst zu spüren.

Einer der schärfsten Gegner der erzherzoglichen Ehe war, wie zu erwarten, Weihbischof Marschall. »Die Aspirationen dieser Frau sind himmelstürmend und ihre ungewöhnliche Intelligenz wird sie schon die Mittel finden lassen, um dieselben auch zu verwirklichen«, sagte er einmal zum Freiherrn von Margutti, dem Flügeladjutanten des Kaisers. Nach Ansicht Marschalls beging der Kaiser den größten Fehler, den er hätte machen können, als er seine Einwilligung zu dieser Ehe gab. »Entweder hätte der Erzherzog sich für seine Frau entscheiden und dann endgültig allen seinen Vorrechten entsagen müssen oder aber hätte er Thronfolger bleiben und auf die Heirat mit Sophie Chotek verzichten sollen. Einen Mittelweg gibt es nicht... Wie sie an Hohes denkt, beweist am besten die Tatsache, daß sie fortwährend... behauptet, es sei ihr für die Monarchie eine der bedeutungsvollen Missionen zugefallen.«[82]

Zu denken gab der Hofgesellschaft, was für eine Rolle die morganatische Gattin wohl spielen werde, nachdem ihr Gatte den Kaiserthron bestiegen habe. »Sie wird eben nur das sein, was die Gräfin Mirafiori für König Viktor Emanuel II. gewesen ist«, meinte Graf Paar, der Adjutant des Kaisers. »Man hörte und sah kaum etwas von ihr, und so wird es auch bei Sophie Hohenberg der Fall sein.« Gräfin Mirafiori war die zweite morganatische Gattin des längst verstorbenen Königs von Italien.

Dieser Ausspruch muß Sophie irgendwie zugetragen worden sein, und sie sah sich genötigt, darauf zu erwidern: »Graf Paar hat mich mit Gräfin Mirafiori verglichen. Er scheint aber dabei doch wohl zu übersehen, daß ich aus anderem Holz geschnitzt bin.«[83] Der Ausspruch schien für die ihr feindlich Gesinnten der Beweis zu sein, daß sie sich für ihre Zukunft doch eine andere Rolle vorstellte, als nur das Heimchen am Herd zu spielen.

Das Volk, für gewöhnlich für Liebesromanzen sehr empfänglich, konnte sich seltsamerweise für jenen Beweis einer großen Liebe, wie Franz Ferdinand und Sophie Chotek ihn erbracht hatten, nicht besonders erwärmen. Die kleinen Leute sahen in ihr nicht eine hingebungsvolle Geliebte wie Mary Vetsera, deren tragischer Tod ihr Mitgefühl erregt hatte, sondern die kalt berechnende Frau, die sich dem Manne so lange verweigerte, bis sich sein Trauring an ihrem Finger befand. Diese ehrgeizige Morganatische habe es sehr geschickt angestellt, um ihn ›einzufangen‹, hieß es. Daß Sophies Frömmigkeit ihr vielleicht eine Hingabe vor der Ehe nicht gestattete, wollte man nicht glauben.

Ähnlich äußert sich Juliane von Stockhausen in ihrem Buch *Im Schatten der Hofburg*, in dem sie über ihre Gespräche mit der ehemaligen Kronprinzessin Stephanie berichtet: »Der Kronprinz, der sich mit seiner Geliebten erschossen hatte, lebt als ein in romantischen Legenden besungener Held weiter. Der Thronfolger kämpfte jahrelang um die geliebte Frau. Jeder verurteilte ihn. Kein Schimmer von Romantik verklärte seine Liebe. Noch immer legen Unbekannte der katzengesichtigen Levantinerin Rosen auf das Grab, die ›Hofdame‹ hieß es halb scheu, halb verächtlich von Sophie Chotek. Es war nichts an ihr, das sie den Menschen näher brachte. In Österreich galt die Liebe nie als Sünde... Daß sie geheiratet werden wollte, verzieh man ihr nicht. Man nannte sie engherzig, ehrgeizig, bigott und gönnte ihr jede Zurücksetzung«, urteilte die spätere Fürstin Lonyay über Sophie. »Wie viele äußerlich beherrschte und verschlossene Naturen verbarg sie (Sophie von Chotek) eine leidenschaftliche Gefühlswelt hinter der Haltung einer großen Dame. Verstand und Willen hießen sie, ihr Temperament zu zügeln. In dem Kampf um den Geliebten verstand es Sophie, den schwierigen, verwöhnten Mann so lange an sich zu fesseln, bis sie ihr Ziel, die Heirat, erreicht hatte. Sie liebte ihn, aber diese Liebe riß sie niemals so weit fort, daß sie ihr großes Ziel darüber vergessen hätte. Sie war nie die sich selbst verschwendende Geliebte, die des eigenen Glücks nicht achtet... In der Ehe mit ihr fand der Thronfolger ein vordem nie gekanntes Glück. Ohne Freunde, angefeindet von aller Welt, retteten sie sich in ein ganz persönliches, ganz privates Glück. Mit allen Mitteln suchten sie es zu bewahren. Es blieb genug Bitterkeit in ihrem Becher«, gibt Juliane von Stockhausen Stephanies Meinung wider.[84]

Die Ex-Kronprinzessin, die man am liebsten mit Franz Ferdinand verheiratet hätte und die dann ebenfalls »unter ihrem Stand« heiratete, bewahrte aber dem Thronfolger und später auch seiner Gattin ihre Freundschaft und lud beide oft auf ihren Wohnsitz Schloß Oroszvar ein.

Eine sehr liebevolle Beschreibung der Fürstin von Hohenberg gibt Fürst Alfons von Clary-Aldringen in seinen Memoiren, die bis in seine Kindheit zurückreichen. Die Mutter der Fürstin war eine Schwester seines Großvaters Kinsky und Sophie später die beste Freundin seiner Mutter. Für ihn war sie »eine der liebsten und gütigsten Tanten. Schon als Kinder liebten wir sie sehr, weil sie uns so gut verstand, immer gütig und fröhlich war, Charme und Herzenswärme ausstrahlte... Natürlich waren wir recht stolz und freudig, als wir hörten, daß sie den Thronfolger heiraten werde... und es konnte uns nur empören, wenn wir kritische oder gar abfällige Bemerkungen über die... Verbindung hörten... Zur Zeit der Hochzeit war mein Vater k.u.k Gesandter in Dresden, zwei Schwestern von Tante Sophie... waren in Sachsen verheiratet... So kamen der Erzherzog und die Fürstin manchmal inkognito nach Dresden. Bei solchen Gelegenheiten lud der Erzherzog die Verwandten seiner Gattin zum Essen ins Bellevue-Hotel ein, auch meine Eltern, sogar meine Schwester und ich durften mitkommen. Wie stolz waren wir Kinder, dem Erzherzog vorgestellt zu werden, und wie nett war es, die Tante nun in ihrer neuen Stellung als Gattin des Thronfolgers wiederzusehen.«[85] Auch später, als Fürst Clary-Aldringen in Wien die letzte Klasse des Schottengymnasiums besuchte, hatte er öfters Gelegenheit, seine Tante zu sehen und sie ins Theater oder in die Oper zu begleiten. »Wenn er (der Erzherzog) von Wien abwesend war, besuchte die Fürstin sehr gerne die Hofoper und nahm mich dann mit. Ihre große musikalische Begabung schuf eine Atmosphäre, in der auch ich die Musik doppelt genoß.«[86]

Die Beschränkungen, die ihr das strenge Zeremoniell vorschrieb, kamen, wie Clary-Aldringen betont, vielen unter den jungen Leuten seiner Umgebung »antiquiert« vor.

In den Kronländern fand die Ehe des Thronfolgers vielfache Zustimmung.

Im Königreich Böhmen hatte man es mit Genugtuung vermerkt, daß der Thronfolger nicht nur eine Frau aus böhmischem Adel erwählt, sondern auch in Böhmen geheiratet hatte und dort seine Flitterwochen verbrachte.

Auch aus Agram (heute Zagreb), kam Lob. »Warum sollten wir uns nicht freuen, daß eine adelige Dame, die selbst einer böhmischen Familie entstammt, nunmehr ihr Leben lang Begleiterin unseres künftigen Herrschers sein wird...« Böhmisches Blut sei letztlich slawisches Blut.[87]

Seltsamerweise kam auch aus Ungarn, wo man sonst den Erzherzog nicht gerade liebte, Anerkennung: »Erzherzog Franz Ferdinand hat nicht nur sein eigenes Lebensglück sichergestellt; durch seine Heirat hat er auch in den Augen des Volkes dieser Monarchie Gestalt gewonnen ... Er hat wie ein Mann gehandelt, und zwar wie ein Edelmann. Er hat ohne nach links und rechts zu sehen gehandelt, tapfer und entschlossen, was die Ungarn gern bei jemand sehen, der eines Tages ihr König genannt sein will.«[88] Ärgerlich fand man in Ungarn allerdings, daß Franz Joseph durchgesetzt hatte, daß Sophie nicht nur in Österreich niemals Kaiserin, sondern auch in Ungarn keine Königin werden könne und nicht wenige fanden, da sei aber noch lange nicht aller Tage Abend.

Einen wichtigen Aufschluß über Franz Ferdinands Charakter gibt Sosnosky: »Sie (die Heirat) verriet den unbeugsamen Willen und die unbeirrbare Beharrlichkeit, die in ihm lebten. Die unwandelbare Treue, mit der er an der Erwählten festhielt, die stolze Unerschrockenheit, mit der er einer Welt von Feinden entgegengetreten war, die mächtige Energie, mit der er um ihren Besitz gerungen hatte, gereichten seinem Charakter zu größter Ehre und zeigen ihn als ganzen Mann.«[89]

Zur Zeit der großen Hitze verließ das junge Ehepaar Böhmen und reiste nach Kärnten, wo Franz Ferdinand in Lölling, am Westabhang der Saualpe, ein Jagdschloß besaß. Er hatte es schon vor einigen Jahren erworben und ein ausgedehntes wildreiches Jagdrevier, vor allem für Hochwild, dazu gepachtet. Auch einige Hütten, wie die Guttaringer Hütte auf 1600 Meter Höhe, waren von Janaczek behaglich eingerichtet worden. Dort hatte Franz Ferdinand auch einen Teil seiner Genesungskur verbracht. Zur Versorgung dienten Haflinger, kleine, besonders für steile Gebirgspfade geeignete Pferde. Janaczek hatte sich wieder einmal als ein wahres »Mädchen für alles« erwiesen. Wie Eisenmenger schreibt, wußte er sich der Individualität des Erzherzogs so anzupassen, daß er ihm unentbehrlich wurde. »Der Erzherzog pflegte zu sagen: ›Wenn man den Janaczek nicht Tag und Nacht herumhetzt, ist er nicht zufrieden‹, und er hetzte ihn auch Tag und Nacht herum. Fast alles ging durch seine Hände, und wenn es irgendwo eine Unordnung gab, sagte der Erzherzog: ›Da werden wir halt den Janaczek darauf hetzen.‹«[90] Janaczek herrschte über das Personal und sah nach dem Rechten, seine mächtige Stimme dröhnte durch das Haus, aber er begleitete seinen Herrn auch bei Einkäufen in Antiquitätenläden und erwies sich dort als Ratgeber von Geschmack. Und er verstand es, vor einer Reise so einzupacken, daß für jeden Anlaß alles Nötige vorhanden war und wirklich nicht das Geringste fehlte. Kurz, ohne Janaczek ging überhaupt nichts. Er war unentbehrlich und würde es auch später in prekärer Situation beweisen.

Franz Ferdinand und Sophie verbrachten in der gesunden Kärntner Gebirgsluft einige Wochen ungetrübten Glücks. Hier gab es keine Etikette, und die Weltpolitik mit ihren Widrigkeiten war weit entfernt. Der Erzherzog, in kurzer Hose, Steirerjoppe und Steirerhut, Sophie in einem einfachen sommerlichen Kleid mit großem Hut, fielen unter den anderen Sommergästen gar nicht auf.

Aber Anfang September wurde es doch Zeit, sich dem Alltag zu stellen.

Wohnsitz Belvedere

Kaiser Franz Joseph hatte dem Thronfolger schon einige Jahre vor seiner Heirat das Schloß Belvedere als Wiener Residenz zur Verfügung gestellt. Das Belvedere war als Sommersitz des Prinzen Eugen zu Beginn des 18. Jahrhunderts von dem berühmten Barockbaumeister Lukas von Hildebrandt erbaut worden. Es besteht aus zwei Schlössern, dem Unteren Belvedere, das Prinz Eugen als Wohnung diente, und dem Oberen Belvedere, einer Stätte für festliche Veranstaltungen. Ausgedehnte Gartenanlagen mit Blumenrabatten, Springbrunnen, Skulpturen und kunstvoll angelegten Terrassen verbinden die beiden Schlösser. Hitler feierte im Marmorsaal des Oberen Belvedere die Vertragsabschlüsse mit seinen Satelliten auf dem Balkan. Nachdem die Schäden des Zweiten Weltkriegs an der Westseite des Schlosses beseitig worden waren, verkündete der damalige österreichische Außenminister Leopold Figl am 15. Mai 1955 vom Balkon des Belvedere der nach Zehntausenden zählenden Menge den Abschluß des österreichischen Staatsvertrages mit den Besatzungsmächten, der dem Land seine endgültige Freiheit gab.

Kaiserin Maria Theresia hatte den Besitz erworben, nachdem die Erbin des unverheiratet und kinderlos verstorbenen Prinzen Eugen, der zudem kein Testament hinterlassen hatte, dessen ganzes Vermögen verschleudert hatte. Das Schloß wurde zur Stätte kaiserlicher Feste und zum Aufenthaltsort exilierter Habsburger. Schließlich diente es Erzherzog Franz Ferdinand als Wiener Residenz. Er führte außer dem Einbau eines modernen Badezimmers und der Einrichtung einer Kapelle kaum Änderungen durch. Vom Balkon des Oberen Belvedere kann man weit über die Stadt Wien sehen, über die Kuppeln und Türme ihrer Kirchen bis zu den Hügeln des Wienerwaldes. Der Stephansdom ist zum Greifen nah. Ein wahrhaft fürstlicher Wohnsitz. Sophie konnte mit diesem Schloß zufrieden sein.

Doch Wien sollte sich bald für die Fürstin von Hohenberg als schwieriges Pflaster erweisen. Dort bekam sie nämlich sehr bald einen Vorgeschmack dessen, was ihr in den nächsten Jahren blühen sollte – und was es hieß, inmitten der auf ihre Vorrechte pochenden Hofhierarchie eine morganatische Ehe zu führen. Franz Ferdinand mochte sich vielleicht manchmal an die Warnungen von Erzherzog Rainer erinnern, wie schmerzlich es sei, eine geliebte Frau so behandelt zu sehen.

Der Anfang war noch durchaus vielversprechend. Am 6. September empfing der Kaiser den Thronfolger und seine Gattin in Audienz, von der die Presse am 9. September berichtete: »Seine Majestät der Kaiser hat Mittwoch Allerhöchst Seinen Neffen Herrn Erzherzog Franz Ferdinand und dessen Gemahlin, Ihre Fürstliche Gnaden Sophie Fürstin von Hohenberg in besonderer Audienz empfangen«, konnte man dort lesen.

Er war freundlich und zuvorkommend. Worüber gesprochen wurde, ist nirgends vermerkt. Anscheinend ging das Gespräch über den Austausch von Höflichkeiten nicht hinaus. »... mein Neffe Franz brachte mir auf meine Einladung seine Frau«, schrieb Franz Joseph darüber an Frau Schratt. »Sie war natürlich und bescheiden, sieht aber nicht mehr jung aus. Er scheint vor der Hand sehr zufrieden zu sein ...«[91] Dem Kaiser, der seinerzeit ein sechzehnjähriges Mädchen in der Blüte seiner Jugend geheiratet hatte, mußte Sophie mit ihren 32 Jahren natürlich alt erscheinen.

Die junge Ehefrau, die bestimmt mit großem Herzklopfen zu dieser Audienz gegangen war und sie mit Würde überstanden hatte, schmerzte die kritische Äußerung nicht, denn sie hörte sie nicht. Sehr wohl bemerkte sie aber die Beschränkungen, die ihr auferlegt wurden, die vielen Nadelstiche, die das tägliche Leben bei Hofe mit sich brachte.

Das heilige Zeremoniell

Man kann dem Fürsten Montenuovo, dem Hüter des Protokolls und Zeremoniells, nicht vorwerfen, der Initiator all dieser Einschränkungen gewesen zu sein. Er fand sie bereits vor, als er sein Amt antrat. Erfunden wurde dieses Zeremoniell am spanischen Königshof. Und obwohl die Vereinigung des spanischen Weltreichs mit den österreichischen Ländern nur von kurzer Dauer war, lebte es als Erbe in der Wiener Hofburg fort. Montenuovo hat es aber mit penibler und unerbittlicher Akkuratesse ausgenützt. Ihm, dem Habsburger, der keiner sein durfte, scheint es eine persönliche Genugtuung bereitet zu haben, jener Frau, die eben nur eine »Morganatische« war, die Macht seiner Stellung ständig zu beweisen. Daß der Kaiser nicht einschritt und seinem Obersthofmeister freie Hand ließ, ist eigentlich eines Grandseigneurs, als der er sich sonst erwies, nicht würdig. Im Gegenteil, er wird Montenuovo bis zuletzt und gegen alle Proteste decken. Es war seine Art zu zeigen, wie unwillkommen ihm diese Ehe war. Franz Ferdinand und Sophie hatten sie sich ertrotzt; nun sollten sie sehen, wie sie damit zurechtkamen. Vielleicht konnte sich ein Mann, der mit dem Zeremoniell aufgewachsen und dem es in seiner langen Regierungszeit von über fünfzig Jahren so selbstverständlich geworden war, ein Leben ohne diese Regeln gar nicht mehr vorstellen. Georg von Hohenberg, ein Enkel des Thronfolgerpaares, schätzte in einem Gespräch mit der Autorin das Verhalten seines Großonkels so ein: »Der Kaiser war zu bequem, etwas zu ändern, was immer so gewesen war, sollte auch so bleiben.« Als bezeichnend für die Gedankenwelt des Kaisers kann auch sein vollkommenes Unverständnis für die eigene Frau gelten, die unter dem seelenlosen spanischen Hofzeremoniell so sehr gelitten hatte. Vielleicht hätte es Sophie geholfen, wäre die Kaiserin noch am Leben gewesen. Wenn es Elisabeth auch kaum gelungen wäre, den Kaiser zur Änderung des Familienstatuts zu bewegen und aus der unebenbürtigen Heirat eine ebenbürtige zu machen, so hätte sie doch wesentlich dazu beitragen können, Sophie das Leben bei Hof zu erleichtern. Wahrscheinlich hätte es der Kaiserin sogar ein diebisches Vergnügen bereitet, der Konvention ein Schnippchen zu schlagen und der ungeliebten Hofgesellschaft »eins auszuwischen«. Etwa wie damals, als sie die morganatische Gattin ihres älteren Bruders entgegen dem allgemeinen Verhalten sichtlich bevorzugte. Es ist also durchaus möglich, daß auch Sophie von jener Eigenschaft Elisabeths profitiert hätte. Jedenfalls hätte Fürst Montenuovo gegen die mächtige Stimme Ihrer Majestät einen schweren Stand gehabt!

Dem Thronfolger war das starre Reglement zwar ebenfalls längst in Fleisch und Blut übergegangen, trotzdem empfand er die Zurücksetzungen schmerzlich, denen seine Frau ausgesetzt war. Nie durfte sie mit ihm in der Kutsche mit den vergoldeten Speichen fahren, nie im Theater neben ihm in der Hofloge sitzen und das nicht einmal in Privattheatern. Selbstverständlich durfte er wiederum nicht in einer gewöhnlichen Loge das Geschehen auf der Bühne verfolgen, denn sein Platz war eben in der Hofloge. Sophie durfte bei offiziellen Anlässen nicht neben ihrem Gatten stehen und stand in der Rangordnung nicht nur hinter der jüngsten unverheirateten Erzherzogin, sondern auch hinter den Ehefrauen und Witwen der ebenbürtigen Fürstenhäuser. Als sie es einmal bei einem Empfang wagte, Erzherzogin Elisabeth, die Tochter von Kronprinz Rudolf, die nur wenig mehr als halb so alt war wie sie, anzusprechen, wurde das von jener sehr übel aufgenommen. Ihre abfälligen Worte: »Denken Sie sich, sie hat mich angecercelt!«[92], machten rasch die Runde.

Am heikelsten war die Situation beim Einzug der Gäste auf einem Hofball. Denn da feierte das Zeremoniell wahre Triumphe: Pünktlich um 21 Uhr schlug der Oberzeremonienmeister mit seinem Stock dreimal auf das Parkett und verkündete das Nahen des Hofes. Es konnte sein, daß der Kaiser mit Erzherzogin Maria Josefa, der Gattin von Franz Ferdinands Bruder Otto, einen Ball eröffnete, gefolgt von Franz Ferdinand mit seiner Schwester Maria Annunziata. Erst lange danach, noch weit hinter der jüngsten Erzherzogin, die kaum in die Gesellschaft eingeführt worden war, folgte die Fürstin von Hohenberg mit einem gräflichen Kämmerer, der ihr vom Obersthofmeisteramt zugeteilt worden war. Vor der zweiten Quadrille begaben sich die Damen zum Tee in einen Nebenraum und nahmen dort gemäß der vorher genau festgelegten Sitzordnung Platz. Niemand hätte es gewagt, diese nicht zu respektieren. Für die weniger Privilegierten waren in den sogenannten »technischen Appartements« Teetische gedeckt und drei Buffets versorgten die 1400 Geladenen mit Speisen.

Als der Kaiser 70 Jahre alt wurde, beschloß er, sich von der Repräsentation etwas zurückzuziehen. Erzherzog Franz Ferdinand als der zweithöchste Mann im Staat hatte ihn zu vertreten. Aber seine ihm angetraute Gattin durfte selbstverständlich weder an seiner Seite stehen noch neben ihm sitzen. Ebenso war ihr Platz an der Hoftafel weit von seinem entfernt. Einmal passierte es sogar, daß man vergaß, der Fürstin von Hohenberg einen Begleiter zuzuordnen. Ob es mit Absicht geschah oder ein bloßes Versehen war, ließ sich später nicht mehr feststellen. Jedenfalls schäumte Franz Ferdinand vor Zorn. Er wollte sich beim Kaiser beschweren und konnte nur mit Mühe von seiner Gattin zurückgehalten werden, die keinen Skandal provozieren wollte. Gleich am nächsten Tag reiste der Erzherzog mit ihr von Wien ab. Die Entschuldigung Montenuovos nahm er nicht an. Aber er ließ ihm sagen, er solle sich gefälligst seiner eigenen Abstammung erinnern und sich nicht überheben. Er warne ihn. Laut Müller-Guttenbrunn soll Montenuovo daraufhin sogar den Kaiser gebeten haben, von seinen Posten entbunden zu werden, doch dieser nahm die Kündigung nicht an. Man kann sich vorstellen, wie schwer es einer Frau wie Sophie wurde, diese Demütigungen zu ertragen, noch schwerer aber vielleicht für einen derart impulsiven Charakter wie Franz Ferdinand ihn besaß. Es war ein Teufelskreis. Sophie mußte sich unwillkürlich schuldig fühlen in dem Bewußtsein, die Ursache all dieser Diskriminierungen zu sein, die letztlich auch ihren Mann trafen. Franz Ferdinand wiederum wird es bitter empfunden haben, seine Frau machtlos den Schikanen des Pedanten Montenuovo ausliefern zu müssen. Jener, als Hüter des Zeremoniells, tat schließlich nichts weiter als seine Pflicht.

Um die Bedeutung dieses Konflikts zu ermessen, muß man sich in die Mentalität der damaligen Zeit versetzen. Der Kaiser, die Majestät, war das Höchste. An seinem Hof eine möglichst hohe Stelle in der Rangordnung einzunehmen, entschied über das Prestige eines Menschen. Mit dem Zweithöchsten in der Hierarchie verheiratet zu sein und dennoch ganz unten zu rangieren, mußte bitter sein – vor allem, wenn man es von den Höhergestellten unausgesetzt zu fühlen bekam.

Für die Demonstration von Rangunterschieden gab es reichlich Gelegenheit. Als einmal der Schah von Persien zu Besuch in Wien war, beschrieb das *Salonblatt* ganz genau die Sitzordnung beim Galadiner, das ihm zu Ehren veranstaltet wurde. Wie es dem hohen Gast gebührte, hatte man ihn rechts vom Kaiser plaziert. Franz Ferdinand hatte das Protokoll einen besonderen Platz zugedacht. Er saß zwischen Erzherzogin Isabella, der Dame, die so gerne seine Schwiegermutter geworden wäre, und deren Tochter Maria Christine. Von Sophie berichtete das Blatt nichts. Sie war anscheinend gar nicht eingeladen. Als der Schah sich zum Diner im Schloß Belvedere einfand, war Sophie, obwohl dort Hausfrau, anscheinend gar nicht anwesend. Jedenfalls wurde sie in dem Bericht der besagten Zeitschrift, die sonst minutiös die anwesenden Gäste samt ihren Toiletten beschrieb, mit keiner Silbe erwähnt. War sie als Gattin des Thronfolgers nicht würdig, den Gast in dem Haus zu begrüßen, das immerhin auch das ihre war? Auch bei anderen Festlichkeiten geschah es oft, daß zwar Franz Ferdinand auf der Gästeliste erschien, nicht aber seine Frau.

Es wäre an Franz Joseph gewesen, so etwas ein für allemal zu ändern. Montenuovo hätte es akzeptieren müssen. Der Kaiser hat es nicht getan. Zu sehr war er dem Althergebrachten, der Tradition, verhaftet. Es kam aber noch etwas hinzu: Franz Ferdinand hatte ihm mit seiner Durchsetzungskraft seine Heirat abgerungen. Franz Joseph hatte nachgegeben, sich dem stärkeren Willen gebeugt. Diese Niederlage trug er dem Neffen, den er sowieso nicht besonders mochte, zeitlebens nach. Ob der Kaiser sich nicht so manche Auseinandersetzung mit ihm hätte ersparen können? Denn Franz Ferdinand besaß eine schwache Stelle: seine Frau. Hätte Franz Joseph ihren Rang unmittelbar nach der Hochzeit entsprechend erhöht, wäre er der Dankbarkeit seines Neffen sicher gewesen. Doch da hätte der alte Kaiser wohl über seinen Schatten springen müssen.

Jedenfalls war dem Paar nach solchen Vorfällen der Aufenthalt in Wien verleidet und die beiden zogen sich immer öfter nach Konopischt zurück. Anstatt die Ballsaison in Wien zu erleben, wie das in den hohen und höchsten Kreisen üblich war, wählten sie statt dessen einen Aufenthalt im Gebirge, vorzugsweise in St. Moritz. Schließlich kam der Thronfolger nur noch nach Wien, wenn ihn der Kaiser rief.

Auf ziemlich boshafte Weise schreibt Erzherzog Leopold Salvator, der sich nach seinem Austritt aus dem Kaiserhaus Leopold Wölfling nannte, viele Jahre später in seinen Erinnerungen über die Fürstin von Hohenberg: »Sie konnte von Glück sagen, wenn einer der jüngsten Erzherzöge sie zu Tisch führte. Das war durchaus nicht immer der Fall, denn es gab in der letzten Zeit immer mehr Erzherzoginnen als Erzherzöge, und jeder drückte sich gern um die Führung der Gattin des Thronfolgers. Wenn ein fremder Souverän eintraf und die Erzherzoginnen den Gast in der Hofburg erwarteten, wo er ihnen vorgestellt wurde, stand die Chotek als letzte im Glied, die anderen mit ihrer stattlichen Figur überragend und durch den Glanz ihre Schmuckes überstrahlend... Da wallte beim Hofball das Cortège herein, Franz Ferdinand deponierte seine Dame und eilte sofort zu Frauchen... Sophie war ehrgeizig. Sie fühlte sich sichtlich gehoben, wenn sie mit zwei oder drei Erzherzoginnen sprach...«[93] Dazu muß gesagt werden, daß Leopold Wölfling nicht sehr gut auf den Thronfolger zu sprechen war. Er hatte seinerzeit noch als Erzherzog an dessen Weltreise teilgenommen. Franz Ferdinand hatte sein Benehmen jedoch so mißfallen, daß Leopold das Schiff vorzeitig verlassen mußte.

Eines konnten jedoch auch die größten Demütigungen und Zurücksetzungen, denen Sophie ausgesetzt war, nicht verhindern: das Glück einer harmonischen Ehe. Vielleicht schweißten sie das Paar sogar noch fester zusammen. Es war ihr ganz persönliches Glück, eine innige Gemeinsamkeit, die niemand ihnen nehmen konnte. Weder der Kaiser noch sein Obersthofmeister.

Franz Ferdinand und das Hofzeremoniell

In diesem Zusammenhang muß jedoch auch bemerkt werden, daß der Thronfolger sich seiner eigenen hohen Abstammung und der Stellung, die er innehatte, durchaus bewußt war. Das beweist sein Verhältnis zu den Verwandten seiner Frau. Nur seinen Schwägern Schönburg-Glauchau und Wuthenau gestattete er das verwandtschaftliche »Du«. Sie waren deutsche Standesherren, das heißt, Adelige des deutschen Reiches, deren Familien einstmals Territorialherren gewesen waren. Für die österreichischen Schwäger und Schwägerinnen war er nach wie vor die »Kaiserliche Hoheit«. Eine Ausnahme bei dieser förmlichen Anrede machte noch Sophies jüngste Schwester Henriette, die häufig in Konopischt verkehrte und auch oft mit dem Ehepaar verreiste. Franz Ferdinand war darin dem Kaiser gar nicht so unähnlich, der nur seiner Frau und seinen Töchtern das »Du« erlaubte und auch seinen vertrautesten Mitarbeitern gegenüber mit seinem Händedruck so sparsam umging, daß diese jene Geste als eine besondere Auszeichnung werten durften.

Die Einschränkungen, die die Fürstin im offiziellen Leben erdulden mußte, änderten jedoch nichts an der persönlichen Höflichkeit, die Kaiser Franz Joseph Sophie gegenüber erwies. Auch machte er dem Thronfolgerpaar kurz nach dessen Antrittsaudienz im Schloß Belvedere einen Gegenbesuch und besichtigte die baulichen Veränderungen, die sein Neffe dort vornehmen ließ. Aber das war eben ein privater Besuch, der mit den protokollarischen Erfordernissen nichts zu tun hatte.

Familienleben in Konopischt

Kindersegen für das Thronfolgerpaar

Das private Glück ihrer Gemeinsamkeit genossen Franz Ferdinand und Sophie besonders in ihrem Refugium Konopischt.

Am 8. Juli 1901 schrieb Erzherzog Franz Ferdinand an Dr. Eisenmenger, mit dem ihn immer noch ein freundschaftliches Verhältnis verband: »Mir geht es großartig gut, ich fühle mich wie ein Fisch im Wasser und die Ehe schlägt mir famos an …«[94] Zwei Wochen später, am 24. Juli, brachte Sophie ein Mädchen zu Welt, das nach der Mutter den Namen Sophie erhielt. Die Taufe, die nur im Familienkreis gefeiert wurde, vollzog der Kaplan und Ungarischlehrer Dr. Lanyi, denn Dr. Marschall hatte sich bekanntlich durch seine Demarche bei Sophie alle Gunst des Thronfolgerpaares verscherzt.

Das *Salonblatt* vom 29. Juli würdigt das freudige Ereignis mit den Worten: »Ihre fürstliche Gnaden, Fürstin Sophie von Hohenberg, geborene Gräfin Chotek, Gemahlin Seiner kaiserlichen und königlichen Hoheit, des Herrn Erzherzogs Franz Ferdinand, ist Mittwoch auf Schloß Konopischt ihres erstgeborenen Kindes, einer Tochter, genesen. Fürstin Sophie, bei welcher ihre Schwester, Frau Antonia von Wuthenau, weilt, befindet sich den Umständen entsprechend vollkommen wohl.«

Der glückliche Vater teilte dieses Ereignis am 1. August Dr. Eisenmenger mit: »Entschuldigen Sie den Bleistift, aber ich schreibe am Bett meiner Frau, und so geht es mit Bleistift besser, Gottlob ist alles glücklich vorbei, obgleich die Entbindung eine sehr schwere war. Aber Dr. Lott hat seine Sache vorzüglich gemacht, und nun haben wir eine Riesenfreude über unsere Kleine, die ein reizendes, sehr kräftiges Kind ist.«[95]

Ein gutes Jahr später, am 29. September 1902, wurde im Belvedere das zweite Kind, ein Junge, geboren. Dieser Tatsache schenkte das *Salonblatt* noch größere Beachtung. Ein Stammhalter war eben wichtiger als ein Mädchen. »Ihre fürstliche Gnaden Fürstin Sophie von Hohenberg... wurde Montag nachmittag von einem Prinzen entbunden. Die hohe Frau und das Kind befinden sich in bestem Wohlsein. Mittwoch vormittag fand um 11 Uhr in der Kapelle von Schloß Belvedere die feierliche Taufe statt. Als Taufpate fungierte Seine k.u.k. Hoheit Erzherzog Karl Stephan. Die Taufe nahm Monsignore Lanyi vor. Das Kind erhielt die Namen Maximilian, Karl, Franz, Michael...«, um an dieser Stelle nur einige aufzuzählen.

Während der Zeremonie erklärte der kaiserliche Hof- und Burgpfarrer Dr. Laurenz Mayer, der die Taufe gemeinsam mit Dr. Lanyi vornahm, daß das kanonische Recht Bestimmungen über noch nicht geborene Kinder nicht gestatte, der Renunziationseid Franz Ferdinands für seine Kinder also ungültig sei. Seinen Eid brauche der Thronfolger demnach nicht zu halten. Glücklich war jene Bemerkung nicht, mochte sie nach kirchlichem Recht auch der Wahrheit entsprechen. Sie setzte Franz Ferdinand von vornherein dem Verdacht aus, sich eines Tages über den Eid hinwegzusetzen. Tatsächlich rätselten die Menschen, solange der Erzherzog lebte, immer wieder darüber, wie er sich nach seiner Thronbesteigung entscheiden würde. Wäre er bereit, zugunsten seines Sohnes den Eid zu brechen, den er an jenem unseligen Junitag 1900 vor dem Kaiser und dem versammelten Hof abgelegt hatte?

Am 27. Mai 1904 kam in Konopischt ein weiterer Sohn zur Welt. Er erhielt den Namen Ernst. Das vierte Kind, das im November 1908 zur Welt kam, war zum großen Leidwesen der Eltern eine Totgeburt. Vor allem schmerzte der Rat des Arztes, im Interesse der Mutter von weiteren Schwangerschaften abzusehen. Denn eigentlich hatte sich das Thronfolgerpaar trotz des Alters der Fürstin von über 40 Jahren noch eine viel größere Familie gewünscht. Drei Kinder waren für damalige Verhältnisse tatsächlich nur eine bescheidene Anzahl.

Wie harmonisch die Ehe und wie glücklich das Familienleben des Thronfolgerpaares verlief, läßt sich aus einem Brief Franz Ferdinands an seine Stiefmutter Maria Theresia ablesen: »Gott sei Dank geht es allen sehr gut. Sophie wird dick und fett, Pinki (die Älteste) ist zum Fressen herzig, Maxi ist ein gescheiter, köstlicher Bub und Ernstl ist so brav und wird eine beauté. Du weißt nicht, liebste Mama, wie ich glücklich bin mit den Meinen und wie ich dem lieben Gott nicht genug danken kann für all mein Glück! Und nach dem lieben Gott muß ich Dir danken, da Du mir ja in allem zu meinem Glück verholfen hast. Das Allergescheiteste was ich je in meinem Leben gemacht habe war, daß ich meine Sophie geheiratet habe. Sie ist für mich alles, meine Frau, meine Ratgeberin, mein Doctor, mein Kamerad, mit einem Wort mein ganzes Glück. Jetzt nach vier Jahren lieben wir uns wie am ersten Tag unserer Ehe und nicht eine Sekunde war unser Glück getrübt. Und unsere Kinder! Die machen meine ganze Wonne und meinen Stolz aus. Den ganzen Tag sitze ich bei ihnen und bewundere sie, weil ich sie gar so lieb hab. Und die Abende zu Hause, wenn ich meine Zigarre rauche und Zeitungen lese und Soph strickt, die Kinder kugeln herum und werfen alles von den Tischen herunter, das ist gar so köstlich und gemütlich! Und Du, liebste Mama, warst die Einzige, die mich nicht verlassen hat wie es mir ganz schlecht gegangen ist, hast mir zu meinem Glück verholfen.« In einem Brief des Erzherzogs an Koloman von Szell heißt es überschwenglich: »Meine Soph ist mein alles auf der Welt. Sie ist meine Freude und meine Zukunft, ein Leben ohne ihr (!) kann ich mir gar nicht vorstellen.«[96]

Friedrich Funder, Chefredakteur der Wiener *Reichspost*, später der Wochenzeitschrift *Die Furche*, erwähnt in seinem Buch über den Thronfolger ein Gespräch vom 20. Dezember 1911, in dem der Erzherzog »jeden Morgen Gott für die vielen Gnaden danke, mit denen er ihn überhäuft habe. Unter diesen sei die größte, daß er ihm eine solche Gattin geschenkt habe. Seitdem er sie besitze sei er vollkommen glücklich und in seinem Heim finde er Trost für alle Mühsale, die das Leben mit sich bringt.«[97]

Sophie hatte ihren Mann inzwischen gut kennengelernt, sie kannte seine Fehler und Schwächen und wußte, wie sie ihn zu nehmen hatte. Als seine Frau tat sie alles, damit er sich wohl fühlte. Dabei war ihr wohl bewußt, daß er sich hauptsächlich um ihretwillen vom Kaiserhof und seiner Gesellschaft in die Einsamkeit von Konopischt zurückgezogen hatte und unterstützte daher sein liebstes Hobby, die Ausgestaltung des Parkes und seiner Rosenzucht. Sie war die ideale Gefährtin, aber sie blieb doch sie selbst.

Kaiserin Zita, die Nichte des Paares, sagte später über Sophie: »Neben ihrem bestrickenden Aussehen und äußerst weiblichen Charme war es der Hauch absoluter Ruhe, den er (Franz Ferdinand) so unwiderstehlich fand. Sie war die ideale Partnerin für einen so reizbaren Mann und wußte gut, wie sie mit ihm umzugehen hatte. Sie konnte ihn fast immer beruhigen, und wann auch immer er einen seiner ärgerlichen Ausbrüche hatte, so beruhigte sie ihn ganz einfach dadurch, daß sie ihn in ihre Arme nahm und nur ›Franzi, Franzi‹ sagte.«[98]

Eines der Enkelkinder berichtete, daß Sophie einmal von ihrem Gatten eine Brosche aus Edelsteinen in Gestalt eines Lammes geschenkt bekommen hatte. Auf diese brauchte sie nur stumm hinzuweisen, um jeglichen Zornesausbruch zu stoppen.[99]

Die Kinder standen im Mittelpunkt des elterlichen Lebens. Die »kleinen Herrschaften« nannte man sie. Oft nahm der Vater sein Frühstück, eine Tasse Tee und zwei weiche Eier, im Kinderzimmer ein. Wie sein Sekretär, Paul Nikitsch-Boulles, schildert, »pflegte er dabei auch zu arbeiten und so mußten ganze Stöße von Akten und die Frühpost in die Zimmer der

Kinder getragen werden. Sie lagen im Belvedere im 2. Stock und in Konopischt am anderen Ende des Schlosses.«[100]

Es gab kein Hofzeremoniell, keine »Kindskammer« wie in der Hofburg, und Sophie brachte die Kinder persönlich zu Bett. Sie war es auch, die die Pflege übernahm, wenn eines der Kinder krank wurde. Später legten die Eltern Wert auf gutes Benehmen und Höflichkeit und hielten ihre Sprößlinge dazu an, auch den Untergebenen für einen geleisteten Dienst zu danken. Wenn nötig, konnten die Eltern aber auch durchaus streng sein. Antiautoritäre Erziehung war damals unbekannt und wäre wohl auch nicht toleriert worden, hätte jemand sie propagiert.

Man hielt nicht nur die Ehe des Thronfolgerpaares für die glücklichste im Umkreis des Hofes, sondern auch ihre Kinder für die besterzogenen aller Habsburger. Sogar viel später, in der dunkelsten Periode im Leben der Brüder Hohenberg, im Konzentrationslager Dachau, rühmten ihre Leidensgenossen deren Höflichkeit und Hilfsbereitschaft gegenüber jedermann. Es hieß, sie wären frei von jeglichem Standesdünkel.

Bürgerliches Leben in Konopischt

Wie im *Neuen Wiener Journal* vom 2. Juli 1931 zu lesen ist, soll es auf den Schlössern Franz Ferdinands ganz bürgerlich zugegangen sein. Die Zeitung zitiert den langjährigen Küchenchef Robert Doré: »Es ist nie vorgekommen, daß es beim Mittagessen eine Vorspeise gegeben hätte... Gabelfrühstück oder Jause kannte er (der Thronfolger) nicht. Das Menü mittags und abends bestand aus Suppe, Braten und zwei Beilagen, etwas Mehlspeise oder etwas Obst. Seine Lieblingsspeisen waren: ein guter, saftiger Tafelspitz, Selchkarrée mit Sauerkraut, Beuschel mit Knödel, Schweinsbraten oder ein gespickter Hase mit Rahm. Schwarzen Kaffee hat er sehr selten getrunken, ein Gläschen von gewöhnlichem Tischwein oder ein kleines Glas

Bier waren seine Getränke beim Dinner oder Souper. Zigaretten hat er nie geraucht, nach dem Speisen zündete er sich eine Regalia Media an. Gewöhnlich saßen fünf Personen bei Tisch: der Erzherzog, die Herzogin von Hohenberg und die Kinder, Prinzessin Sophie, Herzog Max und Prinz Ernst. Nur ein Tafeldecker und ein Lakai waren beim Service tätig. Die Mahlzeiten waren gemütlich und familiär, die spanische Hofetikette war in diesen Sälen unbekannt. Ganz anders war es natürlich, wenn Gäste anwesend waren. Für die wurde das Allerbeste geboten.« Wenn die Familie unter sich war, ging es also sehr unzeremoniell zu, und der oft als so unzugänglich beschriebene Erzherzog war zu Hause fröhlich und zu Scherzen aufgelegt.

Fürst Alfons Clary-Aldringen beschreibt in seinen Memoiren die entspannte Atmosphäre, die in der Familie des Thronfolgerpaares herrschte: »Tante Sophie lud uns... zur Jause ins Belvedere ein, unerwartet erschien plötzlich der Erzherzog – wir erstarrten förmlich in unserer Habt-Acht-Stellung. Er begrüßte uns freundlich und fragte uns nach dem Dienst in der Militärschule aus. Wir waren damals von seiner Persönlichkeit stark beeindruckt, man spürte deren Kraft; wir waren froh, unseren zukünftigen Kaiser in einer so gelösten Stimmung zu sehen. Solche Begegnungen wiederholten sich noch öfters, als ich an der Prager Universität studierte und manchmal nach Konopischt eingeladen wurde, sowohl zu Jagden... als auch an Sonntagen zum Mittagessen im engsten Familienkreis. Hier lernte ich den Erzherzog als freundlichsten Hausherrn kennen, als glücklichen Familienvater, der mit seinen Kindern spielte und lachte. Die Kinder, schien mir, wuchsen in der besten Atmosphäre auf, die für sie überhaupt denkbar war. Wie gut verstand ich nun, daß der Erzherzog auf seiner Liebesheirat bestanden hatte und seinen Willen gegen die schwersten Hindernisse und auch Opfer durchgesetzt hatte.«[101]

»Er war ein wundervoller Vater für uns Kinder«, erinnerte sich Sophie Gräfin von Nostitz-Rieneck noch im hohen Alter. »Wir wurden immer von ihm bei jeder passenden Gelegenheit mitgenommen, sei es auf Reisen, oder, als wir alt genug waren, auf die Jagd daheim. Wir hatten private Erzieher, aber er nahm eifriges Interesse an unseren Unterrichtsstunden, und wir pflegten kleine Gedichte vor ihm aufzusagen und kleine Vorträge zu halten, sogar auf ungarisch. Er war streng mit uns, aber niemals barsch oder ungerecht. Was seine berühmten Temperamentsausbrüche betrifft, so kamen und gingen sie wie Sommerstürme, wir sahen ihn voller Zorn am Tisch sitzen und seine Stimme erheben. Aber er tat es immer mit Erwachsenen, nie mit uns.«[102]

Ihre Mutter jedoch »war der Mittelpunkt, der ruhende Pol der Familie. Unsere Eltern sorgten sich persönlich um uns Kinder, um unsere Ausbildung und unsere Gesundheit. Wir wurden in dem Bewußtsein erzogen, nichts Besonderes zu sein und das hat uns in unserem späteren Leben sehr geholfen«.[103] Wie Weissensteiner schreibt, lag »das Hauswesen … völlig in der Hand der Fürstin. Sie war eine wirkliche Hausfrau, die sich eingehend ihren Obliegenheiten widmete, sich um die Hausangestellten kümmerte und ihre eigene Wirtschaftsprüferin war.«

Als eine gute Hausfrau ließ Sophie sich nicht gerne übervorteilen, sondern achtete darauf, daß nichts verschwendet wurde. Das hatte sie schon in ihrer Jugend gelernt, vielmehr lernen müssen. Denn Geld war in der Familie Chotek immer knapp gewesen. Vielleicht rührt daher der Vorwurf, Sophie sei geizig gewesen.

Sich um das Hauspersonal zu kümmern, hieß in Sophies Augen wohl auch, eine Art missionarischer Tätigkeit auszuüben. Sie selbst war fromm; täglich in der Kapelle einer Messe beizuwohnen, war ihr zum Bedürfnis geworden. Dazu hielt sie auch ihren Mann an. Wie Müller-Guttenbrunn erwähnt, erfüllte der Erzherzog als guter Katholik zwar sonntags seine religiöse Pflicht, aber er war kein Frühaufsteher und handhabte die Angelegenheit etwas »lockerer«. An den täglichen Besuch der Messe mußte er sich daher anfangs erst gewöhnen. Auch dem

Hauspersonal blieb nichts anderes übrig, als sich dem Wunsch der Hausherrin zu fügen. Sogar der spätere Bischof von Großwardein, Dr. Lanyi, übte bisweilen Kritik wegen der hohen Anforderungen, die Sophie hinsichtlich Messe, Beichte und Kommunion an ihre Angestellten stellte.

Weihnachten verbrachte die Familie fast immer in Konopischt. Wie sich die Tochter erinnerte, war sie mit Eltern und Geschwistern nur einmal in Chlumetz und im Jahre 1912, als Kaiser Franz Joseph – damals schon über achtzig Jahre alt – sehr krank war, im Belvedere. »Anschließend, im Januar und Februar waren wir meistens in Wien, aber immer wieder mit kurzen Zwischenaufenthalten in Konopischt. Hierauf, im März und April, reisten wir gewöhnlich nach dem Süden... entweder ins Schloß Miramar bei Triest... oder auf die adriatische Insel Brioni, wo wir in einem Hotel lebten. Zuweilen aber fuhren wir auch in die Alpen, nach St. Moritz zum Beispiel, wo wir uns ebenfalls in einem Hotel einmieteten. Mai und Juni wurden normalerweise wieder in Konopischt verbracht, wenn auch mit ständigen Ausflügen nach Wien im Juni, um an den großen Pferderennen im Prater sowie am Blumenkorso teilzunehmen. Im Juni reisten wir auch öfters nach Donaueschingen, um mit den Fürstenbergs Rehböcke zu jagen. Im Juli ging es manchmal für einige Wochen in einen Kurort an der belgischen Küste. Den August verbrachten wir entweder in Lölling in Kärnten oder in Blühnbach und blieben öfters bis zur Hirschjagd im Oktober, wenn auch mein Vater von dort aus immer wieder Besuche in Ischl abstattete, wo der Kaiser während des Sommers ständig weilte. Gelegentlich, gegen Ende September, ging es zur Hirschjagd nach Eckartsau, einem anderen Habsburger Familienbesitz. Schließlich wurden, um das Jahr abzurunden, November und Dezember hauptsächlich in Konopischt verbracht. Konopischt war für uns Kinder stets das Zuhause. Es war ganz einfach der Ort, wo wir alle unsere Habseligkeiten hatten.«[104]

Hatten die Kinder des Thronfolgerpaares Teil an der Diskriminierung ihrer Mutter? »Niemals haben wir unsere Eltern wegen der Probleme, denen sie sich gegenübersahen, befragt. Und ich kann mich nicht besinnen, daß sie sich einmal mit uns hingesetzt und uns ihre Schwierigkeiten erklärt hätten. Über die Lage sprach man nicht, obgleich sie existierte. Und natürlich wußten wir das. Wir waren stets nervös, wenn wir an den Hof mitgenommen wurden, weil wir spürten, daß wir zu einer besonderen Kategorie gehörten. Selbst auf Kindergesellschaften wurden wir manchmal ganz merkwürdig platziert. Allerdings gab es zu Hause deshalb keine Spannung, obwohl wir gewisse Dinge bemerkten, selbst wenn darüber nicht gesprochen wurde. In Wien zum Beispiel sollten wir mitansehen, wie unser Vater in einer sogenannten »goldenen Kutsche‹ gefahren wurde, und dann folgte unsere Mutter allein in einer Kutsche mit grünen Rädern, wie sie von Hofdamen gebraucht wurde. Eine Sache, deren ich mich am lebhaftesten erinnere, war die mit den Schildwachen im Belvedere. In dem Augenblick, in dem Vater das Palais verließ, selbst wenn unsere Mutter noch da war, wurden die Wachen zurückgezogen und kehrten erst zurück, wenn Vater wieder daheim war. Ich erinnere mich deshalb so gut daran, weil wir manchmal in dem leeren Schilderhäuschen Soldaten spielten«, berichtet die Tochter des Paares.[105]

Wie bei Müller-Guttenbrunn erwähnt, machten Erzherzog Franz Ferdinand und seine Gattin vom Belvedere aus öfters Ausflüge in die Umgebung Wiens, etwa auf den Kahlenberg oder in die Hinterbrühl. Er trug dabei Zivil, die Fürstin war wohl auch nicht zu auffallend gekleidet. Dennoch müssen die beiden einmal entdeckt worden sein. Denn das *Wiener Salonblatt* berichtet am 26. Mai 1901: »Der Doppelfeiertag läßt sich gut auf den herrlichen Waldwegen des Kahlenbergs zubringen, dessen intime landschaftliche Reize an einem der letzten Tage von einem hohen Paar gewürdigt wurden, dem es an reicher Gelegenheit nicht fehlte, sich an den verschiedensten landschaftlichen Reizen zu erquicken. Trotzdem hat es diesem hohen Paar, dem Erzherzog Franz Ferdinand und seiner anmutigen Gemahlin, der Frau Fürstin von Hohenberg, ganz ausnehmend auf dem ›Wiener Rigi‹ gefallen, hat der Herr Erzherzog bei Besichtigung des schönen Appartements, welches der italienische Botschafter Graf Nigra... im Kahlenberg-Hotel bewohnte, lächelnd zu seiner Gemahlin bemerkt: ›Das wäre für uns eine rechte Erholungsstätte!‹«

Gelegentlich trachtete das erzherzogliche Paar aber doch, den strengen Regeln des Protokolls ein Schnippchen zu schlagen, etwa wenn es eines der Privattheater besuchte und Plätze auf der Galerie wählte, um nicht erkannt zu werden. Vielleicht hat den beiden dieses Versteckspiel sogar Spaß gemacht.

Es kam jedoch immer wieder vor, daß Sophie sich zurücknehmen mußte, denn die Repräsentationspflichten erforderten oft die Anwesenheit des Thronfolgers, ohne daß seine Gattin ihn dabei begleiten durfte. So berichtete die Presse zwar von der Anwesenheit Franz Ferdinands auf dem Hofball des Jahres 1901 in Budapest, ohne aber Sophie zu erwähnen, was sie sonst zweifellos getan hätte. Es kam auch öfters vor, daß der Thronfolger an der »Allerhöchsten Tafel« teilnahm und sich bezeichnenderweise nicht Sophie, sondern sein Obersthofmeister Graf Nostitz in seiner Begleitung befand, etwa bei der Galatafel für den Prinzen von Siam (dem heutigen Thailand), im Mai 1902. Vielleicht ist es auch verständlich, daß die Kaiserenkelin Erzherzogin Elisabeth, die sich bekanntlich vehement gegen die Heirat des Thronfolgers ausgesprochen hatte, bei der Einladung zu ihrer Hochzeit mit dem Prinzen Windischgrätz Sophie überging; offensichtlich war es jedoch geboten, daß Franz Ferdinand, diesmal in Begleitung seiner Halbschwester Annunziata, daran teilnahm. Auch zur Hochzeit von Erzherzogin Marie Christine, der Tochter von Erzherzogin Isabella, mit dem Prinzen Salm-Salm war Sophie nicht eingeladen.

Besuche an fremden Höfen stellten für die Fürstin von Hohenberg lange Zeit verbotenes Terrain dar. Erst nach Jahren sollte es ihr gelingen, dieses Tabu zu durchbrechen. So mußte Franz Ferdinand im Januar 1902 allein nach St. Petersburg reisen, um sich beim Zaren für die Ernennung zum kaiserlich russischen General der Kavallerie zu bedanken.

Wen mag es da verwundern, daß der Erzherzog und seine Frau immer wieder versuchten, den Beschränkungen bei Hofe zu entkommen, indem sie verreisten oder Einladungen wahrnahmen, die auch für Sophie galten. So wird berichtet, daß sich Franz Ferdinand und seine Gemahlin im November 1901 von Konopischt nach Schloß Lancut in Galizien begaben, wo der polnische Großgrundbesitzer Graf Roman Potocki zu Ehren des Erzherzogs große Jagden veranstaltete. Eine Woche besuchten die beiden den Herzog und die Herzogin von Schleswig-Holstein auf Schloß Primkenau bei Breslau, wo eine Fasanenjagd stattfand. Dabei wurde nicht versäumt zu berichten, daß der Erzherzog mit einer Strecke von 420 Stück Jagdkönig wurde.

Doch gelegentlich gedachte auch der Kaiser der unerwünschten Frau seines Neffen, so zu Neujahr 1902. Da empfing er um 10 Uhr alle Mitglieder der kaiserlichen Familie, um ihre Glückwünsche entgegenzunehmen. Ob Sophie bei diesem morgendlichen Empfang bereits dabei war, geht aus der Mitteilung des *Salonblattes* nicht hervor. Aber um 6 Uhr abends fand »bei Seiner Majestät in den Alexanderappartements eine Familientafel statt«, an der auch »Erzherzog Franz Ferdinand mit seiner Gemahlin Sophie Fürstin von Hohenberg« teilnahm.

Natürlich stand es dem Thronfolgerpaar frei, im eigenen Heim Einladungen zu geben. So berichtet das *Salonblatt* am 30. November 1902 von Jagden in Konopischt mit vielen Gästen, wo »das hohe Hausherrenpaar in bezauberndster und bestrickendster Weise die Honneurs machte«.

Das Zusammenleben des Paares wurde jedoch durch die auferlegten Beschränkungen in keiner Weise beeinträchtigt. Sehr zum Mißvergnügen mancher Böswilligen, die den beiden nach einer kurzen Zeit der Leidenschaft um so mehr Streit und Hader prophezeit hatten, mußten doch selbst sie zugeben, daß diese Ehe wirklich glücklich war.

In den Berichten der Gräfin von Nostitz-Rieneck ist oft von der Jagd die Rede. Tatsächlich spielte sie im Leben der erzherzoglichen Familie eine große Rolle. Besonders über Erzherzog Franz Ferdinand ist in dieser Beziehung sehr viel, auch Nachteiliges, geschrieben worden. Es wird ihm vorgeworfen, kein Weidmann, sondern ein Schlächter gewesen zu sein, dessen Büchsenspanner mit dem Laden der Flinten gar nicht nachkamen – soviel Munition habe er benötigt, um das ihm zugetriebene Wild erlegen zu können.

Die Jagd, von altersher eine der Lebensgrundlagen der Menschen, wurde im Laufe der Zeit zu einem Privileg des grundbesitzenden Adels. Immer weniger bedeutete dabei die Beschaffung von Nahrung, wesentlich wurde der Sport. Die meisten Habsburger waren große Jäger. Sie besaßen selbst ausgedehnte Jagdreviere und wurden oft von ihren Standesgenossen, die ebenfalls über bedeutende Besitztümer verfügten, eingeladen. Die Fülle von Wald und entsprechendem Wild erlaubte unglaublich hohe »Strecken«, wie sie bei der heutigen Besiedlung gar nicht mehr möglich sind. Kaiser Franz Joseph erlegte im Laufe seines Lebens allein 48 345 Stück Hochwild – von Niederwild, Hasen, Rebhühnern oder Fasanen, ganz zu schweigen. Wer je in der Kaiservilla in Bad Ischl war, wird sich der vielen Trophäen erinnern, die sich dort befinden. Kronprinz Rudolf schoß mit neun Jahren seinen ersten Hirsch, Anlaß für ein freudiges väterliches Glückwunschtelegramm. Die Jagd war das Gesprächsthema, bei dem Vater und Sohn einander am besten verstanden. Auch König Friedrich August III. von Sachsen liebte die Jagd; sein Vater, König Georg, ließ sich sogar noch im Angesicht des nahen Todes zur Jagd »tragen«.

Diese Beispiele mögen genügen, um zu zeigen, daß es für einen erstklassigen Schützen wie Franz Ferdinand nicht allzu schwierig war, in dieser Hinsicht Rekorde zu erzielen, die heute undenkbar wären. Er erlegte im Laufe seines Lebens insgesamt 274 889 Stück Wild. Seine Standesgenossen standen ihm darin kaum nach. Wenn wir diese Art von Sport auch im Zusammenhang mit den damaligen Verhältnissen sehen müssen, soll nicht bezweifelt werden, daß die Jagd mit ihrem Erfolgserlebnis bei Franz Ferdinand zu einer wahren Leidenschaft ausartete, die zu seinen weniger schönen Eigenschaften zählt. Vielleicht war es aber auch eine Art des Abreagierens, weil ihm die Rolle versagt blieb, nach der er sich am meisten sehnte: endlich die Zügel der Herrschaft in die Hand zu bekommen.

Wie Sophie dazu stand, ist nirgends vermerkt, ebensowenig, ob sie aktiv an den Jagden teilnahm. Es gab durchaus Damen, die sich nicht scheuten, ein Jagdgewehr in die Hand zu nehmen, über große Treffsicherheit verfügten und daher in der Jagd ähnlich erfolgreich waren wie die männlichen Jagdteilnehmer. Aber da diese Freizeitbeschäftigung in jenen Kreisen einfach zum Leben dazugehörte, ist anzunehmen, daß Sophie die Jagdleidenschaft ihres Gatten als selbstverständlich hinnahm.

Die Jagd beseelte offensichtlich aber auch Menschen, die nicht zu den Privilegierten gehörten. Jäger und ihre Widersacher, die Wilderer, wurden zum Thema unzähliger Romane, heute noch wird in Bayern der *Wildschütz Jennerwein* besungen. Allerdings dürfte für manchen Wilderer weniger die Jagdlust eine Rolle gespielt haben als vielmehr die blanke Not und der Wunsch, der hungrigen Kinderschar daheim ein Stück saftigen Rehbratens zu verschaffen.

In unserer Zeit haben Industriekapitäne das Erbe des Adels angetreten, und Tausende Dollar werden bezahlt, um in den Karpaten einen Bären zu schießen oder in Simbabwe einen Löwen, um dann mit deren präparierten Köpfen im heimatlichen Landhaus den Gästen zu imponieren.

Hatte Sophie tatsächlich großen Einfluß auf ihren Mann? Darüber ist oft gerätselt worden. Bischof Marschall war davon überzeugt, daß sie die Karriere des Thronfolgers zerstörte, Leopold Wölfling nennt ihre Macht über ihn spöttisch ein »Pantoffelregime«. Weissensteiner dagegen ist überzeugt, daß der Einfluß Sophies auf Franz Ferdinand in der Öffentlichkeit stark überschätzt wurde: »In politische Dinge hat sie sich nur äußerst selten eingemischt. Hingegen übte sie in rein persönlichen Angelegenheiten großen Einfluß auf ihn aus.«[106]

Nikitsch-Boulles, der vom Jahre 1900 bis zum Tode des Erzherzogs in dessen Diensten stand und dem wir daher tiefe Einblicke in dessen Leben zubilligen können, urteilt ähnlich: »Den ihr von der Öffentlichkeit zugeschriebenen, mächtigen und unheilvollen Einfluß auf ihren Mann hat sie nie gehabt. Der Erzherzog war eine viel zu selbstbewußte, eigenwillige Kraftnatur, um sich auch nur in belanglosen Dingen einen fremden Willen aufzwingen zu lassen. Nicht einmal von der eigenen innig geliebten Frau. Und sie hat wohl auch nie den geringsten Versuch gemacht, etwas zu erreichen, was außerhalb des engsten Familienlebens lag und nur im entferntesten Öffentlichkeit und Politik streifte … Aber es gab auch in privaten Dingen Anlässe genug, wo sie mit Aufbietung ihres ganzen Herzens versucht hat, sich bei ihrem Mann durchzusetzen. Oft hatte es schon den Anschein, als habe sie Erfolg, da verfügte der Erzherzog das gerade Gegenteil, was seiner eigenen Ansicht entsprach. Aber es gab nie ein Wort der Kritik, die Entscheidung wurde gelassen hingenommen. Die Ruhe und das häusliche Glück der Ehe ist nicht zuletzt auf dieses von großer Klugheit zeugende Verhalten zurückzuführen. Während der vierzehnjährigen Dauer ihrer Ehe hat die Herzogin (seit 1909) ihre schwierige Rolle mit bestem Wissen und Gewissen ausgefüllt. Sie war nicht bloß eine zärtliche, auf die mannigfachen Eigenheiten ihres Gatten eingehende, liebevolle Lebensgefährtin, oft mit wahrer Selbstverleugnung, sondern auch eine gute, wenn auch strenge Mutter.«[107] »Franz Ferdinand räumte keiner Frau das Recht ein, sich in politische Fragen einzumischen. Seine Maxime lautete: ›Die Frau gehört in die Küche, in den Keller und ins Bett.‹«[108]

Einen interessanten Einblick in den psychischen Status der Fürstin von Hohenberg bieten die Rezeptbücher der Hofapotheke. »Abgesehen von einer Blutarmut, damals ›Bleichsucht‹ genannt, die mit ständiger Medikation von Eisenwein und Arsentropfen … behandelt wurde, litt die Fürstin zweifelsohne an einer im heutigen medizinischen Sprachgebrauch psychovegetativ genannten Störung. Ein Schulbeispiel eines psychosomatischen Syndroms, denn ihr Verbrauch an Beruhigungsmitteln … und Laxantien … war beträchtlich.«[109] Das Leben an der Seite des Erzherzogs scheint also nicht immer einfach gewesen zu sein.

Nebenregierung im Belvedere

Das Warten auf den Thron

Es besteht kein Zweifel daran, daß die beiden Menschen, ob im Belvedere oder in Konopischt, sich in Wartestellung befanden. Sie sprachen es nicht aus, und wenn das doch der Fall war, dann höchstens in der Intimität ihrer Privaträume. Nicht, daß sie dem Kaiser den Tod wünschten. Franz Ferdinand war ein viel zu dynastisch denkender Mensch, als daß er in dem alten Herrn nicht den Monarchen und damit das Oberhaupt der Familie geehrt hätte. Aber Kaiser Franz Joseph war bereits über Siebzig, ein hohes Alter für damalige Verhältnisse. Ist es doch statistisch erwiesen, daß um die Jahrhundertwende nur ein geringer Prozentsatz der Bevölkerung das 65. Lebensjahr erreichte. Also war es durchaus legitim, auch an das zu denken, was nach ihm kam. Sicher war es nicht nur das Thronfolgerpaar allein, sondern viele andere auch, die solche Gedanken hegten. Für Franz Ferdinand und Sophie aber würde es der Tag sein, der alles für sie änderte.

Für den impulsiven Erzherzog war es wohl nicht immer leicht, sich dem Willen Franz Josephs zu beugen. Zu groß war die Verschiedenheit der Charaktere von Kaiser und Thronfolger und ihrer jeweiligen Ansichten, auf welche Art ein so kompliziertes Gebilde wie die österreichisch-ungarische Monarchie zu regieren sei. Der Jüngere hatte bereits konkrete Pläne, wie man das Land würde umgestalten müssen, denn daß es so nicht bleiben, so nicht weitergehen konnte, davon war er zutiefst überzeugt.

Theodor von Sosnosky schreibt in seinem Buch über Franz Ferdinand, den er die stärkste Persönlichkeit seit Kaiser Josef II. nennt: »Hinter der behäbigen Außenfassade verbarg sich ein stürmisches Temperament, ein leidenschaftlicher Ehrgeiz und ein unbeugsamer Wille... Er mußte zusehen, wie das Reich, das er einst beherrschen sollte, unter dem Greisenzepter Franz Josephs allmählich erstarrte, wie sein Blut zu stocken, seine Adern brüchig zu werden und seine Glieder brandig und abzusterben begannen.«[110] Der beste Beweis für den »unbeugsamen Willen« des Thronfolgers ist die Beharrlichkeit, mit der er sich über alle Hindernisse hinweg seine Ehe ertrotzte, die ihm sein Onkel zunächst um keinen Preis der Welt hatte erlauben wollen.

Aber auch Sophie verlangte diese Situation manches ab. Sie war gezwungen, auszuharren bis zu dem Tag, der ihr in ihrer demütigenden Lage eine Wende zum Besseren versprach. Bis dahin überspielte sie die täglichen Kränkungen mit der Haltung, die man ihr anerzogen hatte – was aber nichts an der Bitternis änderte, zwar die rechtmäßige Gattin des zweiten Mannes im Staat und die Mutter seiner Kinder zu sein, aber trotzdem den Makel der Unerwünschten nie loszuwerden.

Hoffte Sophie vielleicht gar, dereinst Kaiserin zu werden? Hoffte sie im Innersten ihres Herzens, daß Franz Ferdinand um ihret- und ihrer Kinder willen den feierlichen Eid brechen würde, den er an jenem 28. Juni 1900 in der Geheimen Ratstube der Hofburg geschworen hatte? »Damals hätte ich alles geschworen«, soll er einmal gesagt haben. Aber konnte Sophie anderseits einen solchen Eidbruch mit ihrer tiefen Religiosität vereinen? Oder spielte sie ganz im geheimen mit dem Gedanken, daß der Papst den Eid eines Tages lösen würde, als erzwungen und daher eigentlich nichtig? Es steht nirgends geschrieben und wir werden von einem solchen Wunsch, wenn er überhaupt existierte, nie erfahren.

Jedenfalls war Sophie kein Blümchen, das sich damit zufriedengab, nur im Verborgenen zu blühen, und trotz ihrer hausfraulichen Qualitäten auch kein Heimchen am Herd, das sich nie in der Öffentlichkeit zeigte, wie Franz Ferdinand es vor seiner Ehe dem Kaiser versprochen hatte. Es scheint vielmehr, daß sie nach der Geburt ihres dritten Kindes den Wunsch verspürte, am Leben bei Hof teilzunehmen. Vielleicht wurde sie darin bestärkt in einer neuerlichen Erhöhung ihres Ranges, die ihr Kaiser Franz Joseph am 21. Juli 1905 gewährte, indem er ihr das Prädikat »Durchlaucht« zuerkannte und außerdem »den Rang vor der mit der Funktion einer Obersthofmeisterin betrauten Palastdame«.[111] Wie Nikitsch-Boulles bemerkt, hatte Erzherzog Franz Ferdinand damit nicht das Geringste zu tun, es war die alleinige Entscheidung des Kaisers. Die Rangerhöhung bedeutete eine bedeutende Verbesserung der Stellung Sophies, obgleich sie auch weiterhin hinter der jüngsten Erzherzogin rangierte und zeit ihres Lebens dort verbleiben würde. Die bevorrechteten Damen ließen sie oft nur zu deutlich fühlen, wie wenig sie es schätzten, sie in ihren erlauchten Familienkreis aufzunehmen. Da es keine Kaiserin mehr gab, hätte Sophie als Gattin des Thronfolgers normalerweise der höchste Rang gebührt. Aber der stand einer Frau nicht zu, die eben nur eine geborene Gräfin Chotek war. Der eiserne Zwang der Etikette gestattete es nicht. Jede Fürstin eines regierenden Hauses, die zu Besuch am Kaiserhof war, hatte da noch immer den Vortritt.

Es wurde oft kritisch bemerkt, die Fürstin von Hohenberg sei »ehrgeizig«. Der Flügeladjutant des Kaisers, Freiherr von Margutti, urteilt: »Die hochintelligente Fürstin von Hohenberg war eine ungemein ehrgeizige, selbstbewußte und nicht wenig eitle Frau, welche sich durchaus nicht mit der Stellung einer im Verborgenen hindämmernden morganatischen Gattin abfinden wollte. Sie ging im Gegenteil mit einem Eifer, der mitunter auch den gebotenen Takt vermissen ließ – namentlich als sie ihrem Gatten außer einer Tochter noch zwei Söhne geboren hatte – darauf los, jederzeit und allenthalben vollwertig als Gattin des Thronerben zu erscheinen. Dieses Streben konnte in der ohnehin von Schwierigkeiten mehr als genug durchwühlten Donaumonarchie noch neue und höchst bedenkliche Komplikationen zeitigen.« Ähnliche Befürchtungen hegte der Kaiser schon, als ihm gegen seinen Willen die Sanktionierung dieser Heirat mühevoll abgerungen worden war, und er dieselbe mit den Worten begleitete: »Mir bleibt auf Erden wirklich nichts erspart!«[112]

Politische Komplikationen, wie sie Margutti befürchtete, zog die morganatische Ehe nicht nach sich. Selbst enge Verwandtschaftsverhältnisse mit ebenbürtigen regierenden Häusern haben Kriege und Auseinandersetzungen vielfach nicht verhindern können. Die tödlichen Schüsse von Sarajevo galten Franz Ferdinand und den Plänen, die er verfolgte. Daß Sophie ihnen ebenfalls zum Opfer fiel, war ein trauriges Mißgeschick. Aber Margutti vertrat als langjähriger Offizier in der unmittelbaren Umgebung des Kaisers vor allem dessen Interessen, und es läßt sich nicht leugnen, daß Franz Joseph, auch wenn er beteuerte, daß seine angeheiratete Nichte in privater Hinsicht natürlich zur Familie zählte, sich dennoch nur schwer mit der Heirat seines Neffen abfinden konnte. Sie war eben keine Angehörige des Hauses Habsburg. So stand es klar und deutlich in der Renunziationsurkunde.

Ob die Ansicht Marguttis, »die Völker der Donaumonarchie empfanden keine Sympathien für die Herzogin, in der sie doch ... nur einen Eindringling in das alte Herrscherhaus zu erblicken vermochten«,[113] tatsächlich der Wahrheit entsprach, ist zu bezweifeln. Den Menschen in den Kronländern war die Heirat des Thronfolgers wohl ziemlich gleichgültig. Ob Margutti da das Zugehörigkeitsgefühl und die Liebe der breiten Massen zum Kaiserhaus nicht etwas überschätzte? Weiterhin bleibt zu fragen, ob der Sophie nachgesagte Ehrgeiz sie tatsächlich in ein schlechtes Licht rückt. Schließlich war sie gebildet, ihr Benehmen war einwandfrei, ihr Auftreten von vollendeter Sicherheit, und ihre elegante Erscheinung lenkte alle Augen auf sich. Womöglich war sie intelligenter als so manche hochgeborene Dame, die im Rang über ihr stand. Selbst Margutti, sonst nicht gerade Sophies Freund, rühmt »ihre herrliche Gestalt, ihr ausdrucksvolles und schönes Antlitz, ihre leuchtenden Augen und ihre wahrhaft majestätische Haltung. Jeder Zoll eine Königin«, stellt er fest, um aber gleich darauf hinzuzufügen: »der nur die Abstammung aus ebenbürtigem Geschlecht fehlt.«[114]

Kaiser Wilhelm II. und die »Morganatische«

Wichtig für eine Verbesserung von Sophies Stellung am Kaiserhof war die Beziehung zu Wilhelm II. Das Verhältnis zwischen dem Thronfolger und dem deutschen Kaiser war nicht immer ungetrübt. Eine gewisse Eifersucht mochte da eine Rolle spielen. Durch seine Siege in den Kriegen von 1866 und 1870 hatte sich Deutschland unbestritten den ersten Rang auf dem europäischen Festland erobert. Österreich dagegen hatte seine Kriege verloren und der Dualismus, den Ungarn durchgesetzt hatte, sowie die immer wieder aufflackernden Forderungen der Ungarn trugen nicht zur Stärke der Monarchie bei. Auch die Persönlichkeit Wilhelms, sein lautes, pompöses Gebaren, lag Franz Franz Ferdinand nicht. Kronprinz Rudolf hatte Wilhelm gleichfalls nicht gemocht und kein Hehl daraus gemacht. Daß am Kaiserhof in Berlin die Nachricht von der beabsichtigten Heirat des österreichischen Thronerben mit einer unebenbürtigen Frau sehr reserviert aufgenommen worden war, hatte das Einverständnis auch nicht gerade gefördert. Eine unliebsame Erinnerung bedeutete zudem der Besuch von Wilhelms Sohn im Belvedere, bei dem Sophie, immerhin dort Hausfrau, gar nicht in Erscheinung treten durfte.

Als Kaiser Wilhelm im Jahre 1903 anläßlich der Kaisermanöver die Truppenteile von Erzherzog Friedrich besichtigte und ihn dieser anschließend zur Jagd nach Preßburg einlud, um dort Erzherzogin Isabella zu treffen, mochte das den Gast in seiner ablehnenden Haltung noch bestärkt haben. Auf der Fahrt nach Wien, wo Station gemacht wurde, machte er nämlich Reichskanzler Fürst Bülow seine Absicht klar, von der Frau des Thronfolgers keinerlei Notiz zu nehmen, und fügte sarkastisch hinzu: »Wenn ich hier nachgebe, erlebe ich noch, daß auch meine Söhne Hofdamen und Kammerjungfern heiraten!« Überraschenderweise gelang es dem Kanzler, seinen Herrn umzustimmen. »Eure Majestät sind doch nicht zum Hüter der Ebenbürtigkeit in der ganzen Welt und speziell in Österreich bestimmt, sondern dazu, die deutschen Interessen zu wahren. Diese werden durch Brüskierung des österreichischen Thronfolgers zweifellos schwer verletzt.«[115] Als der kaiserliche Waggon schon auf dem Wiener Bahnhof eingefahren war, die deutsche Hymne erklang und Kaiser Franz Joseph in Begleitung seines Thronfolgers zum Empfang bereitstand, sagte Fürst Bülow beschwörend: »Eure Majestät haben jetzt die Wahl. Sie können sich den künftigen Kaiser von Österreich auf immer zum Freund oder zum Feind machen.« Der deutsche Kaiser hatte keine Gelegenheit mehr zur Antwort. Er begrüßte Kaiser Franz Joseph, dann sagte er zu Franz Ferdinand in seiner schnodderigen Art: »Wann kann ich die Ehre haben, deiner Frau Gemahlin meinen Kratzfuß zu machen?«[116] Das Eis war gebrochen. Sichtlich erfreut küßte Franz Ferdinand dem deutschen Kaiser die Hand, der sich noch am selben Nachmittag ins Schloß Belvedere begab, um Sophie zu begrüßen. Eine inoffizielle Teestunde in familiärer Atmosphäre wurde zum Beginn einer Freundschaft, die bis zum Tod des Paares währte. Nichts vermochte Franz Ferdinand mehr zu verpflichten als die Anerkennung seiner Frau. Fürst Bülow hatte mit seinem diplomatischen Rat recht behalten.

Am 1. November 1906 starb Erzherzog Otto im Alter von 41 Jahren offiziell an einem Kehlkopfleiden, in Wirklichkeit an einer Syphiliserkrankung, die auf den Kehlkopf übergegriffen hatte. Um einen Skandal zu vermeiden, hatte der Hof eine Villa im Währinger Cottage für den Kranken gemietet. Für diesen war es ein Ende voller Qualen, dem der Verlust der Stimme vorausgegangen war. Die Atmung war nur mehr durch eine Kanüle möglich, die den Bedauernswerten ständig zu einer sitzenden Stellung zwang. Der üble Geruch, der dem brandig gewordenen Gewebe entströmte, schlug Besucher und Pfleger in die Flucht. Einzig seine liebevolle Stiefmutter, Erzherzogin Maria Theresia, und Ottos letzte Geliebte, eine Operettensängerin namens Robinson vom »Theater an der Wien«, harrten in hingebungsvoller Pflege bei ihm aus. Die fromme Gattin blieb fern. Vergeblich bemühte sich Erzherzogin Maria Theresia, Franz Ferdinand zu einem letzten Besuch bei seinem Bruder zu überreden. Der Stachel des Zerwürfnisses saß zu tief. Franz Ferdinand konnte die Haltung Ottos gegenüber seiner Frau auch angesichts des Todes nicht verzeihen. Fürstin Fugger erwähnt, daß er ein eigenes Register über alle die Menschen führte, die sich seiner Frau gegenüber nicht so benahmen, wie er es wünschte. »Die werden mich kennenlernen, wenn ich einmal Kaiser bin«, waren seine Worte.[117] Auch Sophie, sonst so fromm, scheint sich nicht angestrengt zu haben, ihren Gatten zu überzeugen, daß Verzeihen eine christliche Tugend ist und vielleicht gottgefälliger als der tägliche Kirchgang.

Kaum hatte Otto die Augen für immer geschlossen, befahl ein Abgesandter des Hofes der Sängerin, die Villa unverzüglich zu verlassen. Wie Gabriele Praschl-Bichler allerdings berichtet, beauftragte der Kaiser nach dem Tod des Erzherzogs den Direktor des kaiserlichen Familienfonds, für die materielle Sicherstellung der beiden Kinder zu sorgen, deren Vater Otto war. Demnach soll die Sängerin eine schöne Abfindung und die Kinder je 100 000 Kronen erhalten haben.[118] Es war nicht der einzige Fall, daß Geliebte Ottos abzufinden waren. Gleiches galt auch für andere Erzherzöge und ihre diesbezüglichen Verfehlungen. Aber in solchen Dingen erwies sich Kaiser Franz Joseph immer als sehr großzügig. Wichtig war ihm nur, daß solche Angelegenheiten diskret behandelt wurden.

Nach Ottos Tod ordnete Fürst Montenuovo, nun Erster Obersthofmeister, die Entfaltung allen Prunks an, den das spanisch-habsburgische Hofzeremoniell beim Ableben eines Erzherzogs und direkten Neffen des Kaisers vorschrieb. Otto wurde in der Kapuzinergruft im Beisein von Kaiser und Thronfolger beigesetzt. Da die Kinder Franz Ferdinands nicht nachfolgeberechtigt waren, rückte Ottos ältester Sohn Karl in der Thronfolge nach.

Um die Lebensumstände Erzherzog Franz Ferdinands und damit auch die seiner Gattin Sophie näher zu beleuchten, sei es gestattet, ein wenig hinter die Kulissen der Politik zu blicken. Der Thronfolger war zwar der zweite Mann im Staat, aber zwischen ihm und dem ersten, dem Kaiser, gähnte ein Abgrund. Denn zu sagen hatte der zukünftige Erbe des Reiches zunächst nichts. Nicht anders als es Kaiser Franz Joseph einst bei seinem eigenen Sohn gehalten hatte, handelte er auch jetzt, da er alt geworden war. Wie früher Rudolf, so hatte auch Franz Ferdinand keinen Anteil an der Regierung. Doch mit Ausdauer und Klugheit gelang es dem Thronfolger ganz allmählich, an alle wichtigen Informationen zu gelangen und infolgedessen an Einfluß zu gewinnen. Sein Instrument war die sogenannte Militärkanzlei, deren Leiter zunächst Oberst Alexander Brosch von Aarenau, später Oberst Karl von Bardolff war. Anfangs war die Militärkanzlei des Thronfolgers nur eine untergeordnete Dienststelle, die sich mit den Akten begnügen mußte, die der Generaladjutant des Kaisers, Baron Bolfras, gnädigerweise sandte. Doch allmählich entwickelte sich daraus ein durchaus effektives Amt, dessen Mitarbeiterstab sich von zwei auf immerhin 14 erweiterte und das immer mehr Beachtung fand. Der Einfluß der Militärkanzlei war nicht zu unterschätzen, wenn auch die Macht in der Hand des Kaisers und in dem von ihm erwählten Personenkreis blieb. Das Alter des Monarchen und die daraus folgende Erkenntnis, daß dessen Tage gezählt waren, kamen Franz Ferdinands Streben nach einer größeren Einflußnahme sicher entgegen. Es mochte nicht falsch sein, sich unter den gegebenen Umständen mit den Ideen des Thronfolgers zu beschäftigen.

Denn Franz Ferdinand war nicht der Mann, mit seiner Meinung hinter dem Berg zu halten und sie nicht auch dem Kaiser gegenüber zu vertreten. Da es vieles gab, das ihm gründlich mißfiel, blieben Zusammenstöße nicht aus. Zwei Charaktere gänzlich verschiedener Art prallten in diesem Konflikt aneinander. Da war der Kaiser, ein Mann über Siebzig, durch Schicksalsschläge, Niederlagen und die Last der Verantwortung, die auf ihm lag, müde geworden, ein Greis, der eigentlich seine Ruhe haben wollte und auch in jüngeren Jahren kein Freund von Veränderungen und Neuerungen gewesen war. Das Althergebrachte, das Gewohnte war das, was er schätzte, die Männer, die mit ihm alt geworden waren und die sein Vertrauen besaßen. Überraschungen liebte er nicht. Als er einmal durch Beneschau, die Bahnstation von Konopischt, kam und nicht nur, wie angekündigt, Erzherzog Franz Ferdinand ihn auf dem Bahnsteig begrüßte, sondern auch die Fürstin von Hohenberg – die nicht vorgesehen war – begegnete er ihr zwar mit vollendeter Höflichkeit, befand sich aber, wie Margutti beobachtet haben wollte, »nicht à son aise«, das heißt, es war ihm gar nicht recht, derart vor vollendete Tatsachen gestellt zu werden.

Kaiser Franz Joseph mochte auch nach Möglichkeit keine schlechten Nachrichten hören. Minister und auswärtige Diplomaten wurden also angehalten, Unangenehmes so weit es ging, »schönzureden«. Es kam sogar öfters vor, daß Berichte mit der Bemerkung zurückgesandt wurden, sie in eine »rosig gefärbte« Form umzuschreiben. Dabei sank der Wert der ausländischen Missionen auf Null herab, oft erschöpften sich die Berichte in Hoftratsch.[119]

Franz Ferdinand hingegen forderte Aufrichtigkeit und konnte, wenn ihm etwas nicht paßte, sehr heftig reagieren. Oberst Brosch schrieb über ihn: »Der Erzherzog ist scharf und oft hart in seinem Urteil, dabei etwas vorschnell und da kommt es oft vor, daß er jemandem Unrecht tut; er nimmt aber keinen Anstand, wie er sein Unrecht erkennt, es zu reparieren ... Hat man sein Vertrauen erworben, was freilich erst nach längerer Zeit gelingt, dann hält es auch an und hat keine Grenzen.«[120]

Sein Sekretär, Nikitsch-Boulles, urteilt ähnlich: »Es gibt kaum ein Thema, über das man nicht mit ihm in Ruhe und Offenheit sprechen hätte können. Auch wenn er im Jähzorn einmal aufbraust, so bereute er seine Heftigkeit als erster und bot alles auf, um den Betroffenen wieder zu versöhnen ... Er kann nicht nur selbst die Wahrheit vertragen, sondern verlangt sie auch von den anderen angenehm oder nicht... Bei seiner rücksichtslosen Wahrheitsliebe mußte ihm jene am österreichischen Hof förmlich als Dogma einhergehende Schönfärberei und traditionelle Fortwurstelei in der Seele verhaßt sein.«[121] Es lag nicht im Naturell des energischen und tatendurstigen Mannes, ruhig zuzusehen und alles treiben zu lassen, wie es in der Hofburg seit Jahren gang und gäbe war. Hatte er etwas erfahren, was ihm nicht gefiel, so wollte er es ändern, wenn möglich sofort. Ein Beispiel mag die Verschiedenheit der Charaktere von Onkel und Neffe veranschaulichen:

Für den Kaiser war alles gut und daher unantastbar, was er als Hausgesetz oder an Tradition von seinen Vorfahren übernommen hatte, auch wenn es ein paar Generationen später nicht mehr den Erfordernissen entsprach. So konnte Franz Ferdinand, der auf seinem eigenen Besitz alles modern eingerichtet hatte, die Art und Weise der Geschäftsführung auf den kaiserlichen Privat- und Familienfondgütern nicht unwidersprochen hinnehmen. Da Pacht und Preise bei weitem nicht mehr zeitgemäß waren, die Beamten schlampig arbeiteten, war es kein Wunder, daß statt eines Ertrages Verluste aufgetreten waren, die den Fond jährlich um viele Hunderttausende schädigten. Franz Ferdinand verfaßte daher einen höflichen Brief, in dem er die Mißstände darlegte und Verbesserungen anregte. Es dauerte eine Weile, bis er Antwort bekam. »Lieber Neffe«, schrieb der Kaiser, »ich habe die Frage nach verschiedenen Richtungen reiflich erwogen und bin zu dem Resultat gelangt, daß ich als verantwortlicher Hüter des gemeinsamen Familienfondvermögens mich nicht entschließen kann, ein Experiment zuzulassen, welches immerhin geeignet wäre, ein bewährtes Verwaltungssystem, das doch so viele Jahre hindurch zum Nutzen unseres Vermögens einwandfrei gewirkt hat, dermaßen zu erschüttern, daß ich die Verantwortung für diese Umwälzung nicht auf mich nehmen kann. Ich anerkenne in dieser Angelegenheit Deine gute Absicht, von der ich aufrichtig überzeugt bin, und bitte Dich aber auch versichert zu sein, daß ich meinen Entschluß auf meiner eigenen vieljährigen Erfahrung fußend und lediglich vom sachlichen Standpunkt aus urteilend, getroffen habe. Mit den herzlichsten Grüßen verbleibe ich Dein treuer Onkel Franz.«[122] Seine Majestät nahm also lieber Verluste in Kauf als einer Neuerung zuzustimmen. Wenn schon in einer mehr oder minder belanglosen Angelegenheit nichts zu machen war, dann lag es auf der Hand, daß an eine Änderung der dringend notwendigen Reform des ganzen Staates überhaupt nicht zu denken war. Dazu hatte der Kaiser weder die Mentalität noch die Kraft.

Es ist unbestritten, daß Kaiser Franz Joseph für sich persönlich ein sehr bescheidener Mensch war. Betrachtet man aber so manche private Ausgabe, die er tätigte, wie zum Beispiel die Geschenke, auch Geldzuwendungen, die er Frau Schratt zukommen ließ, so gewinnt man den Eindruck, er habe vom Wert des Geldes überhaupt keine Ahnung gehabt. Wußte er überhaupt, wie es aussah? Jedenfalls kam er nie in die Lage, es persönlich auszugeben.

1 *Erzherzog Franz Ferdinand und Sophie von Hohenberg.*

2 *Kaiser Franz Joseph I. mit seinen Brüdern. Davor sitzend Kaiserin Elisabeth (»Sisi«) mit den Kindern Rudolf und Gisela, rechts daneben die Kaiserin-Mutter, Erzherzogin Sophie.*

3 *Franz Joseph I. und Sisi am Tage ihrer Hochzeit.*

4 *Das österreichische Kaiserpaar mit den Kindern Gisela und Rudolf.*

5 *Hochzeit von Kronprinz Rudolf von Österreich und Prinzessin Stephanie von Belgien in Wien.*

6 *Franz Ferdinand (um 1900).*

7 *Maria Theresia, Infantin von Portugal und spätere Gemahlin Erzherzog Karl Ludwigs, in jungen Jahren.*

8 *Weihbischof Godfried Marschall (1908).*

9 *Kaiser Franz Joseph I. (um 1900).*

10 *Erzherzog Franz Ferdinand verzichtet am 28. Juni 1900 in der Geheimen Ratsstube der Wiener Hofburg für seine künftige Gemahlin und die gemeinsamen Kinder auf die den Mitgliedern des kaiserlichen Hauses zustehenden Rechte (Reproduktion einer in Tiefdruck wiedergegebenen Skizze).*

11 *Schmuckblatt anläßlich der Hochzeit von Erzherzog Franz Ferdinand mit Gräfin Sophie Chotek.*

12 *Das Thronfolgerpaar mit seinen Kindern (ca. 1908).*

13 *Die Kinder Maximilian, Sophie und Ernst (v.l.n.r., ca. 1914).*

14 *Franz Ferdinand mit seiner Tochter Sophie (1906).*

15 *Franz Ferdinand und Sophie mit Sohn Maximilian beim Eislaufen in St. Moritz (1912).*

16 *Erzherzog Franz Ferdinand (vorn im pelzgefütterten Mantel) auf der Jagd; links mit Stock Kaiser Wilhelm II. (1914).*

17 *Kaiser Franz Joseph I. mit seiner Enkelin und seinen Großnichten und Großneffen im Park der Kaiservilla in Ischl (Aquarell, 1908).*

18 *Prinz Karl und König Karl I. von Rumänien empfangen Kaiser Franz Joseph (Mitte). Kaiserin Elisabeth steht neben ihm. Vorn sitzend Königin Elisabeth, (»Carmen Sylva«) (1896).*

19 *Der Wiener Hofplatz um 1900.*

20 *Erzherzog Franz Ferdinand und Sophie von Hohenberg eine Stunde vor dem tödlichen Attentat in Sarajevo.*

21 *Die Führer der Verschwörung: Gavrilo Princip, Milan Ciganovic und Nedeljko Čabrinović (v.l.n.r.).*

22 *Ermordung des österreichisch-ungarischen Thronfolgerpaares am 28. Juni 1914 in Sarajevo (Farbdruck, 1914).*

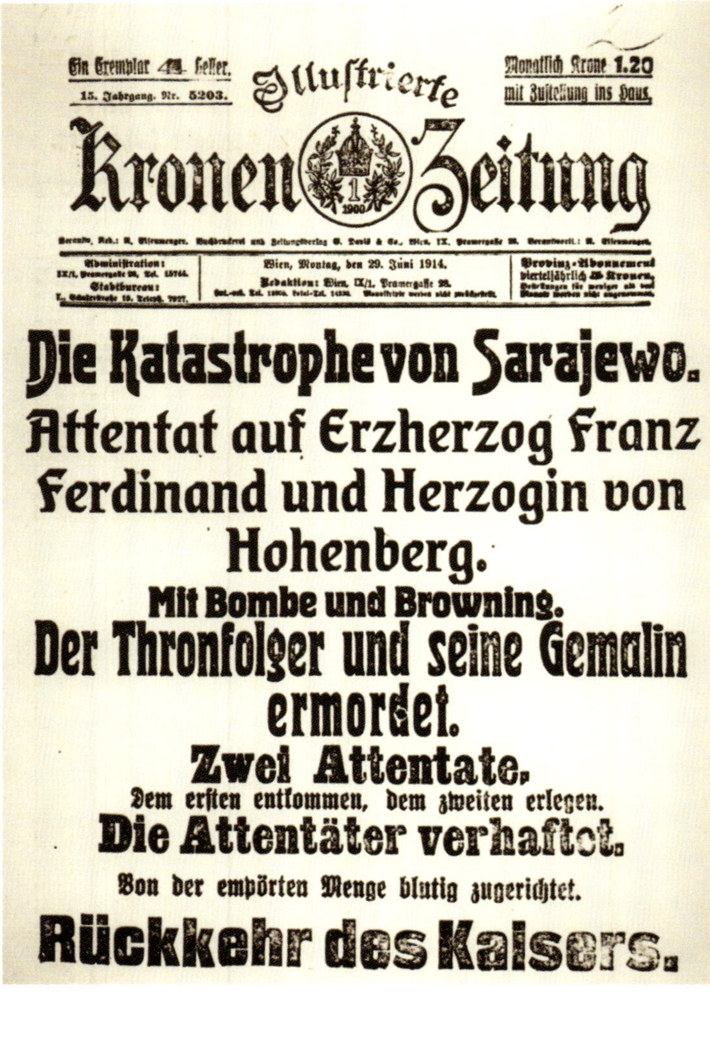

Ein Exemplar 4 Heller.
15. Jahrgang. Nr. 5203.

Monatlich Krone 1.20
mit Zustellung ins Haus.

Illustrierte
Kronen Zeitung

Administration:
Stadtbureau:

Wien, Montag, den 29. Juni 1914.
Redaktion: Wien, IX/1, Pramergasse 28.

Provinz-Abonnement vierteljährlich Kronen.

Die Katastrophe von Sarajewo.

Attentat auf Erzherzog Franz Ferdinand und Herzogin von Hohenberg.

Mit Bombe und Browning.

Der Thronfolger und seine Gemalin ermordet.

Zwei Attentate.

Dem ersten entkommen, dem zweiten erlegen.

Die Attentäter verhaftet.

Von der empörten Menge blutig zugerichtet.

Rückkehr des Kaisers.

23 »Die Katastrophe von Sarajevo«.
Titelseite der Wiener Illustrierten Kronen-Zeitung vom 29. Juni 1914.

24 *Soldaten und Hofbedienstete begleiten die Trauerkutsche, mit der die Leichen des erschossenen Thronfolgerpaares zum Bahnhof gebracht werden.*

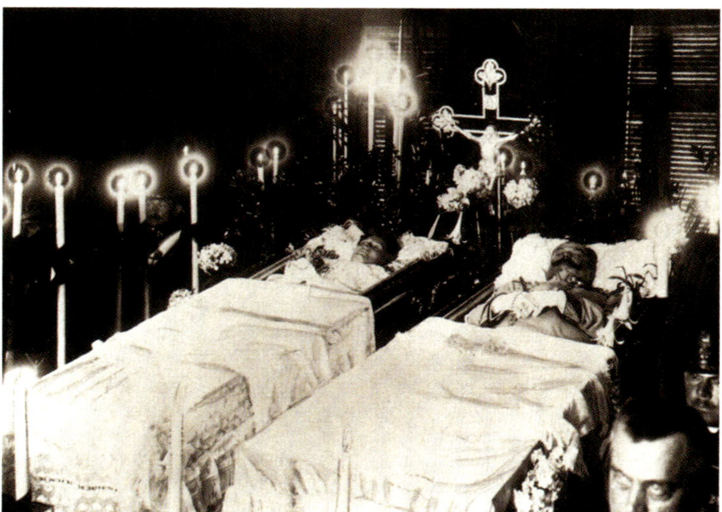

25 *Die Aufbahrung von Erzherzog Franz Ferdinand und seiner Frau Sophie im Konak in Sarajevo.*

26 *Kaiser Karl I. mit Familie im Schweizer Exil.*

27 *Ernst von Hohenberg mit seiner Braut Theresia Wood (1936).*

28 *Maximilian von Hohenberg mit seiner Gattin Elisabeth von Waldburg und ihren drei Söhnen (1936).*

Man kann sich vorstellen, daß ein impulsiver Mann wie Franz Ferdinand, dem der Wert der Krone sehr wohl ein Begriff war, oft einem Tobsuchtsanfall nahe war. Dabei waren ihm die Hände gebunden. Ohnmächtig mußte er zusehen, wie der Schlendrian weiterhin herrschte und die Beamten des Hofärars hämisch grinsten, weil sie den Mächtigsten in diesem Reich, Seine Majestät den Kaiser persönlich, hinter sich wußten. Es ist zwar nirgends vermerkt, aber man kann sich lebhaft vorstellen, wie oft Sophie in diesem oder ähnlich gelagerten Fällen bedeutsam auf ihre Brosche weisen mußte, um den Aufgebrachten zu beruhigen.

»Zweifach hat uns Kaiser Franz Joseph unendlich geschadet«, urteilte der ehemalige österreichische Ministerpräsident Ernest von Koerber rückblickend, »einmal durch seine Jugend und das zweite Mal durch sein Alter.« Weissensteiner zieht daraus den Schluß: »Hatte die politische Unerfahrenheit des Kaisers zu Beginn seiner Regierung die Monarchie einige Male in Schwierigkeiten und Krisen gestürzt, so war seine statische Unbeweglichkeit am Ende seiner Herrschaft eine schwere Hypothek für das gesamte Reich.«[123] Nur die Macht hielt er noch in Händen, und seine Umgebung bestärkte ihn dabei.

Doch mit der ihm eigenen Energie und Beharrlichkeit, mit der er einst seine Krankheit besiegt und sich die Heirat mit der Frau, die er liebte, erkämpft hatte, nötigte Franz Ferdinand dem Kaiser Zugeständnisse ab. Vor allem in dessen letzten Lebensjahren wuchs die Bedeutung des »Belvedere« immer mehr. Der Arbeitstag des Thronfolgers begann früh, der Posteingang wurde immer größer. Die Ressortminister hatten täglich Bericht zu erstatten, die Eingaben des eigenen Obersthofmeisteramtes und der Militärkanzlei umfaßten täglich 20 Akten! Dazu kamen die nicht kleine Privatkorrespondenz und die Berichte der Zentralgüterdirektion. Der Thronfolger wünschte rasche Arbeit. Kein Stück hatte länger als 24 Stunden liegenzubleiben. Telefon und Telegraf wurden so zur unbedingten

Notwendigkeit. Kein Wunder, daß die an beschauliche Tätigkeit gewöhnten kaiserlichen Ämter da einiges auf sich zukommen sahen!

Der Thronfolger und Ungarn

Eines der großen Ärgernisse der kaiserlichen Regierung war das Verhältnis zu Ungarn. Der Thronfolger machte kein Hehl daraus, daß er Ungarn nicht mochte. Die Abneigung ging, wie schon erwähnt, auf die Zeit zurück, als Franz Ferdinand Oberst im Husarenregiment Nr. 9 war, das in Ödenburg (heute Sopron) stationiert war. Schon damals war ihm der unbändige Nationalstolz der ungarischen Offiziere negativ aufgefallen.

Im Jahre 1867 war zwischen den »Ländern der heiligen Stephanskrone«, dem Königreich Ungarn, und den »im Reichsrat vertretenen Königreichen und Ländern« – der Einfachheit halber Österreich genannt – der sogenannte »Ausgleich« geschlossen worden. Kaiser Franz Joseph befand sich damals in einer Zwangslage. Die schimpfliche Niederlage in der Schlacht von Königgrätz hatte den Ausschluß aus dem Deutschen Bund und damit die Vorherrschaft Preußens in Deutschland besiegelt. Weil man einen Einmarsch der Preußen in Wien fürchtete, suchte Kaiserin Elisabeth mit ihren Kindern in Ungarn Zuflucht. Sie liebte Ungarn und setzte ihren ganzen Einfluß beim Kaiser ein, um eine Übereinkunft herbeizuführen. Es war die einzige politische Tat ihres Lebens. Ob sie der Monarchie zum Segen gereichte, bleibe dahingestellt.

Grenze der beiden gleichberechtigten Reichshälften war das unbedeutende Flüßchen Leitha, was zu der Bezeichnung Zisleithanien (westlich der Leitha) für Österreich und Transleithanien für Ungarn (östlich der Leitha) führte. Verbunden waren die beiden Reichshälften durch die Krone. Aber es gab zwei Hauptstädte, zwei Parlamente, zwei Kabinette, nur die Ministerien für Außenpolitik, für Verteidigung und für Finanzen waren gemeinsam. Alle zehn Jahre mußte die Lastenverteilung neu geregelt werden, aber da bekanntlich wie überall auch in der Politik über Geld am meisten gestritten wird, kam es immer wieder zu erbitterten Auseinandersetzungen. Österreich trug dabei die Hauptlast, denn die Ungarn waren Meister darin, die andere Reichshälfte mit ihren Forderungen zu erpressen. Graf Andrassy, der erste Ministerpräsident seines Landes, rechnete einmal seinen Landsleuten befriedigt vor, mit 30 Prozent der Kosten 70 Prozent der Rechte erhalten zu haben. Es gab in Ungarn nicht geringe Bestrebungen, die bestehende Union überhaupt in eine Personalunion umzuwandeln, die nur mehr in der Person des Herrschers bestand.

Mit dem »Ausgleich« glaubte Franz Joseph sich die Fügsamkeit der Ungarn erkauft zu haben. Das sollte sich allerdings als großer Irrtum erweisen. Vielmehr führten die Ungarn ein erbarmungsloses Magyarisierungsprogramm unter den ihnen unterstellten, nicht ungarischen Völkern – Kroaten, Serben, Rumänen und Deutschen – durch. Ungarisch wurde überall Pflichtfach; obwohl die Ungarn in ihren Ländern eine Minderheit darstellten, waren fast alle Sitze im ungarischen Reichstag in magyarischer Hand. Trotz der beachtlichen Größe der deutschen Minderheit in Siebenbürgen gab es dort keine einzige deutsche höhere Schule und die Zahl der deutschen Volksschulen wurde immer kleiner. Schon in den Lesebüchern der Volksschüler wurde das Haus Habsburg als Unglück Ungarns dargestellt und dessen Feinde verherrlicht. Es ist wohl verständlich, daß all das Franz Ferdinand, der ohnehin kein Ungarnfreund war, überhaupt nicht gefiel. Für ihn stand seit langem fest, daß der »Ausgleich« dem wirtschaftlich stärkeren, aber politisch schwächeren Österreich zum Nachteil gereiche und unhaltbar geworden war.

Der Vorwurf, daß Franz Ferdinand die Ungarn deswegen haßte, ist dennoch nicht ganz berechtigt. »Nur die Chauvinisten und Talmimagyaren, die unaufhörlich gegen die Gemeinsamkeit mit Österreich und gegen die gemeinsame Armee hetzen, bringen mich in Wut. Um sie zu bändigen werde ich, wenn nötig, auch bis zum Staatsbruch gehen«, zitiert das *Neue Wiener Tagblatt* vom 20. 2. 1933 einen Ausspruch des Thronfolgers. »Ich hasse die antidynastischen und hochverräterischen Elemente, aber ich liebe das Land wie jedes andere. Aber weil ich als Thronfolger meine Pflicht kenne ... ist es meine Pflicht, das Land vor Unglücken zu bewahren«, schrieb der Erzherzog im Jahre 1909 in einem nicht abgesandten Brief an Kaiser Franz Joseph. Und General Conrad, der ihn 1907 auf seine Gegnerschaft ansprach, erhielt zur Antwort: »Das ist wieder wie so vieles ein böswilliger Tratsch! Im Gegenteil, ich wüßte nicht, wer mir sympathischer wäre als der ungarische Bauer. Auch der ärmste ist von einer herzerfreuenden Ehrlichkeit und Gesinnung wie ein Edelmann.«[124]

»Mein Vater haßte nicht alle Ungarn. Er hatte nur etwas gegen die magyarische Führungsschicht, die nur an sich und die Aufrechterhaltung ihrer Privilegien dachte«, urteilte Gräfin Nostitz-Rieneck über ihren Vater.[125] Denn der Erzherzog war der Meinung, daß die Ungarn ein Volk wie alle anderen seien, die nicht mehr Rechte verdienten als Tschechen, Polen, Rumänen oder Slowenen. In diesen Zusammenhang gehört auch ein Zitat, das Franz Ferdinand zugeschrieben wird, nämlich, daß die Ungarn die »Totengräber der Monarchie« seien. Eine gewisse Berechtigung kann man diesem harten Urteil jedoch nicht absprechen. Die ungarische Adelsoligarchie bestimmte seit Jahrhunderten die Geschicke des Herrschaftsbereichs, der sogenannten »Länder der Stephanskrone«, zu dem auch eine Anzahl anderer Nationalitäten zählten. Letztere besaßen so gut wie keine Rechte. Diese beschränkten sich auf die Magyaren, die es meisterhaft verstanden, von der österreichischen Reichshälfte immer wieder Vorteile für ihre Vorherrschaft zu erhalten und so den anderen Nationalitäten der Vielvölkermonarchie ständig ein Beispiel zur Nachahmung lieferten. Zum Streben nach völliger Unabhängigkeit, das schließlich zum Verfall der Monarchie führte, war es da nicht mehr weit.

Beispielhaft zeigte sich die ungarische Taktik, als der österreichische Reichsrat im Jahre 1903 eine lange anstehende Vergrößerung des Truppenkontingents von Armee und Marine bewilligte. Im Gegenzug forderte Ungarn eine ungarische Kommandosprache, ungarische Fahnen und ungarische Offiziersausbildung seiner Regimenter. Franz Ferdinand sah darin einen Eingriff in die Einheit der Armee und beschwor den Kaiser, dem nicht zuzustimmen. Franz Joseph versprach es. »Gemeinsam und einheitlich wie es ist, soll Mein Heer bleiben«, hieß es in seinem Armeebefehl. Die ungarische Presse war empört. Da lenkte der Kaiser ein. Einige Tage später versicherte er dem ungarischen Ministerpräsidenten, er habe es nicht so gemeint. Ein Jahr darauf wurden die ungarischen Wünsche – sehr zum Ärger Franz Ferdinands – fast alle erfüllt.[126]

Forderungen nach einer Lostrennung Galiziens, der Bukowina und Dalmatiens von Österreich sowie der Schaffung eines ungarischen Reiches, wie es zu Zeiten der Könige aus dem Hause Anjou und von König Mathias Corvinus im 14. und 15. Jahrhundert bestanden hatte, schienen die Vorbehalte des Thronfolgers gegenüber der anderen Reichshälfte zu bestätigen. In der in Budapest erscheinenden Zeitung *Magyar Hirlap* vom 23. Mai 1899 heißt es: »Mit der Erfüllung dieser Forderungen wäre die Parität zwischen Ungarn und Österreich hergestellt und die Magyaren wären die besten Bundesgenossen.« Man kann sich lebhaft vorstellen, mit welcher Miene Franz Ferdinand dergleichen aufnahm. Das einzige Mittel, die Ungarn zu bändigen, sah er in der Durchsetzung des allgemeinen und geheimen Wahlrechts, das den Minderheiten endlich die ihnen zustehenden Rechte gewähren und damit die Vormachtstellung des ungarischen Adels brechen würde. Der Plan scheiterte jedoch an den ungarischen Politikern, und das Stimmrecht mit Gewalt durchzusetzen, war unter Kaiser Franz Joseph ausgeschlossen.

Der Vollständigkeit halber sollte jedoch erwähnt werden, daß der anderen Staatssprache, nämlich dem Deutschen, bei offiziellen Anlässen in den Kronländern durchaus der Vorzug gegeben wurde. Es war eben die Sprache des Kaiserhauses, der Armee, deren sich auch der Adel und das gebildete Bürgertum der anderen Nationalitäten vielfach bediente. »Ich bin ein deutscher Fürst«, sagte Kaiser Franz Joseph einmal, auch wenn er über 16 Völker herrschte. Der Proteststurm, der sich unter den deutschen Abgeordneten im österreichischen Parlament erhob, als ein slowenisches Gymnasium in Cilli (heute Celje) errichtet werden sollte, ging als markantes Beispiel eines übersteigerten Nationalismus in die Geschichte ein. Von den Folgen der geplanten Sprachenverordnung in Böhmen und Mähren, wonach jeder Bürger das Recht haben sollte, sich in Ämtern seiner Muttersprache zu bedienen, ganz zu schweigen. Die Deutschsprachigen tobten, im Parlament kam es zu Tumulten, die drohten, in Schlägereien auszuarten. Ministerpräsident Graf Badeni, der für das strittige Gesetz verantwortlich war, wurde zum Rücktritt genötigt. Zu einer Entscheidung, die allen Parteien hätte gerecht werden können, kam es nie. Engstirniger Nationalismus und kleinliche Interessenskonflikte behielten die Oberhand und wurden zum Grabgeläut der Monarchie. Der Kaiser hatte nicht mehr die Kraft, dagegen einzuschreiten. Die große Frage, ob der Thronfolger sie gehabt hätte, wäre er je zur Regierung gekommen, muß unbeantwortet bleiben.

Franz Joseph und sein Thronerbe

Über das Verhältnis von Kaiser und Thronfolger ist viel geschrieben worden. Von gelegentlichen Umstimmigkeiten bis zu wüsten Streitigkeiten und blankem Haß reicht die Skala der Meinungen. Tatsache ist, daß der Kaiser dem verschlossenen, durch die jahrelange Krankheit verbitterten und mißtrauischen Neffen nicht gerade innig zugetan war. Franz Ferdinands trotziges Beharren nicht nur auf seiner Ehe, sondern auch auf seinem Recht auf die Thronfolge machte ihn dem Kaiser nicht liebenswerter. Schmerzlich mochte Franz Joseph dabei immer wieder zu Bewußtsein kommen, daß der Thron eigentlich einem anderem bestimmt gewesen war, nämlich seinem Sohn Rudolf. Daß das Verständnis allerdings auch zwischen Vater und Sohn reichlich zu wünschen übrig gelassen hatte, sie politsch völlig verschiedener Meinung gewesen waren, sollte dabei nicht vergessen werden.

Zu diesen persönlichen Gefühlen kamen ganz verschieden geartete Charaktere. Wenn Onkel und Neffe auch oft schriftlich miteinander verkehrten, so mangelte es doch nicht an Gelegenheiten, in denen sie persönlich aneinandergerieten. Kaiserin Zita erinnerte sich: »Der Kaiser... haßte vor allem jede Szene. Sein Neffe machte beinahe immer Szenen und manchmal ganz schreckliche während der Privataudienzen. Das war der hauptsächliche Grund, warum er so oft erreichte, was er wollte. Aber das war auch der Grund, warum ihn der Kaiser so wenig wie möglich kommen ließ... Sie waren beide in ihrem Temperament zu verschiedenartig. Deshalb war die Atmosphäre immer elektrizitätsgeladen, wenn sie beieinander waren.«[127] Es ist nicht verwunderlich, daß einerseits Franz Ferdinand ziemlich nervös war, wenn er in die Hofburg befohlen wurde, und andererseits Franz Joseph diesen Besuchen mit immer größerer Angst entgegensah. Angeblich soll es nicht nur einmal vorgekommen sein, daß der Thronfolger hochrot vor Zorn aus dem Audienzzimmer kam, während sein Onkel zitternd vor Erregung hinter seinem Schreibtisch saß und der Leibarzt Grund hatte, sich um die kaiserliche Gesundheit zu sorgen. Wie der Sekretär Franz Ferdinands, Nikitsch-Boulles, berichtet, sei sein Chef, wenn er zum Kaiser gerufen wurde, immer »zappelig und nervös« gewesen. Er habe »eine ehrfurchtsvolle Scheu empfunden, der sich kein Mitglied des Kaiserhauses entziehen konnte.«[128]

Franz Joseph war ein alter Mann, der Neuerungen, ob organisatorischer oder technischer Art, ablehnte und lieber eine

Politik des Beharrens betrieb, es dabei aber doch als seine heilige Pflicht erachtete, bis zum Ende seiner Tage auszuharren, um in gewohnter Weise schon um fünf Uhr morgens über seinen Akten zu sitzen. Denn an diesen Platz hatte Gott ihn gestellt, als Chef des Hauses Habsburg, Herrscher über die österreichisch-ungarische Monarchie und Hüter von deren Tradition. Der Kaiser sah nicht ein, warum er etwas, das schon viele Jahre bestand, auf einmal ändern sollte. Vielmehr fürchtete er um die bewährte Ordnung, wenn sein Neffe ihn mit modernen Reformideen bedrängte, Mißstände offenlegte oder sich über Beamte beschwerte, die ihm zeitlebens treu gedient hatten, mit denen er alt geworden war. Dem gegenüber stand der Thronfolger, ein Mann in den besten Jahren, ausgestattet mit einem scharfen Intellekt und nur zu bereit, die Herrschaft zu übernehmen, mit unzähligen neuen Ideen, brennend vor Ehrgeiz, diese Wirklichkeit werden zu lassen, Änderungen einzuführen, alte Zöpfe abzuschneiden und das gefährdete Staatsschiff wieder in einen sicheren Hafen zu lenken. Denn er liebte das Land und sah mit hellsichtiger Klarheit, daß es unter der langjährigen Herrschaft Franz Josephs in immer bedrohlicheres Fahrwasser geraten war.

Dennoch achtete Franz Ferdinand die Autorität des alten Herrn. Er war die erhabene Majestät, das Oberhaupt der Familie und der oberste Kriegsherr. Als Kaiser stand er hoch über allen anderen. So war der Erzherzog erzogen worden und dieses Bewußtsein bestimmte sein Denken und Handeln. Auch Eisenmenger, der den Thronfolger während seiner langen Krankheit ärztlich betreute und ihm auch später freundschaftlich verbunden blieb, äußert sich in diesem Sinn: »Sein dynastisches, religiöses und monarchisches Gefühl verboten ihm von vornherein eine feindliche Einstellung gegen den Kaiser. Er war nicht der Mann, mit seiner Meinung zurückzuhalten, und ich habe trotzdem nie auch nur eine Andeutung in diesem Sinne von ihm gehört. Im Gegenteil, er war glücklich, von einer Anerkennung oder einem gnädigen Wort des Kaisers erzählen zu können. Ganz anders stellte er sich zur Umgebung des Kaisers und zu seinen politischen und militärischen Beratern. In diesen sah er die Wurzel allen Übels und verfolgte sie daher, wo er konnte. Für diese war es die bequemste Taktik, sich unter die Ägide des Kaisers zu stellen. Der Kaiser hatte ihre Weisheit sanktioniert, und wer sich gegen sie auflehnte, lehnte sich gegen den Kaiser auf, war also ein Feind des Kaisers.«[129]

Am Kaiserhof hatte Franz Ferdinand also einen schweren Stand. Doch er glaubte an sich und seine Stellung. Er war nicht als Thronfolger geboren worden. Erst tragische Umstände hatten ihn dazu gemacht. Gott, an den er zutiefst glaubte, hatte es so gefügt. Daher hatte der Allerhöchste selbst ihn dazu ausersehen, einmal die Stelle seines Onkels einzunehmen. Eines Tages, wann immer es Gott gefiel.

Nie begegnete er dem Kaiser anders als mit dem größten Respekt und der dafür vorgeschriebenen, ergebenen Haltung. Nie wandte er sich schriftlich an ihn als im devotesten Ton. »In tiefster Ergebenheit mich zu Füßen legend Eurer Majestät untertänigster Franz«, endet das letzte Telegramm, das der Kaiser nach Ende der Manöver in Bosnien von seinem Thronfolger erhielt.[130] Unangemeldet zum Kaiser zu kommen, war auch für ihn nicht üblich. Man kam, wenn man gerufen wurde, besser gesagt, wenn man zur Audienz befohlen wurde. Die Anrede war selbstverständlich »Eure Majestät«, die Kleidung für die Offiziere die Uniform, für die anderen der Frack mit schwarzer Krawatte. Einer Anekdote zufolge reklamierte Franz Joseph sogar bei seinem Leibarzt Dr. Kerzl diese förmliche Kleidung, als dieser mitten in der Nacht zu dem nach Atem ringenden Monarchen gerufen wurde und wohl meinte, größte Eile sei wichtiger als erst noch einen Frack anzuziehen.

Selbst Margutti, gewiß ein treuer Diener seines Herrn, bedauerte es, daß die Zusammenarbeit der beiden so verschiedenen Menschen zum Wohle des Ganzen so selten zustandekam. Franz Ferdinands Blick für das Wesentliche, sein Erfassen der großen Zusammenhänge im Unterschied zu der sich nur allzu oft in Details verlierenden Art des Kaisers hätte dem Land nur zum Vorteil gereichen können. »Seit 1906 gewann der Erzherzog auch in militärischen Dingen unleugbar die Oberhand, und es wäre ungerecht, wenn man da übersehen wollte, daß der noch halbwegs rechtzeitig erfolgte Ausbau von Heer und Flotte Franz Ferdinands Werk war und ihm als bedeutendes Verdienst angerechnet werden muß«, schreibt er in seinen Memoiren, nicht ohne mit einem kleinen Seitenhieb auf Sophie kritisierend hinzuzufügen: »Auch hierbei kann von einem gedeihlichen Zusammenwirken... keine Rede sein. Das kam wohl daher, weil der im Grunde verschlossene und durch seine herrische Gattin auch in belanglosen Dingen oft zur Opposition aufgestachelte Erzherzog einen ständigen oder zumindest häufigen Kontakt mit dem Monarchen eher mied als suchte.«[131]

»So entwickelte sich allmählich eine Doppelregierung. Wahrlich nicht beneidenswert waren die Minister, die mit einem Auge nach Schönbrunn, mit dem anderen nach dem Belvedere schielen mußten«, schreibt Hans Flesch-Brunningen und zitiert den französischen Publizisten Muret. Nach diesem habe Kaiser Franz Joseph angeblich geäußert: »Ich fühle mich müde, ich würde gerne abdanken, wenn ich einen Sohn hätte, der mir Vertrauen einflößte, aber zugunsten dieses gefährlichen Narren niemals.«[132] Wobei bezweifelt werden muß, daß der Grandseigneuer Franz Joseph sich tatsächlich so drastisch ausgedrückt hatte. Das erwünschte Vertrauen hatte aber offensichtlich auch sein leiblicher Sohn nicht besessen. Vielleicht hätte es sogar nie eine Mary Vetsera und einen Selbstmord Rudolfs gegeben – und folglich auch keinen Thronfolger Franz Ferdinand –, wäre das Verhältnis zwischen Vater und Sohn ein besseres gewesen. Konflikt der Generationen, alt gegen jung, Bewahrer gegen Neuerer, ein Zwiespalt, der sich nicht auf Herrscherhäuser beschränkt, der in der Bauernkate ebenso zu finden ist wie im Chefzimmer des Konzernherrn, den es immer und überall geben wird, solange Menschen zusammenleben.

Die Rangleiter empor

Die Annexion Bosniens

Der November des Jahres 1908 brachte für das Thronfolgerpaar eine herbe Enttäuschung: Das Kind, das Sophie erwartete, kam tot zur Welt. Die Ärzte warnten vor einer neuen Schwangerschaft. Es würde also bei drei Kindern bleiben. Zugleich wurde die Frage akut, wo die Familie einmal ihre letzte Ruhe finden solle. Die Kapuzinergruft in Wien, die Bestattungsstätte der Habsburger, hätte zwar dem Erzherzog offen gestanden, aber nicht einer geborenen Gräfin Chotek. Dafür würde das Obersthofmeisteramt schon sorgen. Franz Ferdinand aber hatte nicht die Absicht, sich von seiner Frau zu trennen, nicht im Leben und nicht im Tod.

Konopischt, das Lieblingsschloß der Familie, hätte eigentlich nahegelegen. Warum die Wahl schließlich auf Schloß Artstetten in Niederösterreich fiel, ist nicht bekannt. Hatte Franz Ferdinand geahnt, daß das geliebte Konopischt der Familie Hohenberg nicht bleiben würde? Er hatte Artstetten einst von seinem Vater geerbt und ließ nun dort unter der Kapelle eine Gruft bauen. In Artstetten sollte auch das totgeborene Kind seine letzte Ruhe finden.

Schon im Laufe des Jahres 1908 hatte sich eine politische Krise angebahnt, in deren Mittelpunkt wieder einmal der Balkan stand. Um den sich zuspitzenden Konflikt zu verstehen, ist es angebracht, die historischen Fakten etwas genauer anzusehen. Auf dem Berliner Kongreß waren im Jahre 1878 unter dem Vorsitz Bismarcks die Besitzverhältnisse neu geordnet worden. Dabei hatte die österreichisch-ungarische Monarchie das Recht erhalten, Bosnien und die Herzegowina, zwei türkische Provinzen, zu besetzen. Sie befanden sich nun faktisch in österreichischem Besitz, aber rechtlich gesehen weiterhin unter türkischer Souveränität. Der »kranke Mann am Bosporus«, wie man die seit langem dahinschwächelnde Türkei nannte, hatte nicht die Kraft, sich dagegen zu wehren. Doch was Österreich da bekam, war letztlich sowohl politisch als auch militärisch ein Danaergeschenk. Schon die Besetzung erwies sich nicht als der militärische Spaziergang, den man sich vorgestellt hatte, denn die Bosnier leisteten erheblichen Widerstand. Die Deutschen im österreichischen Reichsrat fürchteten die Zunahme der slawischen Bevölkerung. Es gab verwaltungstechnische Schwierigkeiten. Um das österreichisch-ungarische Gleichgewicht nicht zu stören, sollte keine der beiden Reichshälften einen Machtzuwachs erhalten. Die Verwaltung wurde daher dem gemeinsamen österreichisch-ungarischen Finanzminister übertragen. Zum eigentlichen Herrn wurde aber der Militärbefehlshaber ernannt, was zu einem nicht enden wollenden Streit um Kompetenzen führte. Der internationale Eindruck war deprimierend. In den besetzten Gebieten hatte sich die Monarchie keine Freunde gemacht, in Rußland und Belgrad darüber hinaus unversöhnliche Feinde. Das Land selbst erforderte riesige Investitionen, denn die Infrastruktur, die die Türken hinterlassen hatten, war in einem beklagenswerten Zustand. Noch lange hielt sich in den Schluchten des Balkans der Geist der Selbstverteidigung gegen Räuber, Steuereintreiber und sonstige Eindringlinge. Clandenken und Blutrache herrschten in den unzugänglichen Gebirgstälern. Dazu kamen Tapferkeit, Wildheit und Stolz als nationale Charaktereigenschaften. Im Laufe der österreichischen Okkupation war zwar ein wenig Moderne eingekehrt, Straßen wurden gebaut, Schulen, eine Einsenbahnlinie, doch die Schicht mitteleuropäischer Zivilisation war dünn geblieben.

Im Sommer 1908, im Jahr des 60jährigen Thronjubiläums

Franz Josephs, kam es zur Eskalation. Eine jungtürkische Offiziersverschwörung stürzte das Regime des Sultans, Wahlen wurden für das ganze Reich ausgeschrieben. Dazu zählten auch die Okkupationsgebiete Bosnien, Herzegowina und der Sandschak Novipazar. Wahlen bedeuteten in diesem Fall die Rückkehr unter die türkische Herrschaft. Das konnte die Monarchie nicht hinnehmen. Die Provinzen mußten endgültig in österreichischen Besitz übergehen. Wäre das nicht zugleich ein passendes Geschenk zum Jubiläum des Kaisers? Endlich wieder einmal ein Landgewinn, als Ersatz gewissermaßen für die Lombardei und Venetien, für die Toskana und Modena – Gebiete, in denen ebenfalls Habsburger geherrscht hatten und die unter Franz Josephs Herrschaft verloren gegangen waren. Der Drahtzieher der Annexion war Außenminister Baron Aehrenthal.

Ein Arrangement vor allem mit Rußland war nötig. Aehrenthal traf sich mit seinen russischen Kollegen. Er versprach die k.u.k. Zustimmung zu der Öffnung der Dardanellen. Das Ziel Konstantinopel war seit Jahrhunderten der große Wunsch Rußlands. Im Gegenzug sollte es die Annexion tolerieren. Aber Aehrental hatte die Rechnung ohne den Wirt gemacht. England verweigerte seine Zustimmung zur Öffnung der Meerengen für die russische Kriegsflotte. Es wollte Herr im Mittelmeer bleiben. So sah Rußland sich übervorteilt. Aber auch die anderen Mächte waren empört über die Annexion. Sie sahen die Stabilität auf dem Balkan gestört und hätten wenigstens erwartet, vorher eingeweiht zu werden. Insbesondere der Dreibundpartner Italien war verstimmt. Auch er hatte Interessen im Adriaraum und wollte nicht leer ausgehen. In Serbien und Montenegro kochte die Volksseele über. Kurz, die Monarchie hatte sich durch ihr forsches Auftreten eine Menge neuer Feinde geschaffen.

Doch es gab auch positive Stimmen. Anläßlich des Staatsbesuches des Thronfolgerpaares in Rumänien im Juli 1909 schrieb der rumänische Staatsmann Stere über die Annexion:

»Bewundernswürdig ist die Vitalität Österreichs, welche zwischen dem Zwist seiner Nationalitäten sich ein neues großes Gebiet mit solcher Präzision und Eleganz angegliedert hat... Österreich ist ökonomisch ein bestgegliedertes und wohl arrondiertes Staatsgebiet, das an innerer Stärke manchen nationalen Staat in Europa übertrifft. Die Stärke Österreichs bildet die zuverlässigste Bürgschaft für Rumänien.« *(Reichspost,* 14. Juli 1909) Wie es allerdings tatsächlich um die angebliche »Stärke« Österreichs bestellt war, würde sich einige Jahre später erweisen, und die anfängliche Neutralität Rumäniens während des Ersten Weltkriegs sollte im Jahre 1916 der Kriegserklärung des Landes an die Mittelmächte weichen.

Generalstabschef Conrad von Hötzendorf wollte die Aufregung am Balkan benutzen, um Serbien endgültig zu besiegen. Er war für eine Annexion des ganzen Landes, seine Eingliederung in die Donaumonarchie, eventuell für ein Protektorat unter einem deutschen Prinzen. Er hielt die Gelegenheit für einen solchen Präventivkrieg für günstig: Rußland litt noch immer unter dem verlorenen Krieg gegen Japan, Italien unter dem verheerenden Erdbeben von Messina. Doch Franz Ferdinand war dagegen. Er drängte zu einer kraftvollen Außenpolitik, nicht aber zu einem Waffengang. »Im allgemeinen bin ich überhaupt bei unseren desolaten inneren Verhältnissen gegen solche Kraftstückeln«[133], schrieb er an Aehrenthal. Und an Oberst Brosch: »Bitte bändigen Sie mir Conrad. Er soll doch diese Kriegshetze aufgeben... Aber was nützen uns diese billigen Lorbeeren, wenn wir uns dadurch eine allgemeine europäische Verwicklung hinaufdividieren und dann womöglich mit zwei bis drei Fronten zu kämpfen haben und das nicht aushalten können... Am Schluß fällt dann noch Italien über uns her und England macht uns Schwierigkeiten.«[134] Fünf Jahre später würde es dann so weit sein. Die Säbelrassler sollten den Sieg davontragen. Aber da würde der Erzherzog nicht mehr eingreifen können.

Es gelang Deutschland, Rußland zu beruhigen. Am leichtesten war noch die Türkei zu besänftigen. Dort hatte man die Provinzen sowieso schon abgeschrieben, und die Rückgabe von Novipazar und ein Trostpflaster von 54 Millionen Kronen Entschädigung waren schließlich auch nicht zu verachten. So ging die Krise vorüber, und Serbien entschloß sich schließlich ebenfalls, die Annexion anzuerkennen. Am 31. März 1909 überreichte der serbische Gesandte in Wien das offizielle Anerkennungsschreiben seiner Regierung und das Versprechen, das Heer wieder in den Friedenszustand zu versetzen. Doch der Groll blieb. Ein Stück des Weges, der einige Jahre später nach Sarajevo führte.

Am 27. und 28. November 1908 wurde das Regierungsjubiläum des Kaisers feierlich begangen. Der Adel und die Staatsbeamten huldigten dem Monarchen, Abgeordneten- und Herrenhaus hielten Festsitzungen ab. Am 1. Dezember erstrahlte Wien in festlicher Beleuchtung. Doch in Prag war die Stimmung alles andere als festlich. Es kam zu schwersten Ausschreitungen, getragen von antiösterreichischer Stimmung, Barrikaden wurden errichtet, das Straßenpflaster aufgerissen, das Militär schritt ein. Am 2. Dezember, dem Jahrestag der Thronbesteigung, wurde über Prag das Standrecht verhängt. Auch in Brünn kam es zu blutigen Zusammenstößen zwischen Tschechen und Deutschen, in Lemberg zu Demonstrationen gegen den Statthalter. So sah die Wahrheit über die Jubelstimmung aus.[135]

In den betroffenen Gebieten selbst förderte die Annexion erheblich die Entwicklung panslawistischer Ideen und die Entstehung geheimer Organisationen, die im Untergrund agierten, wie die *Omladina*, die schon gegen die Türken konspiriert hatte, später dann *Slovenski Jug*. Die Panslawisten wurden unterstützt durch die Versicherungen Rußlands, dem kleinen Bruderland Serbien sobald wie möglich zu Hilfe zu kommen, um den »räuberischen Doppeladler« in die Schranken zu weisen. Dabei fühlten sich nicht alle Südslawen als Serben. Slowenen und Kroaten waren Katholiken und verwendeten die lateinische Schrift. Im Okkupationsgebiet von Bosnien-Herzegowina lebten neben 800 000 orthodoxen Serben und 400 000 Kroaten noch 600 000 Muslime. Das wurde aber in Belgrad nicht zur Kenntnis genommen. Kroaten waren eben katholische, Muslime bosnische Serben! Gravierend sollte sich auch bemerkbar machen, daß Österreich die Südslawen der magyarischen Herrschaft überließ. Der Weg zum Weltkrieg war bereitet. Das »Jubiläumsgeschenk« für den Kaiser sollte bald bittere Früchte tragen.

Die Presse feierte in überschwenglichen Worten den Sieg. Conrad schrieb später in seinen *Denkwürdigkeiten* über die Annexionskrise: »Wenn Österreich-Ungarn die okkupierten Provinzen Bosnien und Herzegowina behalten wollte, so war der Krieg mit Serbien unvermeidlich. Hinter Serbien aber stand Rußland. Im Jahre 1908 bis 1909 waren weder Serbien noch Rußland für den Krieg vorbereitet; Österreich-Ungarn war es. Nie entschlossen, die ihm günstigen Momente zu erfassen, wankte nun das alte Reich dem Unheil zu.«[136]

Aber noch herrschte in der Monarchie für einige Jahre Frieden, und einige Jahre lang konnte sich auch die Fürstin von Hohenberg ihres gesellschaftlichen Aufstiegs erfreuen, der gerade im Jahr 1909 konkrete Formen annahm. Er läßt sich in dem bereits zitierten *Wiener Salonblatt*, einer Fundgrube für mehr oder minder wichtige Ereignisse des Hoflebens, deutlich verfolgen.

Beim *Wiener Salonblatt* handelte es sich um eine wöchentlich erscheinende Zeitschrift, die über das gesellschaftliche Leben »hoher, höchster und allerhöchster Kreise« berichtete. An erster Stelle standen die Einladungen des Kaiserhauses, die Rangfolge des Einzugs zur Tafel, den selbstverständlich Seine Majestät mit der ranghöchsten Dame anführte, gefolgt vom Thronfolger ebenfalls mit entsprechender Dame. Die Sitzordnung, bei besonders wichtigen Anlässen sogar die Speisenfolge, war ebenfalls Gegenstand der Berichte, bei Bällen natürlich auch die Toiletten der Damen. Genau zu unterscheiden war der ›Hofball‹ vom ›Ball bei Hof‹: Während beim ›Hofball‹ alle Personen, die »hoffähig« waren, auch aktive Offiziere sowie Herren in verdienstvoller Stellung, teilnehmen konnten, beschränkten sich die Gäste des ›Balls bei Hof‹ auf die Angehörigen der höchsten Kreise. Aber auch beim Hofball waren von der Damenwelt nur sogenannte Palastdamen, Trägerinnen des hochadeligen Sternkreuzordens und jene unverheirateten Damen und Mädchen, deren Eltern über 16 adelig geborene Ahnen verfügten, zugelassen. Wie Gräfin Fugger es uns beschreibt, hatte die Damenwelt in »runden Kleidern«, das heißt mit schulterfreiem Dekolleté, zu erscheinen. Der jeweilige Rang, den die Familie bekleidete, wurde nicht nur vom Protokoll, sondern auch von den Gästen selbst streng beachtet.

Wenn wir es heute belächeln, daß eine Zeitschrift wie das *Salonblatt* zu solchen Anlässen einen Reporter entsandte, so sollten wir bedenken, daß es damit die Neugier seiner Leserwelt ebenso befriedigte wie heute die Boulevardblätter oder die einschlägige Wochenpresse. Waren es damals der Kaiserhof und die ihm nahestehenden Personen, so sind es heute neben den noch immer höchst beachteten restlichen Herrscherhäusern und ihrem Umfeld die Stars von Film, Fernsehen und Sport. Der Unterschied ist höchstens, daß man jetzt mit besonderem Vergnügen in die Intimität des Schlafzimmers blickt.

Was Sophie betrifft, so erfahren wir etwa, daß »der Herr Erzherzog Franz Ferdinand mit Höchstseiner Gemahlin Ihrer Durchlaucht Fürstin von Hohenberg« der Premiere von Gerhard Hauptmanns »Griseldis« im Hofburgtheater beiwohnte, im »Theater an der Wien« eine Operettenaufführung besuchte oder auch, daß Sophie offenbar allein im Photoatelier *Adèle* gewesen war – lauter Beweise für den Rang, den man ihr jetzt zubilligte.

Als der deutsche Kaiser damals in Wien zu Gast war, empfing ihn zwar außer Kaiser Franz Joseph auch Erzherzog Franz Ferdinand, allerdings nur in Begleitung seines Kammervorstehers Baron Rumerskirch. Beim anschließenden Familiendiner in den Alexanderappartements der Hofburg wurde aber immerhin, wenn auch an letzter Stelle, die Fürstin von Hohenberg genannt, die bei der abendlichen Soirée und beim am nächsten Tag stattfindenden »Familiendéjeuner« ebenfalls zu den Geladenen zählte. Die morganatische Gattin des Thronfolgers hatte also in den erlauchten Kreis Eingang gefunden.

In der Ausgabe vom 10. Juli 1909 wird berichtet, daß das Thronfolgerpaar am 2. des Monats aus Konopischt kommend in Wien eingetroffen, aber noch am selben Abend in Begleitung von Sophies Schwester Henriette und ihres Schwagers Schönburg-Forderglauchau nach Triest weitergereist sei. Der Kaiser hatte es der Fürstin von Hohenberg nämlich gestattet, in offizieller Mission am Stapellauf eines neuen Panzerkreuzers teilzunehmen und dessen Taufe auf den Namen »Radetzky« vorzunehmen. »Es folgte um ein Uhr eine Hoftafel beim Herrn Erzherzog Franz Ferdinand und seiner durchlauchtigsten Gemahlin an Bord der Yacht »Miramar«… um 8 Uhr ein Souper zu zwölf Gedecken beim Statthalter Prinz Hohenlohe«. Daraufhin reiste das Thronfolgerpaar mit seinem Gefolge auf der »Miramar« weiter nach Sebenico (heute Sibenik) und weiter nach Dalmatien. Die Rolle, die Sophie bei dieser Aktion spielte, erscheint uns heute zwar kaum der Erwähnung wert, war aber nach Ansicht engstirniger Hofkreise unerhört und bedeutete daher für sie einen großen Erfolg. Doch es sollte noch besser kommen.

Staatsbesuch in Rumänien

Im Juli 1909, als sich die Annexionskrise aus der Sicht Österreich-Ungarns scheinbar aufgelöst hatte, erlebte Sophie ihren lange ersehnten, großen Triumph. Das rumänische Königspaar lud Erzherzog Franz Ferdinand und seine Gattin, Fürstin von Hohenberg, zu einem Besuch ein. »Für die Fürstin von Hohenberg bedeutete dieser Besuch an einem Königshof gewissermaßen die Feuertaufe in ihrer Stellung. Hatte Franz Joseph hier das überhaupt erste Mal – wenn auch durch die bereits erfolgte Einladung nur mehr oder minder gezwungen – seine Einwilligung gegeben, daß die ehemalige Gräfin Chotek im Verein mit ihrem Gemahl als Vertreter Seiner Majestät an rein offiziellen Feierlichkeiten im Ausland teilnehmen durfte«, schreibt der Sekretär des Erzherzogs, Nikitsch-Boulles, der an der Reise teilnahm, in seinen Memoiren.[137] Ob der Kaiser die Einwilligung zu diesem offiziellen Staatsbesuch gerne gab, muß offenbleiben. Das Obersthofmeisteramt und die zahlreichen Anhänger von Tradition und Etikette nahmen diese Entwicklung jedenfalls mit Ärger zur Kenntnis. Wenig Begeisterung erregte die Einladung auch in Ungarn, dessen rumänische Bevölkerung die ungarische Unterdrückung haßerfüllt ertrug.

König Karl I. (rumänisch Carol) war ein Prinz aus dem schwäbisch-katholischen Hause Hohenzollern-Sigmaringen, seine Gemahlin Elisabeth eine Prinzessin zu Wied. Sie war eine ganz und gar unkonventionelle Königin mit einem distanzierten Verhältnis zu weltlichen Würden und dem monarchischen Prinzip, was soweit ging, daß sie sogar Sympathien zur Sozialdemokratie empfand. Brigitte Hamann zitiert Königin Elisabeth in ihrem Werk über die österreichische Kaiserin: »Ich muß mit den Sozialdemokraten sympathisieren, besonders angesichts der Nichtstuerei und Verworfenheit der Vornehmen. Die republikanische Staatsform ist die einzig rationelle. Ich begreife immer die törichten Völker nicht, daß sie uns noch dulden.«[138] Erzherzog Franz Ferdinand und auch Fürstin Sophie dürften eine solch radikale Ansicht, sofern sie ihnen überhaupt bekannt war, nicht geschätzt haben. Elisabeth verfügte jedoch noch über eine weitere, für eine Königin durchaus ungewöhnliche Eigenschaft: Unter ihrem Dichternamen »Carmen Sylva« verfaßte die rumänische Königin Gedichte, Dramen, Märchen und Romane, beschrieb Landschaften und Bräuche ihres Landes und übersetzte rumänische Dichtungen ins Deutsche. Bei ihren Standesgenossen erntete sie damit keine besondere Begeisterung. Kaiserin Elisabeth dagegen hatte ihre Namensvetterin sehr verehrt und in ihr eine in mancher Hinsicht verwandte Seele gefunden, die nach ihrem Geschmack allerdings »zu sehr auf der Erde stand« und sie daher »nie verstehen konnte.«[139]

Der Besuch in Rumänien lag nahe, denn das Land war seit 1883 durch einen Geheimpakt mit der Monarchie verbunden. Eine besondere Gemeinsamkeit zwischen dem König und seinem Gast bestand in der Gegnerschaft zu Ungarn, denn Rumänien hätte sich gerne die zu Ungarn gehörende Provinz Siebenbürgen einverleibt, ein Wunsch, der nach dem Ersten Weltkrieg erfüllt werden sollte. Aber besonders wichtig für Franz Ferdinand war in diesem Fall weniger die Politik als die Anerkennung Sophies, die zum ersten Mal in ihrem Leben so geehrt wurde, als sei sie nicht die »Morganatische«, sondern eine geborene Prinzessin. In dem Brief, den König Karl Franz Ferdinand sandte, hatte er geschrieben: »Wir sind hocherfreut, daß Du meiner Bitte, uns in Sinaia zu besuchen, so bereitwillig entgegenkommst... Meine Frau und ich sind glücklich, endlich die Bekanntschaft Deiner teuren Gemahlin zu machen, die ebenso wie Du, geliebter Vetter, mit offenen Armen von uns aufgenommen werden wird... Ich bitte Dich, mich Deiner Frau Gemahlin auf das angelegentlichste zu empfehlen.«[140]

Das Fehlen eines einheimischen Adels und der unkonventionelle Stil des Königspaares dürfte die Aufnahme der Fürstin Hohenberg erleichtert haben. Am rumänischen Hof mußte man nicht dem Adel entstammen, dort war der Zutritt nicht auf einen solch engen Rahmen beschränkt wie in Wien. Die Wiener *Reichspost* zitiert in ihrer Ausgabe vom 9. Juli 1909 aus der beliebten rumänischen Zeitung *Minerva*: »Die Sommerresidenz wird die seltene Ehre haben, als geliebten Gast des Landes den Erzherzog Franz Ferdinand zu empfangen, welchem ganz Rumänien und das ganze rumänische Volk die innigste Sympathie entgegenbringt. Daß der hohe Herr von seiner erlauchten Gemahlin begleitet wird, verleiht seinem Besuch einen erhöhten Glanz.«

Die Reise führte das Thronfolgerpaar per Bahn über Budapest, wo allerdings kein Empfang stattfand und niemand den Waggon verließ. Presseberichten zufolge sollen sogar Steine auf den Zug geworfen worden sein. Um so wärmer gestaltete sich der Empfang in Rumänien, wo die rumänische Delegation, an der Spitze Kronprinz Ferdinand und seine Gemahlin Maria sowie der Ministerpräsident, die Gäste mit allen Ehren schon am Grenzbahnhof Predeal willkommen hießen: »An der Station Sinaia, wo der Sonderzug um 5 Uhr 15 (nachmittag) eintraf, begrüßten König Karl und Königin Elisabeth ihre illustren Gäste mit großer Herzlichkeit und geleiteten sie zum Schloß Pelesch.« Pelesch war die in den Südkarpaten gelegene königliche Sommerresidenz. Wie die *Wiener Zeitung* vom 11. Juli 1909 weiter berichtet, war der ganze Weg prachtvoll dekoriert, vor dem Eingang zum Park war ein Triumphbogen errichtet worden. Eine Unmenge begeisterter Zuschauer säumte die Zufahrt zu beiden Seiten und akklamierte stürmisch der ganzen Wagenkolonne. Als die Gäste beim Schloß ankamen, erklang die Kaiserhymne.

Einige Mißtöne kamen von in Rumänien lebenden Ungarn, die ihre Nationalflagge hißten. Nach einem Bericht der *Reichspost* wurde die Fahne jedoch von Studenten heruntergerissen und zerschnitten.

Der ganze Besuch des Thronfolgerpaares verlief im Stil eines königlichen Empfanges. Beim Galabankett im maurischen Saal des Schlosses saß Sophie zur Rechten des rumänischen Königs – ein eklatanter Unterschied zum Protokoll der Hofburg mit seinen verletzenden Nadelstichen, die dem Thronfolgerpaar den Aufenthalt dort so oft verleideten. Zu Ehren der Gäste hatten der König und sein Sohn die Uniformen ihrer österreichisch-ungarischen Regimenter und den Orden vom Goldenen Vlies angelegt, der ihnen von Kaiser Franz Joseph verliehen worden war.

Königin Elisabeth hatte im Schloßpark ein Teehaus anlegen lassen, das sich zehn Meter über dem Boden im Geäst von vier Fichten befand und nur über eine Strickleiter erreicht werden konnte. Es spricht für den ungezwungenen Umgang am rumänischen Hof, dürfte aber für eine Dame in den damals üblichen Kleidern nicht ganz einfach zu erklimmen gewesen sein...

Am nächsten Tag unternahm man nach einem Déjeuner beim Kronprinzenpaar »einen Automobilausflug ins Prahovatal, wobei auf dem ganzen Weg von 50 Kilometern die Bevölkerung in festlicher Kleidung Spalier stand und Kinder die österreichische Hymne sangen... Während König Karl und Erzherzog Franz Ferdinand das Kloster Sinaia besuchten, vor dessen Tor ein Mönch sogar aus Tannenreisig eine riesige Nachbildung der österreichischen Kaiserkrone angebracht hatte, kehrten Königin Elisabeth, Ihre Durchlaucht und das Prinzenpaar nach Pelesch zurück. Der Tag schloß mit einem intimen Diner und einer Vorstellung im kleinen Schloßtheater.« Tags darauf gab es noch ein ländliches Fest, bei dem einheimische Lieder und Tänze dargeboten wurden, und abends fand eine musikalische Soirée statt. »Nach dem Diner begleiteten Ihre Majestäten das erlauchte Paar zum Bahnhof... Der Abschied hatte einen ungemein herzlichen Charakter.« (*Salonblatt* vom 17. Juli 1909.)

Fern vom Wiener Hofzeremoniell und verwöhnt von der Liebenswürdigkeit ihrer Gastgeber verbrachten Franz Ferdinand und Sophie in Rumänien erholsame Tage, an die sie sich noch lange mit Freude erinnerten. »Ich kann Ihnen... nur sagen, daß der Erzherzog, die Fürstin und die ganze Suite mit Auszeichnungen überschüttet wurden, daß eine so unvergleichliche Herzlichkeit geherrscht, wie man sie sich gar nicht vorstellen kann, und daß mein höchster Herr und die Fürstin noch heute von gar nichts anderem reden als von dem schönen Empfang und dem Aufenthalt in Sinaia«[141], schrieb Oberst Brosch an Chlumetzky. Margutti freilich bemerkt, er habe aus sicherer Quelle vernommen, daß die gegenwärtige Königin von Rumänien (also die damalige Kronprinzessin) in einer geradezu ostentativen Weise zu verstehen gab, es sei denn doch ein gewaltiger Unterschied zwischen der morganatischen und der ebenbürtigen Gemahlin eines Thronfolgers, zumal wenn letztere vom englischen und russischen Königshaus direkt abstamme.[142]

Politisch erreichte Franz Ferdinand zwar eine Annäherung Rumäniens an die Monarchie, doch die von ihm gewünschte Militärkonvention zwischen den beiden Ländern fand nicht das Einverständnis des Kaisers. Auch eine ins Auge gefaßte Ehe zwischen Erzherzog Karl und der Tochter des rumänischen Königs kam nicht zustande.

Ungarn gelang es doch noch, die gute Erinnerung an jene Reise zu trüben. Der Thronfolger hatte es sich nicht nehmen lassen, in Sinaia eine Delegation von Rumänen zu empfangen, die aus Ungarn ausgewiesen worden waren. An ihrer Spitze stand Professor Aurel Popovici, der Verfasser der Schrift *Die Vereinigten Staaten von Groß-Österreich.* Die Abhandlung enthielt einen Plan, der die Einteilung der Monarchie nach föderalistischen Prinzipien vorsah. Auf den Thronfolger hatte das Buch großen Eindruck gemacht. In Ungarn war es verboten, und den Verfasser zu empfangen, empfand man als eine Provokation. Die ungarische Presse schäumte vor Zorn, die Regierung verbot sogar jeden Aufenthalt entlang der Strecke. Angeblich fürchtete man einen Anschlag auf den Erzherzog. Dieser rächte sich an den Neugierigen, indem er die Vorhänge in seinem Abteil des Salonwagens zuzog und sich allen Blicken entzog.

Wie das *Fremdenblatt* vom 15. Juli bemerkte, war in Budapest nur ein höherer Beamter, Ministerialrat Marx, zum Empfang erschienen. Der Erzherzog in Zivilkleidung, seine Gattin in einer eleganten cremefarbenen Samtrobe und einem blumengeschmückten Hut, unternahmen während des einstündigen Aufenthaltes eine Spazierfahrt und machten einige Einkäufe. Sie blieben unerkannt.

Der herzliche Empfang in Rumänien hatte das Paar in Hochstimmung versetzt. Doch die Bäume sollten nicht in den Himmel wachsen. Als der Thronfolger gemeinsam mit seiner Gattin zu Hundertjahrfeier des Tiroler Freiheitskampfes eingeladen wurde, schritt der Kaiser ein. Er entschied, »daß die Fürstin zu dieser ganz offiziellen Feier nicht kommen sollte. Es ist, wie Du ja weißt, prinzipiell feststehend, daß Deine Frau in unseren Familienkreis gehört, und ich sehe sie mit großer Freude im engen verwandtschaftlichen Verkehr mit uns, aber bei offiziellen Gelegenheiten ist die Anwesenheit der Fürstin mit den Zeremoniellvorschriften schwer vereinbar«, schrieb er am 31. Juli 1909 und versüßte mit diesem Zusatz die bittere Pille der Ablehnung, die wohl Montenuovos Einfluß zuzuschreiben war.[143]

Ihre Hoheit Herzogin von Hohenberg

Vielleicht als Entschädigung wurde es Sophie erlaubt, gemeinsam mit ihrem Gatten in Hall in Tirol an der feierlichen Eröffnung und Einweihung eines der Erzherzogin Magdalena geweihten Klosters teilzunehmen. Erzherzogin Magdalena, eine Tochter Kaiser Ferdinands I., hatte 1568 gemeinsam mit ihren jüngeren Schwestern das »Königliche Stift« in Hall gegründet und ihm 22 Jahre lang als Leiterin vorgestanden. Sie erwarb sich durch ihre Frömmigkeit und Klugheit den Ruf der Heiligkeit, ein Seligsprechungsprozeß ist für sie in Rom eingeleitet.[144]

Kurz darauf, am 4. Oktober 1909, wurde Sophie eine noch größere Ehre zuteil: »Ich fand mich in Gnaden bewogen, Ihre morganatische Gattin, Sophie Fürstin Hohenberg, für ihre Person taxfrei die Herzogswürde mit dem Titel ›Herzogin von Hohenberg‹ und dem Prädikat ›Hoheit‹ zu verleihen und ihr an meinem Hof den Rang nach der jeweiligen jüngsten und mit dem Sternkreuzorden ausgezeichneten Erzherzogin zuzuweisen«,[145] lautete das Handschreiben Franz Josephs. Der Erfolg in Rumänien dürfte sehr zu dieser Entscheidung des Kaisers beigetragen haben, hatte Sophie doch bewiesen, daß auch eine morganatische Gattin sich durchaus würdevoll und königlich bewegen konnte.

Vielleicht fehlt uns heute das Empfinden dafür, was diese neue Erhöhung für Sophie bedeutete und welches Glücksgefühl sie auslöste. Mit dem Titel einer Herzogin wurde ihr derselbe Rang zuteil wie den Würdenträgern, die einst über ein eigenes souveränes Gebiet geherrscht hatten. So manche Dame, die bisher auf die Gattin des Thronfolgers herabgeblickt hatte, würde ihr nun den Vortritt lassen müssen. Wie Brook-Shephard schreibt, »eine Herzogin zu sein, das klang nach Palästen statt nach einfachen Schlössern.«[146]

Die Freude des Erzherzogs stand der seiner Frau kaum nach. »Ist das nicht eine freudige Nachricht für uns alle? Sie sind der erste, dem ich es sage. Gehen Sie gleich hinein, Ihrer Hoheit zu gratulieren«, sagte er zu seinem Sekretär.[147] Denn selbstverständlich sprach auch der Ehegatte im Beisein anderer nur von »Ihrer Hoheit«. Als Vergleich möge dienen, daß Kaiserin Zita von ihrem Gatten Kaiser Karl sowie später von ihrem Sohn Otto nur als von »Seiner Majestät« sprach. So streng waren eben die Bräuche in jenen Kreisen. In Frankreich ist es sogar noch heute üblich, daß in der höheren Gesellschaft Ehepaare sich mit »Sie« ansprechen.

Die Ernennung zur Herzogin erreichte Sophie in Blühnbach bei Werfen im Salzburgerland, wo sich das Thronfolgerpaar gerade befand. Früher ein Besitz der Salzburger Fürstbischöfe, wurde das Schloß im Jahre 1603 von Erzbischof Wolf Dietrich errichtet. Die ergiebige Hochwildjagd verpachtete man später an eine adelige Jagdgesellschaft. Erzherzog Franz Ferdinand erweiterte das Gebäude und ließ es zu einem fürstlichen Landsitz gestalten, der mit alten Salzburger Möbeln ausgestattet wurde. Dort verbrachte die Familie in ihren letzten Jahren gerne einige Wochen im Sommer und Herbst. Es muß freilich bemerkt werden, daß der Erzherzog, der dort Ruhe für sich und die Seinen und eine ungestörte Jagd wünschte, den Touristen nicht gerade wohlgesonnen war und dadurch mit dem Alpenverein in Konfrontation geriet. Kaiserlicher Besitz war eben damals »tabu«, da bildete Blühnbach keine Ausnahme. Das Schloß kam später in den Besitz der Familie Krupp von Bohlen und Halbach. Das Gut, das das ganze Tal umfaßte, gehört heute dem österreichischen Staat.

Die Standeserhöhung brachte im Leben der neu ernannten Herzogin einiges an Veränderung mit sich. Franz Ferdinand hatte es durchgesetzt, daß seine Frau von nun an zu Familiendiners, die im engsten Kreise im Beisein des Kaisers stattfanden, eingeladen wurde. Auf Hofbällen erschien Sophie jetzt gleich hinter den Erzherzoginnen, aber noch immer reichte ihr kein Erzherzog den Arm, und als es einmal geschah, hagelte es Proteste der »höchsten Damen«, die ihre Vormachtstellung gefährdet sahen. Immerhin durfte Sophie beim Hofball 1910 erstmals offiziell im habsburgischen Familienkreis auftreten, wenn auch noch immer nicht an der Seite ihres Gatten, sondern an einem Tisch, der für vier Damen gedeckt war. Dort war ihr Platz ausgerechnet zwischen zwei Töchtern ihrer früheren Dienstherrin Erzherzogin Isabella.

Zu Sophies Gegnerinnen zählte bekanntlich auch Erzherzogin Elisabeth, die Enkelin des Kaisers und spätere Fürstin Windischgrätz. Sie war der Liebling ihres Großvaters, der ihr kaum jemals einen Wunsch abschlug. So bekam sie wiederholt die Erlaubnis, kaiserliche Schlösser zu bewohnen. Im Winter 1912 logierte sie in Miramar bei Triest, einem am Meer gelegenen Schloß, das einst der Bruder des Kaisers, der spätere Kaiser Maximilian von Mexiko, erbauen ließ. Anfang März sollte die Fürstin dem Erzherzog und seiner Familie Platz machen. Doch Elisabeth behauptete, ihre Kinder seien krank, daher könne sie nicht abreisen. Der Thronfolger und Sophie werteten diese Verzögerung als erneute Schikane der Erzherzogin. Dr. Eisenmenger, Franz Ferdinands Arzt, wurde mit der kaiserlichen

Auflage nach Miramar geschickt, die Fürstin mit möglichstem Entgegenkommen zu behandeln. Mit gemischten Gefühlen und zwei einander widersprechenden Befehlen – denn der des Erzherzogs lautete etwas anders als der des Kaisers – kam Dr. Eisenmenger nach Miramar, wo er die Kinder mit nur geringfügigen Resten einer Erkältung vorfand. Trotzdem dauerte es noch einige Zeit, bis das Schloß verfügbar war. Fürstin Windischgrätz wurde mit dem Packen nicht fertig und es mußte für sie noch eine Villa in Brioni als neues Logis gefunden werden. Dann bestand wiederum die Herzogin darauf, das Schloß ihrer Kinder wegen zu desinfizieren. Schließlich wurde Janaczek losgeschickt, damit das ganze Haus auf Glanz geputzt werde. Insgesamt bedeutete das alles eine Verzögerung von einigen Wochen. Die Herrschaften waren wohl alle reichlich anspruchsvoll. Später wird sich das Schicksal allerdings nicht darum kümmern. Es wird sowohl die Fürstin Windischgrätz als auch die hohenbergschen Kinder nicht gerade mit Samthandschuhen anfassen. Das zu erleben wird der Herzogin allerdings erspart bleiben.

Einladung nach Berlin

Sophie hatte anläßlich ihrer Erhebung zur Herzogin neben vielen anderen auch ein Glückwunschtelegramm Kaiser Wilhelms erhalten, in dem er zugleich eine Einladung nach Berlin aussprach, die das Thronfolgerpaar gerne annahm. Seit jenem ersten Besuch Kaiser Wilhelms II. im Belvedere hatte sich zwischen den beiden Herren ein herzliches Verhältnis entwickelt. Kaiser und Erzherzog trafen sich bei Manövern oder auf Jagden, wo gelegentlich auch Sophie dabei war, und standen in lebhafter Korrespondenz. Franz Ferdinand nannte den Kaiser »Du, Majestät«, und der Kaiser ihn »lieber Franzi«. Nun sollte Sophie auch der Kaiserin Auguste Viktoria vorgestellt werden. Wilhelm war mit Auguste Viktoria von Schleswig-Holstein-Sonderburg-Augustenburg, genannt Dona, seit 1881 verheiratet. Nicht nur der alte Kaiser Wilhelm I., sondern auch sein mächtiger Kanzler Bismarck waren damals mit der Wahl Wilhelms nicht ganz einverstanden gewesen. Ihre Familie galt als nicht ebenbürtig, war nach dem Verlust von Schleswig-Holstein, das ein Teil des Deutschen Kaiserreiches geworden war, nicht einmal wohlhabend und lebte in einer Art von Exil auf einem Gut in Schlesien. Dona war also eigentlich keine angemessene »Partie« für den zukünftigen deutschen Kaiser. Dennoch gewann sie bald die Herzen der Berliner, die in ihr eine ideale Frau, Mutter und Kaiserin sahen.

Das österreichische Thronfolgerpaar kam am 11. November 1909 im Sonderwaggon am festlich dekorierten Anhalter Bahnhof in Berlin an, wo es vom Kaiser und seiner Schwiegertochter, Gattin seines Sohnes Eitel Friedrich, an der Spitze einer hochrangigen Eskorte mit militärischen Ehren begrüßt wurde. Eine Ehrenkompanie des Kaiser-Franz-Regiments stand Spalier. Ein Ehrendienst war bereits bis Dresden entgegengefahren. »Seine Majestät, in der Uniform seines österreichischen Husarenregiments, trat an den Salonwagen heran, war Ihrer Hoheit beim Aussteigen behilflich, küßte ihr die Hand und überreichte ihr einen Blumenstrauß. Die Willkommnung des Thronfolgers ... hatte einen überaus herzlichen Charakter«, schrieb der Reporter des *Salonblattes* vom 13. November 1909. Die Kaiserin war nicht am Bahnhof erschienen, etwas, das Sophies Feinde mit Genugtuung als deutliche Spitze gegen die nicht ebenbürtige Gemahlin auffaßten. Wie aus zeitgenössischen Berichten von anderen Staatsbesuchen zu ersehen ist, scheint es aber keineswegs außergewöhnlich und durchaus kein Affront gewesen zu sein, daß nur die Herren zum Bahnhof kamen, ihre Gattinnen aber die Gäste erst im Schloß empfingen.

Der Berichterstatter der Zeitschrift berichtet weiter über das Geschehen: »Im Neuen Palais in Potsdam fand nach der Ankunft eine Familienfrühstückstafel statt. Um 8 Uhr war in der

Jaspisgalerie eine Abendtafel. Am ersten Tisch saß der Kaiser zwischen der Kronprinzessin von Griechenland und der Herzogin von Hohenberg, neben Ihrer Hoheit der deutsche Kronprinz, am zweiten die deutsche Kaiserin zwischen dem Herrn Erzherzog und der deutschen Kronprinzessin Cäcilie.«

Das *Neue Wiener Tagblatt* vom 12. November zitiert einen Bericht aus Berlin: »Begrüßen wir den hohen Gast mit besonderer Achtung und Sympathie, ihn wie sein erlauchte Gemahlin, deren Anmut das deutsche Volk darum nicht minder huldigt, weil sie die Krone dereinst nicht wird tragen können.« Besonders hob der Schreiber »den glücklichen Takt« hervor, daß »man das gestrige Galadiner im Neuen Palais an kleinen Tischen servierte, um der Herzogin ohne Verletzung der Etikette den Platz an der Seite des deutschen Kaisers zu sichern.«

Die Kammerfrau Sophies hat ebenfalls ihre Eindrücke schriftlich festgehalten: »Der Kaiser überreichte Ihrer Hoheit ein wundervolles Bouquet von Orchideen, die Prinzessin eines von Maiglöckchen. Ihre Hoheit hatte eine schöne lavendelfarbene Samttoilette und einen großen Hut in derselben Farbe mit vier Straußenfedern. Sie war ganz reizend, hat allgemein gefallen, sah sehr vornehm aus. Am Abend war großes Diner. Ihre Hoheit erschien in einer orangenen Toilette mit Pelz verputzt, hat wundervoll ausgesehen, mit Brillanten reich geschmückt, soll riesig gefallen haben, trotzdem hier so viele junge, schöne Damen waren …«[148]

Die Kammerfrau erwähnt in ihrer Schilderung auch ein Wiedersehen ihrer Herrin mit einer alten Bekannten: »Die Erzherzogin Christine, eine Tochter der Erzherzogin Isabella, lebt in Potsdam als Witwe nach dem Tod des Fürsten Salm. Sie hat sich unendlich gefreut nach vielen Jahren meine Hoheit hier wieder begrüßen zu können.« Anscheinend teilte also die Tochter die Animosität ihrer Mutter der ehemaligen Hofdame gegenüber nicht.

Am nächsten Tag fuhr Franz Ferdinand mit dem Kaiser für zwei Tage zur Jagd nach Letzlingen, wo er mit gewohnter Treffsicherheit zur Reduzierung des großen Damwildbestandes im Revier beitrug.

Derweil war die Herzogin bei der deutschen Kronprinzessin zum Diner eingeladen, das sie zusammen mit der Kaiserin und der Kronprinzessin von Griechenland im Marmorpalais einnahm. Anschließend besichtigte sie mit ihren Gastgeberinnen diverse Wohlfahrtseinrichtungen.

Ein reichhaltiges Programm, das auch die Sehenswürdigkeiten in und um Potsdam zum Inhalt hatte, beschloß den Besuch in Berlin. Die Abreise erfolgte am Nachmittag des letzten Tages nach ungemein herzlicher Verabschiedung vom Charlottenburger Bahnhof. Der Abschluß der Reise fand in Österreichisch-Schlesien bei einem zweitägigen Jagdséjour auf dem Schloß des Landeshauptmanns Graf Heinrich Larisch statt.

Zum neuen Jahr hatte Kaiser Franz Joseph ein besonderes Geschenk für Sophie bereit. Er wies die Truppe an, von nun an das Gewehr vor der Herzogin von Hohenberg zu präsentieren. Zugleich wurde ihr erlaubt, an militärischen Feierlichkeiten teilzunehmen und Schirmherrin von Regimentsfahnen zu werden. Letztlich war es dieser Erlaß, der es ihr gestattete, den Erzherzog zu den Manövern nach Sarajevo und damit in den Tod zu begleiten. Auch diese kaiserliche Erlaubnis muß man mit den Augen der damaligen Gesellschaft sehen, wollte es doch die Etikette, daß ein Wagen – selbstverständlich einer mit vergoldeten Speichen – in dem eine Kinderfrau mit einem erzherzoglichen Baby saß, mit militärischen Zeremoniell gegrüßt wurde. Alle Versuche, wenigstens das abzustellen, scheiterten am Beharren des Kaisers an der Tradition. Eine Änderung hätte eine Mißachtung der Dynastie bedeutet.

Am 6. Mai 1910 starb König Eduard VII. von England, und der Kaiser ersuchte den Thronfolger, ihn bei den Begräbnisfeierlichkeiten zu vertreten. Franz Ferdinand sagte zu, wollte aber, daß seine Frau nach dem offiziellen Teil nach London reise, um mit ihm dann privat Großbritannien und Irland zu besuchen. Der österreichisch-ungarische Botschafter, Graf

Mensdorff-Pouilly, der mit der britischen Königsfamilie und der Herzogin von Hohenberg verwandt war, versuchte sein Möglichstes, holte sich aber eine Absage. Nur europäischen Prinzessinnen, die zu den engsten Verwandten gehörten, war die Teilnahme gestattet. Auch eine Reise inkognito und zu ganz anderem Zweck war nicht erwünscht. Franz Ferdinand fuhr also notgedrungen allein und nahm an den folgenden Feierlichkeiten zur Krönung König Georgs V. gar nicht teil.

Auch weiterhin begleitete Sophie ihren Mann nicht immer, wenn dieser das Kaiserhaus repräsentierte. Ob sie gar nicht wollte, oder einfach nicht durfte, läßt sich aus den Pressemitteilungen nicht erkennen. So reiste Anfang des Jahres 1912 der Erzherzog allein zur Taufe des jüngsten Sohnes des deutschen Kronprinzenpaares nach Berlin, während Sophie ihn in Dresden erwartete, wo sie ihre Schwester Antoinette von Wuthenau besucht hatte.

Ansonsten war es jedoch bereits zur Regel geworden, daß die Herzogin von Hohenberg gemeinsam mit ihrem Gatten an Familiendiners in der Hofburg oder Schönbrunn teilnahm. Dabei kam es allerdings auch vor, daß der Erzherzog nicht seine Frau, sondern eine ranghöhere Erzherzogin in den Speisesaal zu führen hatte, so geschehen bei der »allerhöchsten Tafel zu Ehren des Großfürsten Andreas von Rußland« im Februar 1912 . Sophie mußte sich mit anderer Begleitung begnügen, hatte aber die Genugtuung, daß es sich dabei immerhin auch um einen Erzherzog handelte, etwas, das man ihr bekanntlich jahrelang verweigert hatte.

Als im April des gleichen Jahres im Belvedere einiges renoviert wurde, meldete das *Salonblatt*, daß der »Herr Erzherzog Franz Ferdinand demnächst mit höchstseiner Familie in der Hofburg provisorisch domilizieren und hierfür die Wohnräume der Stephans- und Radetzkyappartements in Aussicht genommen sind.« Die Rangerhöhung Sophies zeitigte also in vielerlei Hinsicht positive Folgen.

Sophies großer Wunsch, einmal England zu besuchen, sollte sich jedoch noch im gleichen Jahr erfüllen. Im Mai 1912 veranstaltete die Gesellschaft für Gartenkultur ihre erste internationale Blumenausstellung. Für Franz Ferdinand als bekannten Gartenliebhaber, dessen Rosengarten in Konopischt bereits eine internationale Attraktion darstellte, war es selbstverständlich, die Ausstellung zu besuchen. Da er inkognito reiste, sah auch der Kaiser keinen Grund, gegen die Begleitung von Sophie einzuschreiten.

Das Ehepaar kam am 17. Mai in London an und stieg im Hotel Ritz ab. Es blieb zwei Wochen in England. Alles, was das hohe Paar während dieser Zeit unternahm, wurde von der Presse genau beschrieben: Stadtbesichtigungen, Einkäufe, Besuche im naturhistorischen Museum oder einer Vorstellung im *Empire-Theater*. Der Höhepunkt des Aufenthaltes aber war der Besuch der *Internationalen Blumenschau*, die am 22. Mai vom englischen Königspaar in Chelsea bei London eröffnet wurde. Als Präsident des Komitees fungierte der Herzog von Portland. Die Presse versäumte nicht zu berichten, daß »der schönen Feier Herr Erzherzog Franz Ferdinand und die Herzogin von Hohenberg beiwohnten«.

Botschafter Mensdorff-Pouilly war indessen nicht untätig geblieben. Seiner Vorarbeit war es zu danken, daß der Thronfolger mit seiner Gattin am 23. Mai 1912 von König Georg V. und Königin Mary zum Mittagessen in den Buckingham Palace eingeladen wurde. An dem Essen nahm auch Alexandra, die Mutter des Königs, teil.

Im *Londoner Hofzirkular* vom 23. Mai erschien folgende Nachricht: »His and Royal and Imperial Highness the Archiduke Francis Ferdinand of Austria and Her Highness the Duchess of Hohenberg visited the King and the Queen today and remained to Luncheon.« Und das *Salonblatt* berichtet: »Nachmittags erwiderten die Majestäten den Besuch der höchsten Herrschaften im Hotel Ritz«.

Der König notierte über die Begegnung in seinem Tagebuch, daß »beide Gäste reizend und sehr angenehm« gewesen wären.[149]

Der Durchbruch war geschafft. Zwar hatte die Einladung nur der inkognito reisenden Gräfin von Artstetten gegolten, die aber war, wie vorhin bemerkt, sogar vom Londoner *Hofzirkular* bei ihrem vollen Namen genannt worden. Nun konnte es daher nicht mehr schwierig sein, einen solchen Besuch das nächste Mal ganz offiziell als Herzogin von Hohenberg zu wiederholen.

Im Anschluß an London besuchten der Thronfolger und seine Gattin Welback Abbey, einen Besitz des Herzogs von Portland, der den Erzherzog und die Herzogin für den folgenden Herbst zur Jagd einlud. Botschafter von Mensdorff-Pouilly erwähnte das dem König gegenüber, der daraufhin vorschlug, die beiden könnten doch eine Woche früher zur Niederwildjagd nach Windsor kommen. Auch die Königin soll sich dieser Einladung, wie sich der Botschafter äußerte, »in den wärmsten Ausdrücken« angeschlossen haben. Der Erzherzog wiederum nahm »mit den wärmsten Worten« das Angebot an.[150]

Man kann sich vorstellen, daß diese Entwicklung am Wiener Hof nicht besonders gerne gesehen wurde. Besonders Fürst Montenuovo und sein Anhang dürften mit Mißvergnügen konstatiert haben, daß es Sophie Schritt für Schritt gelang, die Leiter der Anerkennung emporzuklettern. Margutti bezeichnet diesen geplanten Besuch unter vollem Namen sogar als eine »Zumutung« für Seine Majestät. Dennoch schien man sich an höchster Stelle bereits mit dem Gedanken abgefunden zu haben, daß der Tag nicht ferne war, an dem ein Kaiser Franz Ferdinand den Thron besteigen und dieser für einen entsprechenden Rang seiner Gattin sorgen würde. Ein längerer Aufenthalt in Schloß Miramar und die Benutzung der kaiserlichen Yacht »Lacroma« wurde dem Thronfolgerpaar in dieser Zeit ebenso bewilligt wie die Teilnahme der Herzogin am Stapellauf des Dampfers *Belvedere* in Monfalcone oder sogar die Benennung eines Dampfers auf den Namen *Sophie von Hohenberg*.

Im Sommer 1913 erwartete Franz Ferdinand persönlich eine Erweiterung seiner Machtbefugnisse. Am 17. August wurde er mit einem kaiserlichen Handschreiben zum »Generalinspekteur der gesamten bewaffneten Macht« ernannt – ein Titel, der seit dem Tode des am 18. Februar 1895 verstorbenen Erzherzogs Albrecht nicht mehr vergeben worden war. Analog dazu wurde auf allerhöchsten Befehl der Militärkanzlei des Thronfolgers der Titel »Militärkanzlei des Generalinspekteurs der gesamten bewaffneten Macht« verliehen. Sofort fuhr der Erzherzog nach Ischl, um dem Kaiser, der bereits seinen alljährlichen Sommerurlaub angetreten hatte, dafür zu danken. Er wurde aber diskret darauf hingewiesen, daß das Diner dort von offiziellem Charakter sei und daher die Herzogin nicht daran teilnehmen könne.

Der offizielle Besuch in England

Der ersehnten Einladung nach England ging im Mai 1913 ein Besuch des Herzogs und der Herzogin von Portland zu einem Déjeuner im Belvedere voraus. Bereits am 11. Oktober kündigte die Presse an, daß Erzherzog Franz Ferdinand, in Begleitung von »höchstseiner Gemahlin Herzogin von Hohenberg«, einer Einladung als Jagdgast des Königs von Großbritannien in Windsor und sodann des Herzogs von Portland folgen würde.

Wie die Presse genau berichtete, trat das Thronfolgerpaar am 14. November mittags mit ihrer Suite, bei der sich auch die Schwester der Herzogin, Gräfin Henriette von Chotek befand, die Reise nach England an und traf einen Tag später in London, Viktoria Station, ein, wo es vom k.u.k. Botschafter am Hof von Saint James, Albert Graf von Mensdorff, und seiner Begleitung empfangen wurde. Da die Reise diesmal nicht inkognito erfolgte, konnte auch abends in der österreichischen Botschaft am Belgrave-Square ein festliches Diner stattfinden, »wobei die Tafel reich mit blaßrosa Nelken und Chrysanthemen in derselben Farbe, die die Herzogin von Hohenberg besonders liebt, geschmückt war.« Um fünf Uhr nachmittags, nach einem Einkaufsbummel in der Bond-Street, traten die Gäste die einstündige Reise nach Windsor an. »Seine k.u.k. Hoheit trug einen lichten Überrock und einen schwarzen weichen Hut, höchstseine Gemahlin ein lichtlohbraunes Lodenkleid und einen kleinen schwarzen Hut mit rosa Blumen. Im Bahnhof von Windsor harrte König Georg V. von Großbritannien und Irland, der in Zivil erschienen war... im Schloß Königin Mary der durchlauchtigsten Gäste, die den altertümlichen Lancaster-Tower, einen der interessantesten Teile des Schlosses bezogen... Abends gaben die Majestäten im State-Dining-Room des Schlosses ein großes Diner, bei welchem die Kapelle der Coldstream Guards konzertierte.«

Am nächsten Morgen verließ König Georg um 10 Uhr mit dem Erzherzog und anderen Gästen per Auto Schloß Windsor und fuhr zum Head Keeper's Lodge, von wo die Jagdgesellschaft zu Fuß zur Fasanenjagd aufbrach. Wieder wird berichtet, daß diese »ein sehr gutes Ergebnis« hatte. Bestimmt hatte der Erzherzog wieder einmal beweisen können, welch vortrefflicher Schütze er war.

Da auch der britische Außenminister zugegen war, ging es im Laufe des Aufenthalts immer wieder auch um Politik. Der Balkan stand wieder einmal auf der Tagesordnung. In diesem Fall war dem Erzherzog aber weit mehr an der Anerkennung seiner Frau auf dem berühmten Parkett gelegen als an aktuell politischen Fragen.

Am Mittwoch besuchte Franz Ferdinand die St. Georgs-Kapelle und legte in der Gruft an den Särgen von Königin Victoria und König Eduard VII. Kränze aus Lilien und Chrysanthemen nieder.

»Um 10 Uhr brach König Georg und seine höchsten und hohen Jagdgäste zur Jagd in die Umgebung von Cumberland

Lodge auf, die bei wunderschönem Herbstwetter 6 Stunden dauerte«. Das hielt bei der letzten Hofjagd im Queen Anne's Drive leider nicht an, »wo trotz des garstigen Regenwetters ein schönes Resultat erzielt wurde... und die illustren Schützen von der Monarchin und den anderen Damen zum Luncheon in Cumberland Lodge erwartet wurden... Um halb 12 Uhr nachts verabschiedete sich der Erzherzog und seine Gemahlin von der königlichen Schloßherrin und fuhr mit dem Monarchen und dessen Sohn auf den Bahnhof, von wo die Abreise... nach Paddington Station, London, erfolgte.« Das *Neue Wiener Tagblatt* vom 23. November betont noch, daß »der König bei der Abfahrt dem Gast herzlich die Hand schüttelte. Und als sich der Zug in Bewegung setzte, ihm nochmals die Hand durch das Waggonfenster reichte.«

Die *Agentur Reuter* wurde am 22. November zu folgender Erklärung ermächtigt: »Erzherzog Franz Ferdinand ist von seinem Aufenthalt in Windsor entzückt. Die Einladung und die Gastfreundschaft des Königs zu genießen und der Jagdspaß in der unvergleichlich schönen Umgebung sind für den Erzherzog eine Quelle größten Vergnügens gewesen und das Fehlen jeglichen Zeremoniells hat den Besuch zu einer unauslöschlichen Erinnerung gemacht.«

Dem Besuch in Windsor folgte die schon im Vorjahr erfolgte Einladung beim Herzog von Portland auf dessen Schloß Welbeck Abbey. Der Aufenthalt vollzog sich ähnlich wie in Windsor, die Herren gingen auf die Jagd, nach der die Damen sie zum Lunch erwarteten, der einmal sogar bei herrlichem Wetter im Freien serviert werden konnte.

Das *Neue Wiener Tagblatt* kommentiert den Besuch des Erzherzogs am 23. November aus politischer Sicht: »Der Besuch ist ein erneuter Beweis für die Sicherheit der Lage und die Aufrichtigkeit der Beziehungen, die gegenwärtig zwischen den führenden Großmächten bestehen. Kein Ereignis scheint mehr geeignet als Symptom der wiedergekehrten Beruhigung und Stabilität der internationalen Beziehungen zu gelten als der Besuch des Thronfolgers in England.« Leider irrte der Journalist. Denn es sollte nicht viel mehr als ein halbes Jahr vergehen und ein tragisches Ereignis würde genügen, um einen Weltkrieg zu entfesseln. Alle Großmächte würden darin verwickelt sein.

Am 28. November nachmittags verließen die Gäste Welbeck Abbey und wurden »vom herzoglichen Hausherrn im offenen Wagen zur Station geleitet, wo sich auch Herzogin Winifred und ihre Tochter Lady Victoria Cavendish-Bentinck zur Verabschiedung eingefunden hatten.« Im März des folgenden Jahres würde der Herzog von Portland den Besuch in Konopischt erwidern.

Die Rückreise des Thronfolgerpaares erfolgte über Brüssel, wo es von König Albert von Belgien am Bahnhof begrüßt wurde. Königin Elisabeth erwartete die Gäste zum Tee im Schloß.

Am darauffolgenden Tag trafen der Erzherzog und seine Gattin wieder in Wien ein, wo sie von ihren Kindern bereits sehnlich erwartet wurden.

Am 20. November schrieb Königin Mary an ihre Tante Augusta, die Herzogin von Mecklenburg-Strelitz: »Der Erzherzog ist äußerst liebenswürdig, freut sich über alles und ist sehr empfänglich für die Schönheiten dieses Ortes... Er macht einen ausgezeichneten Eindruck und genießt die Ungezwungenheit dieses Besuches. Die Herzogin ist sehr liebenswürdig, angenehm, und es ist sehr leicht, mit ihr umzugehen, sie ist taktvoll, was die ganze Lage erleichtert.«[151]

Graf Mensdorff-Pouilly schrieb über den Besuch: »Er (der Erzherzog) hatte persönlich großen Erfolg ebenso die Herzogin. Der Kontakt mit den Majestäten war sehr herzlich und freundschaftlich, man war gegenseitig voneinander entzückt.«[152]

Königin Mary schrieb über die Gäste in ihr Tagebuch: »Der Erzherzog war ursprünglich sehr antienglisch, aber das ist jetzt ganz anders, und das ist i h r Einfluß, und das ist gut so, sagt man, in jeder Hinsicht. Alle Leute, die bei uns waren und i h n vorher kennengelernt hatten, sagten, wie sehr er sich zum Besseren verändert habe und daß er sehr begeistert war über seinen Besuch bei uns und in England.«[153]

Das deckt sich mit den Äußerungen anderer Personen, die mit Erzherzog Franz Ferdinand in nähere Berührung kamen. Sie stimmen darin überein, daß er in privatem Kreis, wo er sich wohlfühlte, ein äußerst liebenswerter, heiterer und umgänglicher Mensch war, vor allem dann, wenn es um die Aufnahme seiner geliebten Gattin ging. Schien es doch in diesem Jahr 1913, daß das Eis, das sich anläßlich ihrer Heirat gebildet hatte, endlich gebrochen war.

Das schon oft zitierte *Salonblatt* trug der fortschreitenden Wertschätzung der Herzogin in seiner ersten Nummer des Jahres 1914 mit einem Titelbild und einer Würdigung in blumigen Worten Rechnung. Das war seit der Hochzeit des Paares noch nicht vorgekommen. Das Blatt schrieb: »Nicht nur eine der anmutreichsten, sondern auch eine der mildtätigsten höchsten Frauen des Wiener Kaiserhofes ist die allverehrte Gemahlin unseres geliebten Thronfolgers, des Herrn Erzherzogs Franz Ferdinand, Ihre Hoheit Herzogin von Hohenberg. Die durchlauchtigste Frau, welche im Belvedere, in Blühnbach und Konopischt, mit unnachahmlicher Grazie als fürstliche Schloßherrin waltet und als Muster einer aufopfernden Gattin, die ihren Gemahl im wahrsten Sinne des Wortes glücklich zu machen versteht, nimmt naturgemäß auch im gesellschaftlichen Leben der Residenz eine prominente Stellung ein. Im kommenden Karneval wird man die agile Lichterscheinung Ihrer Hoheit erneut in der Öffentlichkeit bewundern können, da ja die Herzogin gnädigst geruhte, das Protektorat über den Flottenvereinsball und über die Schwarzgelbe Redoute zu übernehmen. Nicht leicht könnten wir den neuen Jahrgang des *Salonblattes* mit einem schöneren Bild zieren als mit dem jüngsten Porträt der erlauchten Gemahlin unseres ritterlichen Thronfolgers.«

Im Frühjahr 1914 erhielten der Thronfolger und seine Familie wieder die Erlaubnis, einige Wochen in Miramar zu verbringen. Sophie als das älteste der Kinder zählte jetzt bereits 13 Jahre und begann immer mehr der Mutter zu gleichen. Max, der im Sommer die Aufnahmeprüfung am Wiener Schottengymnasium ablegen sollte, war zwölf, Ernst zehn Jahre alt. Am Ostersonntag kehrte die Familie nach Wien zurück und erhielt die Erlaubnis, in der Hofburg zu wohnen, was gleichfalls ein großes Privileg bedeutete.

In diesen Tagen sagte der Erzherzog zum ungarischen Primas, Kardinal Csernoch: »Eminenz, ich sage mit Freude, daß ich ein gottgesegneter Mensch bin. Wenn ich nach meiner langen und lastvollen Tagesarbeit in den Kreis meiner Familie zurückkehre und meine Frau inmitten meiner spielenden Kinder an einer Handarbeit sehe, dann lasse ich meine Sorgen hinter der Tür und kann kaum all das Glück aufnehmen, das mich umgibt.«[154]

Daß die Herzogin aber trotz allem nur die »Morganatische« blieb und das immer wieder zu fühlen bekam, berichtet die Fürstin Fugger. Zwei Monate vor jener verhängnisvollen Reise nach Bosnien plante der Erzherzog einen Besuch beim König und der Königin von Bayern und äußerte den Wunsch, daß seine Frau ihn begleite. Doch die Königin lehnte ab. Der Erzherzog mußte allein nach München fahren.

Wenn sich in privater Hinsicht, abgesehen von solch kleinen Nadelstichen, das Leben des Thronfolgerpaares auch zur Zufriedenheit entwickelt hatte, so sah es politisch in Europa um so düsterer aus. Bereits im Jahre 1912 war es auf dem Balkan erneut zu einer schweren Krise gekommen.

Pulverfass Balkan

Die Balkankriege

Als Antwort auf die verschärfte Nationalitätenpolitik der Türkei schlossen Serbien und Bulgarien am 13. März 1912 einen Vertrag, den sogenannten Balkanbund, dem kurz darauf auch Griechenland und Montenegro beitraten. Das von Rußland unterstützte Ziel war es, den europäischen Teil der Türkei, der immer noch bestand, aufzuteilen. Vorreiter war Italien, das sich im Italienisch-Türkischen Krieg 1911/1912 die Cyrenaika und Tripolis (heute Libyen) sowie die vor der türkischen Ägäisküste gelegenen Inseln des Dodekanes angeeignet hatte. Die im Balkanbund vereinigten Länder nützten die Schwäche des türkischen Staates aus, indem sie ebenfalls der Türkei den Krieg erklärten. Ihr Ziel war, das türkische Makedonien untereinander aufzuteilen. Die Hauptlast trug Bulgarien, das Thrakien besetzte und Adrianopel belagerte, während Serbien und Montenegro den der Türkei verbliebenen Sandschak Novi Pazar eroberten. Nach gemeinsamen Erfolgen in Makedonien nahm Griechenland Saloniki ein und besetzte den Epirus, Serbien Nordalbanien. Die Türken, an allen Fronten geschlagen, konnten jedoch ihre letzte Verteidigungslinie vor Konstantinopel halten. Ende Mai 1913 vermittelten die Großmächte einen Frieden, der den Ersten Balkankrieg beendete. Er kostete die Türkei bis auf einen kleinen Rest fast alle Besitzungen auf dem Balkan und die ägäischen Inseln. Vor allem Österreich war interessiert an der Schaffung eines unabhängigen Staates Albanien und durchkreuzte damit die serbischen und montenegrinischen Erwartungen auf einen Zugang zur Adria. Das Küstengebiet des heutigen Montenegro mit der für die Marine so wertvollen Bucht von Cattaro (heute Kotor) befand sich bis zum Ende des Ersten Weltkrieges in österreichischem Besitz.

Der Frieden sollte jedoch nur von kurzer Dauer sein, denn schon einen Monat später entzündete sich der Zweite Balkankrieg im Streit um die Aufteilung Makedoniens. Bulgarien griff am 29. Juni 1913 Serbien und Griechenland an, die von der Türkei und Rumänien unterstützt wurden. Der Schritt sollte Bulgarien kein Glück bringen. Es wurde besiegt und verlor bereits in dem am 10. August geschlossenen Frieden von Bukarest den Großteil seiner Gewinne aus dem Ersten Balkankrieg und zusätzlich noch Gebiete an Rumänien. Das von Rußland unterstützte Serbien stieg trotz der Enttäuschung, die es durch die Schaffung Albaniens erlitten hatte, zum stärksten Staat auf dem Balkan auf. Sein Gebiet und seine Bevölkerung hatte sich nahezu verdoppelt. Um so mehr war ihm der österreichische Besitz in nächster Nachbarschaft ein Dorn im Auge. Geheime Gesellschaften, die an der Änderung des Status quo arbeiteten, gewannen an Macht. Ein gefährlicher Schritt zu der großen Auseinandersetzung des Ersten Weltkrieges war getan.

Kein Krieg mit Serbien

Trotz der angespannten Lage wandte sich der Thronfolger entschieden gegen einen Präventivkrieg wie ihn der Generalstabschef Conrad immer wieder forderte: »Nehmen wir sogar den Fall, daß kein anderer uns stört, wir in aller Ruhe mit Serbien abrechnen: was hätten wir davon? Nur einen Haufen Diebe und Mörder und Halunken mehr und ein paar Zwetschgenbäume. Also noch mehr Gesindel, den Verlust von so und so viel Soldaten und einige Milliarden Kosten. Der günstige Fall aber, daß niemand uns hindern würde, ist mehr wie unwahrscheinlich«, sagte er während eines privaten Abendessens zu seinem Schwager, Herzog Albrecht von Württemberg.[155] Nach Ansicht Franz Ferdinands würde ein Krieg gegen Serbien das Ende der Monarchie bedeuten. Um den Frieden zu bewahren, strebte er neben einem guten Einvernehmen mit England vor allem eine Annäherung an Rußland an: »Ich werde nie einen Krieg mit Rußland führen. Ich werde Opfer bringen, um ihn zu vermeiden. Ein Krieg zwischen Österreich und Rußland würde entweder mit dem Sturz der Romanows oder mit dem Sturz der Habsburger enden, vielleicht mit beiden, denn wenn wir gegen Serbien auftreten, steht Rußland hinter ihm und wir haben den Krieg. Sollen sich der Kaiser von Österreich und der Zar von Rußland gegenseitig vom Thron stürzen und der Revolution freie Bahn geben«?[156]

Dem russischen General Bünting gegenüber hatte der Thronfolger bereits im Mai 1907 geäußert: »Sagen Sie in Rußland, daß ich ein Freund Rußlands und seines Herrschers bin. Nie hat ein österreichischer Soldat mit der Waffe in der Hand einem russischen gegenüber gestanden und ich würde mich für einen unehrlichen Menschen halten, wenn es, solange ich ein Wort mitzureden habe, anders kommen sollte » Das Wohl der Völker verlange es, daß sich beide zu einer Verständigung fänden. Franz Ferdinand dachte wohl an eine Neuauflage des Dreikaiserbündnisses, das durch die Vermittlung Bismarcks im Jahre 1872 zwischen Wilhelm I., Zar Alexander II. und Kaiser Franz Joseph geschlossen worden war. Doch der Zar war eine zu schwache Persönlichkeit, um dem Treiben derer Einhalt zu gebieten, die zum Krieg drängten.[157] Ein möglicher Vertrag war zudem schon längst durch die sich überkreuzenden Interessen Österreichs und Rußlands auf dem Balkan belastet. Die Idee eines Bündnisses mit Rußland mußte ein Wunschtraum bleiben.

Hatte die Herzogin Einfluß auf die Politik ihres Gatten? Diese Frage wird oft gestellt. Manche bejahen sie und meinen, daß sie ihn in seinen Friedensbestrebungen bestärkte, vor allem, weil ihr der Gedanke, ihn im Krieg und daher in Gefahr zu wissen, schrecklich war. »Der Erzherzog sieht mit den Augen seiner Frau«, erklärte Papst Pius X., und aus Berlin hieß es: »Die Herzogin von Hohenberg, die ihren Gatten sorglich beschützt, wird alles tun, um ihn von einem kriegerischen Eingreifen abzuhalten.«[158] Warum sollte man dem nicht beipflichten? Die meisten Frauen hassen den Krieg. Er bringt Sorgen und Unglück in ihr Leben. Eine Gattin und Mutter, die ihren Mann und ihre Kinder über alles liebt, für die ein harmonisches Familienlebenso viel bedeutet, konnte einen Krieg nur fürchten. Der Kaiser war alt. Der Tag war nicht fern, an dem der Erzherzog den Thron besteigen würde. Dieser Wechsel sollte sich in Frieden vollziehen. Hätte Sophie wirklich Einfluß auf ihren Mann gehabt, hätte sie ihn mit Sicherheit von jeder kriegerischen Handlung abgehalten.

Franz Ferdinand und Italien

Der Erzherzog war zwar kein Freund Italiens, doch stellte er sich auch in dieser Frage Conrads »Räuberpolitik« eines Präventivkrieges entgegen. Dabei vertraute Franz Ferdinand selbst dem italienischen Bündnispartner nur begrenzt, da dieser dem irredentistischen Treiben in Dalmatien, Triest und Trient keine Zügel anlegte. Der »Dreibund« mit Italien war hauptsächlich ein Werk Bismarcks, der darin eine Sicherung gegen den deutschen »Erbfeind« Frankreich sah. In Deutschland war man noch lange davon überzeugt, daß Italien seine Bündnispflicht erfüllen würde. Kaiser Franz Joseph teilte diese Meinung nicht ganz, hielt aber einen Angriff von österreichischer Seite für einen Treuebruch gegenüber dem Bündnispartner. Italien würde einige Jahre später keine solchen Skrupel haben, als die Ententemächte dem Land unter anderem sogar Südtirol bis zur Brennergrenze zusagten, wenn es die Fronten wechseln sollte. Vielleicht hatte Conrad nicht ganz unrecht, als er meinte, die Monarchie habe sich immer von anderen Mächten in einen Krieg verwickeln lassen und so den besten Zeitpunkt für eine eigene Initiative versäumt.

Die Sicherung der Familie und die Zukunft der Kinder

Neben der Sorge um sein Land und den Bestand der Habsburgermonarchie beschäftigte den Erzherzog vor allem die materielle Sicherheit seiner Familie.

Infolge des Renunziationseides hatten weder seine Gattin noch seine Kinder vom Habsburgervermögen etwas zu erwarten. Sie waren keine Habsburger, hatten also nicht einmal auf den Pflichtteil Anspruch – von einer Apanage, die den Erzherzögen und Erzherzoginnen nach dem Familienstatut zustand, ganz zu schweigen. Sowohl die Kinder als auch die Herzogin waren daher auf Schenkungen angewiesen. Die Erbschaft des Herzog von Este, wegen der viele den Erzherzog für immens reich hielten, war nicht nur durch Legate geschmälert, die Güter sehr belastet, sondern bestand zum Großteil aus nicht veräußerbarem Besitz, der auch nur in direkter Linie an einen Habsburger vererbt werden durfte. Ihre Erhaltung erforderte sogar zusätzliches Geld. Sowohl Franz Ferdinand als auch sein Vater hielten sich daher für Fürsten, die mit materiellen Gütern nicht allzusehr gesegnet waren.

Der Erzherzog hatte aus der Estensischen Erbschaft schon früh alles das zu Geld gemacht, was ihm nach den Auflagen des Testaments möglich war und dafür die Güter Konopischt und Chlumetz gekauft. Artstetten hatte er bekanntlich von seinem Vater geerbt. Zum Erben des Estensischen Vermögens bestimmte er seinen Neffen, den späteren Kaiser Karl, wenn er auf Konopischt und Chlumetz verzichtete. Diesen Besitz wollte er seinen Söhnen erhalten, stammte er doch nicht aus Habsburger Vermögen.

Wie stellte sich der Erzherzog überhaupt die Zukunft seiner

Kinder vor? Sein Sekretär Nikitsch-Boulles, der seit Anfang des Jahrhunderts in seiner nächsten Nähe tätig war, schreibt in seinen Erinnerungen, daß sein Chef weit davon entfernt war, im Bewußtsein seiner Kinder ehrgeizige Hoffnungen zu nähren. Alle Gerüchte, sie nach dem Tode Kaiser Franz Josephs an den Platz zu stellen, der ihnen eigentlich zukam, seien falsch. Nach Ansicht Nikitsch-Boulles habe ihr Vater sie sogar um ihre ruhige Zukunft beneidet. Denn »die Habsburgerkrone ist eine Dornenkrone und niemand, der nicht in sie hineingeboren wurde, soll nach ihr verlangen«.[159] »Er sei glücklich, daß sie der Verantwortlichkeit entbunden seien, die dem Regenten obliegt, und meinte, daß sie als Herzöge von Hohenberg viel glücklicher sein könnten als als Kaiser. Um jedem Zweifel in der Öffentlichkeit und im Ausland zu begegnen, werde er sofort nach dem Regierungsantritt in einem Manifest den Erzherzog Karl feierlich als Thronfolger proklamieren. Er werde ihn auch in alle Regierungsgeschäfte einweihen und ihn nicht so zur Seite drängen, wie es mit ihm geschehen sei.«[160]

Seine Söhne sah er das Leben adeliger Gutsherren führen und nicht ein vom höfischen Zwang eingeschränktes Scheindasein, möglicherweise wünschte er sich für den Jüngeren eine kirchliche Karriere.

Was seinen Sohn Max betraf, gibt es allerdings ein Gerücht, wonach der Erzherzog bei Kaiser Wilhelm angeregt habe, diesen nominell und ohne jeden Anspruch auf eine Herrschaft zum Herzog von Lothringen zu machen. Durch die Heirat der späteren Kaiserin Maria Theresia mit dem Herzog Franz Stefan von Lothringen sei dieses Land gewissermaßen ein altes Stammland der Habsburger. Kaiser Wilhelm soll diese Idee positiv aufgenommen haben, stieß aber bei seinen Ministern auf blankes Entsetzen: Lothringen habe im Unterschied zum Elsaß eine französische Bevölkerung. Die Ernennung des jungen Hohenberg würde in Frankreich sofort zu unabsehbaren Folgen führen. Die Idee wurde also fallen gelassen, soll aber nach dem Tod Franz Ferdinands von Erzherzogin Maria Theresia wieder aufgegriffen worden sein. Die Reaktion Kaiser Wilhelms ist unbekannt. Der Erste Weltkrieg war bereits ausgebrochen, sein Ende führte die Idee vollends ad absurdum.

Was Franz Ferdinands Tochter betraf, war ihr Vater der Meinung, sie könne an der Seite eines von ihr erwählten Standesherren glücklicher werden als in einer jener mißglückten Konvenienzehen, die oft das Los einer Prinzessin waren. Scherzhaft erklärte er der Fürstin Fugger sogar, daß seine Tochter überhaupt nicht heiraten dürfe. Er habe sie viel zu gern, um sie je herzugeben, und müsse daher seinen Schwiegersohn hassen, der sie ihm wegnehme.[161]

Das änderte jedoch nichts an den Spekulationen, die schon zu Lebzeiten Franz Ferdinands von allen Seiten angestellt wurden. Viele nahmen zwar an, daß seine Religiosität es ihm unmöglich machen würde, einen feierlichen Eid zu brechen, man hielt es aber für möglich, daß er Mittel und Wege finden würde, mit Hilfe des Papstes diesen Eid außer Kraft zu setzen, dessen Gültigkeit sowieso von manchem angezweifelt wurde. Vor allem die Feinde Sophies waren überzeugt, daß, wenn schon er sich nicht darum bemühe, seine Frau ihn zwingen würde, sie zur Kaiserin von Österreich und Königin von Ungarn zu machen, zumindest aber ihren ältesten Sohn zum Thronfolger.[162] Dr. Eisenmenger hielt einen solchen Wunsch zwar für begreiflich, erachtete die Herzogin aber für viel zu klug, um auch nur den Versuch zu machen, ihren Gatten dahingehend zu beeinflussen. Außerdem gestatte ihm seine Frömmigkeit gar nicht, seinen Eid zu brechen. Auch Franz Ferdinands Enkel weisen jeden Gedanken daran, daß ihr Großvater mit dem Renunziationseid so verfahren wäre, strikt von sich.

Aus dem Nachlaß Franz Ferdinands geht hervor, daß der Thronfolger für den Tag seiner Thronbesteigung bereits ein Handschreiben vorbereitet hatte, das für seine Frau bestimmt war: »Euer Liebden! Ich finde mich bestimmt Euer Liebden den Titel ›Kaisers- und Königsgemahlin‹ unter Aufrechterhaltung der Herzogswürde und des Prädikates ›Hoheit‹ zu verleihen. Dementsprechend wird Euer Liebden an Meinem Hof der Rang v o r sämtlichen Erzherzoginnen mit allen sich hieraus ergebenden Vorrechten angewiesen. Franz.«[163] Er hatte also nicht die Absicht, Sophie zur Kaiserin zu machen, trachtete aber dennoch, ihre Stellung deutlich zu erhöhen und die Erzherzoginnen, die ihr oft so übel mitgespielt hatten, in ihre Schranken zu verweisen. Ihr Rang als »First Lady« des Reiches sollte unangefochten bereits am ersten Tag nach dem Ableben des Kaisers feststehen, schon um Protokollschwierigkeiten bei den Bestattungsfeierlichkeiten vorzubeugen. Auch ein Armeebefehl war schon entworfen. Die Ehrenbezeigung, die für die Mitglieder des Kaiserhauses galt, würde nach dem Thronwechsel auch für Sophie Gültigkeit haben. Für seine Söhne hatte Franz Ferdinand, zumindest damals, keine Rangerhöhung vorgesehen. Für jedes Kind wurde nur ein Wertpapierdepot in Höhe von einer Million Kronen bei der Länderbank Wien angelegt. Dabei wurde besonders darauf hingewiesen, daß die Kinder nicht ebenbürtig seien, aber dennoch versorgt werden müßten. Dieses Testament wurde dem Kaiser vorgelegt, von ihm unterzeichnet und schließlich im Oberstmarschallamt hinterlegt. Seltsamerweise ist dabei nirgends eine materielle Absicherung der Herzogin von Hohenberg erwähnt, sollte sie ihren Gatten überleben.

Wie aus alledem hervorgeht, hatte der Erzherzog also die feste Absicht, den Renunziationseid zu halten. Das deckt sich auch mit einer Äußerung, die er der Fürstin Fugger gegenüber machte: »Den Eid werde ich halten. Es ärgert mich nur, daß es Menschen gibt, die sich darüber einen Zweifel erlauben.«[164]

Gerade in den letzten Jahren litt Kaiser Franz Joseph öfter unter einer starken Bronchitis, die bei seinem fortgeschrittenen Alter leicht zu einer tödlichen Lungenentzündung hätte führen können. Das Manifest für die Thronbesteigung Franz Ferdinands war daher schon vorbereitet. Darin hieß es:

»An Unsere Völker!

Wir Franz II. von Gottes Gnaden Kaiser von Österreich, Apostolischer König von Ungarn... Nachdem es Gott dem Allmächtigen gefallen hat, Meinen erhabenen Oheim, Seine Majestät unseren Allergnädigsten Herrn, Kaiser und König Franz Joseph I. nach langer, segensreicher Regierung aus diesem Leben abzuberufen, sind kraft der mit der Pragmatischen Sanktion Unseres erlauchten Vorfahren Kaiser Karl VI. für alle Zeiten festgelegten Sukzessionsordnung, Wir Franz II. von Gottes Gnaden zur Thronfolge in allen unter dem Zepter Unseres Hauses vereinigten Königreichen und Ländern berufen... Von tiefem Schmerze bewegt, stehen Wir mit den Völkern des Reiches an der Bahre des verewigten Kaisers und Königs, dankbarsten Herzens seiner väterlichen Liebe, seines hohen Sinnes, seiner pflichttreuen und rastlosen Arbeit, seiner Güte und Milde gedenkend. Sein erhabenes Beispiel soll auch der Erfüllung Unserer Herrscherpflichten voranleuchten – dem Glück und der Wohlfahrt Unserer Völker ist in Hinkunft Unser ganzes Leben und Unsere ganze Kraft geweiht... Ob hoch oder niedrig, ob arm oder reich, alle sollen vor Unserem Throne gleichgehalten werden... Die bewährten konstitutionellen Einrichtungen und die Rechtsordnung des Staates, an der jeder Bürger nach dem Gesetz gleichen Anteil hat, wollen Wir achten und mit kraftvoller Hand schützen. Um Wohle und Gedeihen aller Völker in allen Teilen der Monarchie halten Wir es für Unsere nächste Pflicht, ihre Vereinigung zum großen Ganzen und ihr einträchtiges Zusammenwirken nach gerechten Grundsätzen auf klare, zuverlässige Grundlagen zu stellen, die ungetrübt von

Sonderbestrebungen über Zweifel und Anfechtungen erhaben sind. In der Reichsverfassung müssen daher zunächst die Widersprüche behoben werden, die derzeit zwischen den für die gemeinsamen Angelegenheiten der Monarchie geltenden österreichischen und ungarischen Gesetzen bestehen und die Leistung der vorgeschriebenen Eide auf die Verfassungsvorschriften durch deren Unvereinbarkeit unmöglich machen. Als Unterpfand Unserer geheiligten Regentenpflichten wollen wir sodann die unzweideutigen Bestimmungen der Reichsverfassung gleichzeitig mit den grundsätzlichen Rechten und Freiheiten aller Angehörigen der Monarchie mit feierlichem Krönungseide bekräftigen …

Die Einheit des Reiches nach außen … werden Wir mit Festigkeit wahren … In Unserer getreuen Armee erblicken Wir den Hort … nicht nur für die Erhaltung der Sicherheit und Ordnung im Innern, sondern insbesondere auch für die Erfüllung Unseres aufrichtigen Wunsches nach Fortsetzung der Friedenspolitik Unseres erhabenen, nun in Gott ruhenden Oheims … Recht und Gesetz werden Wir bei Ausübung Unserer Regierungsgewalt zur Geltung bringen … Wir werden hierbei … von allen Behörden und Dienern des Staates die unentwegte … Pflichterfüllung sowie eine von Parteiströmungen und Standesinteressen durchaus unbeeinflußte Hingebung für das … Wohl des Vaterlandes verlangen. Ebenso wie alle Unserem Zepter angehörenden Völker … gleicher Rechte teilhaftig werden sollen, erfordert erst die Gleichberechtigung, daß jedem Volksstamm seine nationale Entwicklung … gewährleistet bleibe, und daß allen Volksstämmen, allen Ständen und Berufsklassen, wo dies noch nicht durchgeführt ist, die Wahrung ihrer berechtigten Interessen durch gerechte Wahlgesetze ermöglicht werde … Nur durch einträchtiges Zusammenwirken aller unserer Völker wird das Wohl jedes einzelnen Stammes gesichert und gefördert … Und so flehen Wir vertrauensvoll um Gottes Hilfe, auf daß sein Segen über der Erfüllung Unserer Herrscherpflichten sowie über der Arbeit jedes

Unser geliebten Untertanen sei... damit Wir Unsere Völker zu Wohlfahrt, Glück und Frieden führen mögen.«[165]

In Ungarn hätten die herrschenden Kreise, zuvorderst die von Franz Ferdinand so gehaßte Adelsclique, das Manifest zweifellos nur mit Zorn vernommen. Es richtete sich in deutlichen Worten gegen sie und hätte ihnen bewiesen, daß die Zeiten, in denen sie dem alten Kaiser ihren Willen aufgezwungen und ihn immer wieder zu Zugeständnissen genötigt hatten, endgültig der Vergangenheit angehörten. Denn Franz Ferdinand plante, sich erst dann in Budapest krönen zu lassen, wenn sich dort grundlegende Veränderungen ergeben hätten. Dazu gehörte das allgemeine Wahlrecht, das allen Untertanen der »Länder der Stephanskrone« das gleiche Stimmrecht geben und somit das Übergewicht der magyarischen Abgeordneten im Parlament beseitigen würde. Die maßgebenden Kreise Ungarns hatten sich bisher aus guten Gründen vehement dagegen gewehrt. Es hätte eine fühlbare Einschränkung, wenn nicht überhaupt das Ende ihrer Macht bedeutet.

Doch nicht nur wegen der Wahlrechtsreform wollte sich der Thronfolger mit der Krönung zum König von Ungarn Zeit lassen, die Frist, innerhalb der die Krönung erfolgen sollte, verlängern. Der Krönungseid lautete: »Wir... von Gottes Gnaden für immer apostolischer König von Ungarn und seiner angeschlossenen Länder schwören... daß Wir die Grenzen Ungarns und seiner angeschlossenen Länder nicht aufgeben werden, noch irgend etwas, was zu diesen Ländern, unter welchem Titel immer, gehört. Wir werden ihre Gebiete nicht verkleinern, sondern so weit wie möglich vergrößern und ausdehnen...«[166] Der frisch gekrönte König hatte damit die heilige Verpflichtung einzugehen, die Integrität der »Länder der Stephanskrone« zu bewahren. Das in einem mittelalterlichen Ritual zu beschwören, lag nicht im Sinne Franz Ferdinands, der überhaupt eine Neuordnung der gesamten Monarchie plante. Seine Vorstellungen waren dabei wesentlich von dem rumänischen Politiker Aurel Popovici und dessen bereits erwähnter

Schrift *Die Vereinigten Staaten von Großösterreich* beeinflußt. Die darin enthaltenen Gedanken bildeten die Grundlage für die geplante Neugestaltung des Staates. Denn »der Dualismus (in Österreich-Ungarn) ist ein Unsinn, ein Verlegenheitsbehelf, eine Anomalie.«[167] Der Dualismus ist »heute bereits ein Gebäude mit einem schadhaften Fundament... Solche Gebäude repariert man nicht, man trägt sie ab.«[168]

Die Vereinigten Staaten von Groß-Österreich

Der österreichische Gesandte und bevollmächtigte Minister a.D. Johann Freiherr von Eichhoff hat in der Wiener *Reichspost* vom 28.3.1926 *Die geplante Gründung der Vereinigten Staaten von Großösterreich* beschrieben: »Nach ihrer Sprache bestanden die Völker der ehemaligen Österreichisch-Ungarischen Monarchie aus neun verschiedenen Gruppen: Deutsche, Magyaren, Tschechen, Slowaken, Polen, Ruthenen, Rumänen, Kroaten, Slowenen und Italiener. Nach den Entwürfen Franz Ferdinands sollten nun die Gebiete, auf denen jeder dieser Volksstämme die kompakte, bodenständige, seßhafte Bevölkerung bildet, sorgfältig abgegrenzt werden. Wo die Grenzen zweifelhaft waren, sollten sie durch Volksabstimmung nach einem einfachen und gerechten System überprüft werden. Die Bewohner jedes dieser Gebiete würden dann die vollständige Autonomie genießen. Keine Grenzen für Handel und Verkehr zwischen den einzelnen vereinigten Staaten, Einheit des Zollwesens, des Eisenbahnwesens, Einheit dem Ausland gegenüber und zu diesem Zweck – militärische Einheit.« Eine starke Zentralregierung sei dafür die Voraussetzung. Die einzelnen Völker sollten sich zuerst als Österreicher und dann erst als Angehörige ihrer Nation fühlen. Ein Föderativstaat also, in dem Ungarn in vier oder fünf, Böhmen in zwei, Galizien ebenfalls in zwei Teile aufgegliedert werden sollte. Die deutsche Sprache würde sich als natürliche Amtssprache ergeben.

Es war ein kühner Plan, der eine grundlegende Reform der veralteten Strukturen anstrebte. Doch unter dem alten Kaiser war an eine Änderung der bestehenden Verhältnisse nicht zu denken. Allein das Wort »Föderalismus« auszusprechen, galt schon als Sakrileg. Zu sehr fürchtete Franz Joseph ein Übergewicht des slawischen Elements in der Monarchie. Das galt übrigens auch für Kaiser Wilhelm, der Österreich als erwünschten Vorposten für das Deutschtum und Ungarn als Garanten gegen die Slawen schätzte. Von ihm hieß es, »er liebe die Magyaren sehr, daher werde Österreich auf seine Unterstützung gegen Ungarn niemals rechnen können.«[169]

Kaiser Franz II. als Retter der Monarchie?

Hätte Franz Ferdinand mit einer solchen Verfassungsänderung – selbst wenn es ihm gelungen wäre, sie durchzusetzen – die Monarchie gerettet? Die Meinungen darüber sind geteilt.

Die Energie, mit der er ans Werk gegangen wäre, ist unbezweifelbar. Er hätte notfalls auch die Gewalt in Kauf genommen, zu der es möglicherweise gekommen wäre, hätte er seine Reform nicht durch Verhandlungen, sondern einfach durch eine kaiserliche Verfügung erlassen. In seinen Ideen aber blieb Franz Ferdinand dem Absolutismus verhaftet. Er glaubte an die göttliche Berufung des legitimen Herrschers und damit an das Haus Habsburg. Er wünschte das allgemeine Wahlrecht für die »Länder der Stephanskrone« einzig und allein, um die Macht des herrschenden magyarischen Adels zu brechen, aber er fand sich nur widerwillig mit dem 1907 in beiden österreichischen Kammern mit Billigung des Kaisers erlassenen Wahlrecht für alle Männer ab dem 24. Lebensjahr ab. Eine Herrschaft des Volkes war ihm suspekt.

»Er war ein Fürst von hohen Geistesgaben, rascher Auffassung, scharfem Urteil, großer Menschenkenntnis, strenger Anschauung seiner zukünftigen Regentenpflichten ... Vielleicht hätte unter Franz Ferdinand das alte Reich in neuer Form erblühen können. Die Österreich-Ungarn Treugesinnten hofften es, Österreich-Ungarns Feinde fürchteten es«, schrieb Conrad von Hötzendorf.[170]

Nach Ansicht Weissensteiners war die Monarchie »am Beginn unseres Jahrhunderts nicht und von niemandem mehr zu retten. Schon gar nicht mit einem konservativ-revolutionären Programm, das historische Entwicklungen mit untauglichen Mitteln rückgängig machen wollte. Der Zug, in dem die Völker Österreichs unterwegs waren, war mit dem Ziel Nationalstaatlichkeit längst abgefahren.«[171]

»Daß der bedeutende Mann Österreichs Völker im Zeitalter der Revolution der Massen... hätte einigen können, ist unwahrscheinlich«, zitierte der Historiker Adam Wandruszka den Aufsatz *Studien über Groß-Österreich* von Kann.[172] Dagegen bezeichnete Oberst Brosch, der ehemalige Chef der Militärkanzlei des Thronfolgers, kurze Zeit bevor er in Galizien fiel, Franz Ferdinand als »den einzigen Mann, der den Untergang und damit das Ende Österreichs aufzuhalten vermocht hätte.«[173]

Vielleicht traf Theodor von Sosnosky den Kern der Frage, als er schrieb: »Ob er wirklich der große Mann geworden wäre, hätte die Kugel ihn nicht getroffen, muß eine offene Frage bleiben. Wenn der nationale Zersetzungsprozeß aber noch aufzuhalten war, dann wäre er der Mann gewesen, dieses Rettungs- und Verjüngungswerk durchzuführen.«[174]

Möglicherweise hätte aber der Thronfolger, wäre er zur Regierung gekommen, unter dem Zwang der Verhältnisse einige Abstriche von seinem Programm machen und dadurch, wie man zu sagen pflegt, etwas Wasser in seinen Wein gießen müssen.

Der Weg nach Sarajevo

Ein gutes Jahr für die Herzogin von Hohenberg?

Seit ihrer Erhöhung zur Herzogin hatte Sophies Anerkennung auf dem internationalen Parkett erheblich zugenommen. Sogar auf dem Terrain, das sich für sie am schwierigsten erwies, dem Wiener Hof, waren zu Beginn des Jahres 1914 Fortschritte zu verzeichnen. Beim Hofball im Fasching forderte der Kaiser sie auf, sich doch ein Weilchen neben ihn zu setzen – für heutige Begriffe eine Lappalie, aber damals wurde so etwas von der ganzen Hofgesellschaft bemerkt und entsprechend diskutiert, nach Lage der Dinge wohl mehr ärgerlich als zustimmend. Dennoch, es ging aufwärts. Der Kaiser stand im 84. Jahr, auch die Feinde der Herzogin mußten damit rechnen, daß das Kaisertum Franz II. bevorstand und sich die Machtverhältnisse zugunsten der morganatischen Sophie, deren Ehe zum Bedauern mancher immer noch so harmonisch war wie zu Beginn, verschieben würden.

Im Frühjahr kam der Herzog von Portland nach Konopischt zur Jagd, Ende März machte Kaiser Wilhelm mit seiner Yacht *Hohenzollern* eine Stippvisite auf Schloß Miramar, wo ihn der Erzherzog mit seiner Familie erwartete, um ihm dann das Schlachtschiff *Viribus Unitis*, den Stolz der österreichischen Flotte, vorzuführen. *Viribus unitis* (»Mit vereinten Kräften«) war der Wahlspruch Habsburgs.

Schon im Herbst des vergangenen Jahres war beschlossen worden, die nächsten Manöver der Armee in Bosnien abzuhalten. Erzherzog Franz Ferdinand als ihr Generalinspekteur sollte ihnen beiwohnen. Die Idee, die Manöver gerade in dem Land abzuhalten, dessen Annexion mancherorts noch in übler Erinnerung war, wurde von vielen kritisiert, aber schließlich konnte gerade dort die Demonstration einer schlagkräftigen Armee keineswegs schaden. Man wollte »Flagge zeigen«. Besonders Serbien, das die annektierten Gebiete im Grunde als seine eigenen ansah, mußte diesen nunmehr österreichischen Besitz als einen dauernden Stachel im Fleisch verspüren.

Der Mythos einer großen Vergangenheit

Serbiens große Zeit lag lange zurück. Unter Zar Stefan IV. Dusan im 14. Jahrhundert hatte das Land ein Gebiet umfaßt, das bis nach Griechenland und Albanien reichte. Dieses großserbische Reich verfiel rasch. Am Amselfeld verlor Fürst Lazar I. am Vidovdan 1389 Schlacht und Leben. Das Land wurde ein Teil der Türkei. Die dunkelste Zeit der serbischen Geschichte begann. Lazar stieg zum tragischen Helden auf. Der wahre Held aber war Miloš Obilić, der Rache geübt und den siegreichen Sultan Murat in seinem Zelt erstochen hatte, ehe er selbst von den Wachen getötet wurde. Guslaspieler und Sänger bewahrten in dem zum Großteil analphabetischen Volk den Ruhm jener Helden über die Jahrhunderte, ähnlich den Minnesängern, die im Mittelalter das »Nibelungenlied« auf den Burgen der Ritter zum besten gaben. Die Schlacht auf dem Amselfeld (Kosovo polje) und der Vidovdan (St.-Veits-Tag) wurden zum Trauma des serbischen Volkes, was die Menschen jedoch nicht daran hinderte, trotz der düsteren Gegenwart weiterhin von einem großserbischen Reich zu träumen, das irgendwann neu erstehen würde. Diese Träume sollten im Jahre 1989 zum sechshundertsten Jahrestag der Schlacht auf dem Amselfeld durch Slobodan Milošević eine unselige Auferstehung feiern.

Durch den Niedergang der Türkei, der dem Land die Unabhängigkeit brachte, und den Gebietszuwachs durch die

Balkankriege der Jahre 1912 und 1913 begannen die Blütenträume von einem Großserbien erneut aufzublühen. Der Plan Erzherzog Franz Ferdinands, den Nationalitäten der Monarchie eine Autonomie zu gewähren, mußte zwangsläufig die Vorstellung von einem selbständigen südslawischen Reich beeinträchtigen, wenn nicht konterkarieren. Die Südslawen im großen Österreich, die Kroaten, Slowenen und Bosnier, würden sich nicht nach einem Staat sehnen, in dem die Serben als das Herrenvolk das Sagen hätten. Nicht der alte Kaiser war also ihr Feind, sondern der Thronfolger. Er wollte Serbien vernichten. Er stand seiner Expansion im Weg. Er mußte sterben. Gravierend kam hinzu, daß er mit seiner Clique in Belgrad unerklärlicherweise als Kriegstreiber galt, der einen Angriffskrieg gegen Serbien befürworte.

Schon früher waren Verschwörungen entstanden, so der Geheimbund *Omladina* (»Jugend«), der für die großserbische Idee kämpfte. Sie wurden begünstigt durch die Rivalität zweier Fürstenhäuser, der Obrenović und der Karadjeordjević, die sich gegenseitig bekriegten und gelegentlich auch massakrierten. Schon der erste Karadjeordjević, der »Schwarze Georg«, ein ehemaliger Schweinezüchter und Analphabeth, der mit seinem Partisanenheer die Türken besiegt und sich zum Herrscher gemacht hatte, war auf Veranlassung von Miloš Obrenović ermordet worden. Es war zwar der erste Mord zwischen den beiden Familien, aber es sollte nicht der letzte gewesen sein. Von insgesamt neun serbischen Herrschern zwischen 1804 und 1941 wurden vier ermordet und vier abgesetzt. Am schlimmsten erging es König Alexander aus dem österreichfreundlichen Haus Obrenović, der gemeinsam mit seiner Frau im Jahre 1903 von einer Offiziersverschwörung auf brutalste Weise getötet wurde. Deren Mitglieder warfen schließlich die buchstäblich zersäbelten Leichen des Königspaares der Einfachheit halber gleich aus dem Fenster des königlichen Palastes. Ihm folgte König Peter I. Karadjeordjevic, dessen Familie vom großen slawischen Bruder Rußland protegiert wurde. Von Rußland erhoffte man sich in Serbien Hilfe gegen Österreich. Peter I. kehrte zu einer gegen Österreich-Ungarn gerichteten Außenpolitik im Sinne der großserbischen Idee zurück.

»Shakespearesche Königsdramen mit balkanischem Anstrich« nennt Ernst Trost in seinem Buch *Die Donau* das gegenseitige Ringen der Familien Karadjeordjevic und Obrenovic um die Macht in Serbien.

Nicht ganz unschuldig am schlechten Verhältnis der Donaumonarchie zu Serbien war Ungarn, das zum Schutze seiner Bauern, in erster Linie aber der einflußreichen Großagrarier, auf einen besonderen Zoll für die Einfuhr serbischer Schweine bestand. Die daraus resultierende Auseinandersetzung ist als »Schweinekrieg« bekannt geworden. Der bis dahin florierende Handel Serbiens mit Österreich wurde durch diesen Konflikt erheblich behindert und dies trug nicht zu einem guten Einvernehmen zwischen beiden Ländern bei.

Wie die Geschichte lehrt, waren Mord und Mordpläne also nichts Ungewöhnliches in jenem Land. Zwar gibt es dort heute keine verfeindeten Königshäuser mehr, doch daß Politik auch im Jahre 2003 immer noch mit Blut geschrieben wird, beweist der Mord an Ministerpräsident Djindjic, dessen westliche Gesinnung so manchem ein Dorn im Auge war, der immer noch von einem großen, mächtigen Jugoslawien unter der Führung Serbiens träumte.

Doch nach diesem Exkurs in die Gegenwart zurück zur Vergangenheit: Im Mai 1911 wurde von den Offizieren aus dem Kreis der Königsmörder von 1903 unter der Führung von Generaloberst Dragutin Dimitrijevic, genannt »Apis« (»der Stier«), der Geheimbund *Schwarze Hand* mit dem Motto »Einheit oder Tod« gegründet. Seine Mitglieder mußten feierlich »bei der Sonne, die mich wärmt, bei der Erde, die mich nährt, beim Blut meiner Väter, bei Ehre und Leben« in einem stockdunklen Raum auf ein Kruzifix, einen Dolch und einen Revolver schwören, zu jedem Opfer bereit zu sein, um ein Groß-Serbien zu schaffen.[175] Der Geheimbund kämpfte für die Befreiung aller noch unter türkischer und österreichischer Herrschaft stehender Serben und plante das Attentat auf Thronfolger Franz Ferdinand. Ihr Leiter war »Apis«. Der verlängerte Arm der *Schwarzen Hand* war die *Mlada Bosna* (»Bosnische Jugend«), eine Gruppe fanatischer Nationalisten. Der russische Gesandte in Belgrad, Hartwig, und sein Militärattaché, Oberst Artamanow, sorgten für die Aufrechterhaltung der Beziehungen und standen den Plänen nahe. Auch wenn es Serbien nie wahrhaben wollte, so steht heute aufgrund der Dokumente fest, daß das Attentat auf den Thronfolger in Belgrad geplant und vorbereitet wurde.

Attentatspläne

Drei fanatisierte bosnische Studenten, Gavrilo Princip, Nedjelko Čabrinović und Trifko Grabež, die in Belgrad mehr verschwörerischen Ideen nachhingen als studierten, wurden ausersehen, das Attentat durchzuführen. Sie wußten seit dem 27. März, daß der Thronfolger Sarajevo besuchen würde. Die Nachricht von den österreichischen Manövern im Beisein des Thronfolgers war von der Presse veröffentlicht worden.

Mordkomplotte gab es schon früher. Schon im Jahre 1881 wurde eine Verschwörung aufgedeckt, die die Ermordung Kaiser Franz Josephs in Triest zum Ziel hatte. Der k.u.k. Feldzeugmeister von Varesanin wäre am 15.6.1910 beinahe das Opfer des bosnischen Studenten Bogdan Zerajić geworden. Er reagierte jedoch blitzschnell und überrannte den Angreifer, der mit der letzten Patrone Selbstmord beging. Ein Attentat am 8.6.1912, das dem Banus von Kroatien, Baron Slavko von Kuvaj galt, tötete dessen Begleiter sowie einen Polizeioffizier. Im August 1913 vollführte die *Schwarze Hand* einen vergeblichen Anschlag auf das Leben des kroatischen Banus Skerlecz; der Attentäter verfehlte ihn und erschoß sich selbst. Ein zweiter Versuch im Mai 1914 mißlang ebenfalls, da der Banus gewarnt worden war. In Serbien wurden diese Attentate als Heldentaten gefeiert, die Attentäter als Märtyrer geehrt. Unbegreiflicherweise nahm Finanzminister Leo von Bilinski, dessen Ministerium Bosnien und Herzegowina unterstellt war, diese Anschläge auf seine Beamten gelassen hin. Es besteht der Verdacht, daß seine Vertrauten in Bosnien der *Schwarzen Hand* nahestanden. In seinen Memoiren schob Bilinski die Verantwortung für die innere Sicherheit jedoch auf den Landeschef Feldzeugmeister Potiorek.[176]

Dabei war die Lage, vor allem was den Besuch des Thronfolgers in Bosnien betraf, durchaus prekär. Denn schon am 3. Dezember 1913 war in der Chicagoer Zeitung *Srbobran* – offensichtlich gab es dort viele Serben – ein bemerkenswerter Aufruf erschienen: »Der österreichische Thonfolger hat für das Frühjahr seinen Besuch in Sarajevo angesagt. Jeder Serbe möge sich das merken. Wenn der Thonfolger nach Bosnien kommt, bestreiten wir die Kosten ... Serben, ergreift alles, was ihr könnt, Messer, Gewehre, Bomben und Dynamit. Nehmt heilige Rache! Tod der Habsburgerdynastie! Ewiges Angedenken jenen Helden, die gegen sie die Hände erheben!«[177]

Bereits am 5. Oktober 1910 war in der Zeitschrift *Politika* folgendes Gedicht erschienen:

»Grausiger Kaiser, jetzt trinkst du unser Blut,
Aber Bosnien lebt, noch hebt sich seine Brust.
Umsonst kamst du herab zum Grabgesang des Toten
Die Flamme der Freiheit weckt auf den Sterbenden,
Bosnien lebt, noch ist es nicht tot.«[178]

In der *Revue Internationale des societées secrètes* erschien unter dem Pseudonym »Esma« die angebliche Äußerung eines Freimaurers über Franz Ferdinand: »Er ist ungewöhnlich hervorragend. Schade, daß er verurteilt ist. Er wird auf dem Weg zum Thron sterben.«[179]

Den Wiener Sicherheitsbehörden war die bedenkliche Lage durchaus bekannt. Sie boten dem Landeschef daher an, mit ihm die Maßnahmen zur Sicherheit des hohen Besuchs zu koordinieren. Doch Feldzeugmeister Potiorek spielte die Gefahr der Geheimorganisationen herunter. Dabei handle es sich nur um halbwüchsige Jungen aus der Gosse, die seinen Behörden kein Kopfzerbrechen bereiteten. Der Landeschef war sichtlich bestrebt, seine Macht zu bewahren und wünschte von Wien keine Einmischung. So trifft auch ihn eine Mitschuld an dem späteren tragischen Geschehen.

Der Thronfolger, dem die Drohungen galten, nahm sie ziemlich unbeeindruckt hin. »Vorsichtsmaßnahmen? Auf all das pfeif ich. Man ist überall in Gottes Hand... Besorgnisse und Vorsichten lähmen das Leben. Das Fürchten ist immer ein gefährliches Geschäft.«[180] Sein Großneffe Otto würde später einmal sagen, daß Attentate einfach zum Berufsrisiko gehörten.

Auch die Herzogin wurde von Schmähungen aus dem Untergrund nicht verschont. Die Beleidigungen gingen vom »böhmischen Trampel, den man töten müsse« bis zur »böhmischen Drecksau.«[181] Daß sie dem böhmischen Adel entstammte, also nach serbischer Ansicht eigentlich selbst eine Slawin war, wurde besonders übel vermerkt.

Hatte der Thronfolger Vorahnungen?

Trotz scheinbarer Sorglosigkeit schien dem Thronfolger die Reise nach Bosnien nicht ganz geheuer zu sein. Kaiserin Zita berichtet von einem Besuch, den sie und Erzherzog Karl Anfang Mai im Belvedere machten. Während die Herzogin die Kinder ins Bett brachte, habe der Erzherzog zu ihrem Mann gesagt: »...ich wünsche nicht, daß deine Tante davon erfährt. Ich weiß, daß ich bald ermordet werde. In diesem Pult befinden sich Papiere, die dich betreffen. Wenn es geschieht, so nimm sie an dich.«[182]

Hatte er tatsächlich eine Vorahnung von dem kommenden Unheil? Fürchtete er um seine Gesundheit? Oder erfüllte er nur eine Bitte seiner Frau, die ihn bedrängte, die Reise abzusagen? Jedenfalls machte er einen schwachen Versuch, sich der Verpflichtung zu entziehen. Das konnte jedoch nicht ohne Einwilligung des Kaisers geschehen. Franz Ferdinand bat ihn um eine Audienz. Franz Joseph empfing seinen Neffen am 4. Juni 1914 in Schönbrunn. Franz Ferdinand gestand, daß er fürchte, die Hitze nicht zu vertragen, die in Bosnien zweifellos zu dieser Jahreszeit herrschen werde. Doch den Kaiser schienen die Bedenken des Thronfolgers nicht zu interessieren. »Mach es, wie du willst«, sagte er nur kurz. Im Klartext hieß das, daß er keine Veranlassung sah, den einmal gefaßten Entschluß rückgängig zu machen. Franz Ferdinand mußte fahren. Die Antwort des Kaisers war kein Freibrief, sondern ein Befehl gewesen. Damit war die Sache entschieden.

Sah der Kaiser die Gefahr nicht? Hoffte er, es werde schon nichts passieren?

Es ist immer wieder behauptet worden, Franz Ferdinand habe die Reise nach Bosnien hauptsächlich deshalb unternommen, damit Sophie an seiner Seite als künftige kaiserliche Gattin glanzvoll in Sarajevo einziehen könne. Da sie in Wien noch immer angefeindet worden sei, habe er der geliebten Frau den Triumph verschaffen wollen. In diesem Sinne äußert sich Margutti: »... da kam ihr unverhofft eine günstige Gelegenheit entgegen, um sich als Gattin des Thronfolgers öffentlich zu präsentieren und hastig griff Sophie Hohenberg danach. Es war dies die Reise nach Bosnien Ende Juni 1914; hier konnte endlich in den von Kaiser Franz Joseph beherrschten Gebieten zum ersten Mal die Herzogin von Hohenberg in vollem, höchsten Glanze an ihres Gatten Seite auftreten.«[183]

Es gibt aber glaubhafte Berichte, daß die Herzogin ihren Mann bedrängt hatte, die Reise abzusagen. Auch wenn man ihr die Briefe mit den Morddrohungen, die er bekam, möglichst verheimlichte, so wußte sie doch ganz genau, welches Pulverfaß Bosnien war und welche Gefahren ihm dort drohten.

Außerdem: Was war Sarajevo denn anderes als die unbedeutende Hauptstadt einer entlegenen und reichlich rückständigen Provinz! Wer als Beamter oder Offizier dorthin versetzt wurde, mußte dies eher als Strafe denn als Belohnung ansehen! Ein Einzug dort konnte doch wirklich nicht so wichtig sein, daß man sich dafür in Gefahr begab.

Dr. Eisenmenger schreibt dazu: »Die Herzogin aber hatte große Angst für sein (ihres Mannes) Leben. Ich hätte mitfahren sollen, erkrankte aber kurz vor der Abfahrt schwer und mußte um eine Vertretung bitten. In langen Telefongesprächen mit meiner Frau gab sie ihrer Sorge Ausdruck und daß es ihr eine Beruhigung wäre, wenn ich trotz meiner Erkrankung mitfahren könnte.«[184]

Gerüchte und Warnungen

Zehn Jahre später erschien am Jahrestag des Attentats von Sarajevo im *Neuen Wiener Tagblatt* ein Artikel des damaligen serbischen Gesandten in Wien, Jovan Jovanović, in dem er behauptete, einige Tage vor der Abreise des Thronfolgers nach Bosnien bei Minister Bilinski gewesen zu sein und diesem eine deutliche Warnung habe zukommen lassen. Die geplanten Manöver seien eine Provokation für Serbien, der Einzug in Sarajevo gerade am Vidovdan verletze die Gefühle des Volkes. Da würde sich leicht ein Hitzkopf mit einem Revolver finden, der einen Schuß abfeuern könnte. Am besten wäre es daher, die Manöver anderswo abzuhalten.[185] Nun war der Vidovdan in Österreich aber kein Begriff. Wenn die Beamten in Bosnien der Meinung waren, daß der Aufenthalt des Thronfolgers auf jeden Fall noch im Juni erfolgen solle, nahmen sie höchstens Rücksicht auf den Fremdenverkehr. Die Urlaubssaison in Bad Ilidja begann am 1. Juli.

Ob Jovanovic sich mit seiner Warnung tatsächlich so deutlich ausgedrückt hatte, ist nicht mehr festzustellen. Auch über die Reaktion Bilinskis sind die Berichte nicht eindeutig. Hatte er Außenminister Graf Berchtold informiert und dieser die Warnung ignoriert, oder hat Bilinski gar nichts unternommen, wie Kiszling schreibt? Ihm zufolge sei der Finanzminister verärgert gewesen, da Landeschef Potiorek mit den Vorbereitungen für den Besuch des Thonfolgers betraut worden war, und nicht er selbst, dem Bosnien doch unterstellt war. Kiszling berichtet darüber hinaus, daß der serbische Ministerpräsident Pašić noch in letzter Minute das Attentat habe verhindern wollen, die dafür bestimmten Attentäter sich jedoch geweigert hätten zu gehorchen.

In seinem Buch *Die Spur führt nach Belgrad* bezeichnet Friedrich Würthle die Darstellung, Jovanović habe jene Warnung gegenüber Minister Bilinski ausgesprochen, als unglaubwürdig, da sich in den Akten des Finanzminsteriums trotz der Wichtigkeit der Meldung nicht der kleinste Hinweis darauf findet. Jovanović bekannte nach dem Attentat auch nur, einigen Botschaftern gesagt zu haben, daß die Manöver in Bosnien wie eine Demonstration aussähen.

Die ehemalige Kronprinzessin Stephanie, in zweiter Ehe mit Graf Elemer von Lonyay verheiratet, weist die Schuld dem Kaiser zu: »Franz Ferdinand und Sophie hatten es gewagt, dem Kaiser zu trotzen. Stück für Stück mußten sie mit ihrem Glück und endlich mit ihrem Leben dafür bezahlen … Man hat sie umgebracht … Sarajevo war nur möglich mit dem Wissen der Minister. Es war dem Kaiser klar, welche Gefahr der Thronfolger lief. Er sah einfach zu …«[186] Vielleicht ist dieses harte Urteil damit zu erklären, daß Stephanie nicht gut auf ihren ehemaligen Schwiegervater zu sprechen war. Er hatte ihre zweite Heirat als nicht standesgemäß nur widerwillig genehmigt und ließ es sie auch fühlen, daß sie auch als Tochter eines Königs nur mehr eine Gräfin Lonyay war. Erst Kaiser Karl hat 1917 den Grafen zum Fürsten erhoben.

Dennoch, dem alten Kaiser ist eine solche Tat, den eigenen Neffen kaltblütig dem Verderben auszuliefern, bei aller Animosität, die er Franz Ferdinand gegenüber haben mochte, nicht zuzutrauen.

Am 12. und 13. Juni empfing das Thronfolgerpaar Kaiser Wilhelm zu einem Besuch in Konopischt. Man hat diesem Treffen später eine Bedeutung zugesprochen, die es nie gehabt hat. Serbische Kreise behaupteten nämlich später, in diesen beiden Tagen in Konopischt hätten Franz Ferdinand und Kaiser Wilhelm gemeinsam den Krieg gegen ihr Land beschlossen. Ein namhafter Journalist der Londoner *Times* ergänzte diese Behauptung mit einem phantastischen Plan über die Neuordnung Europas nach einem möglichen deutsch-österreichischen Sieg. Nahrung bekam dieser Bericht durch die Anwesenheit von Admiral Tirpitz im Gefolge des deutschen Kaisers. Später stellte sich allerdings heraus, daß Franz Ferdinand, bekanntlich ein großer Förderer der österreichischen Flotte, den berühmten Tirpitz hatte kennenlernen wollen. Dieser wiederum war neugierig auf Schloß Konopischt und seinen Rosengarten. Es traf sich gut, die Rosen standen gerade in voller Blüte.

Es versteht sich eigentlich von selbst, daß bei einem Treffen zweier so hochkarätiger Persönlichkeiten auch von Politik die Rede war. Aber es ging dabei nur um Fragen des Bündnisses und natürlich um Ungarn; bei letzterem waren die beiden erwartungsgemäß nicht ganz einer Meinung. Von einer Kriegshetze kann jedoch keine Rede sein, und ein »Pakt von Konopischt« hat nie existiert. Der Besuch verlief in vollendeter Harmonie. Sophie, die beim Diner zur Rechten des Kaisers saß, erwies sich als hervorragende Gastgeberin. Das erlesene Menu, für dessen Zusammensetzung die Herzogin verantwortlich war, bestand aus neun Gängen, die Zutaten der Speisen stammten alle aus der erzherzoglichen Landwirtschaft.

Am 13. Juni abends trat der deutsche Kaiser die Heimreise an. In seinem Danktelegramm heißt es: »Heimgekehrt möchte ich Dir und Deiner Gattin nochmals von ganzem Herzen Dank sagen für die köstlichen Stunden, die ich bei Euch in ›Klingsors Zaubergärten‹ habe verleben dürfen... Weidmannsheil.

Viele Grüße an alle. Wilhelm.«[187] Niemand ahnte, daß sie einander nie wiedersehen würden.

Zwei Tage später gab der Erzherzog zum ersten Mal der Bevölkerung die Erlaubnis, die Gärten von Konopischt zu besuchen, und fand damit großen Anklang. Dr. Andreas Morsey, ein Sekretär Franz Ferdinands, schreibt: »Der Andrang war ungeheuer... eine ganze Reihe Separatzüge kamen in Beneschau an.«[188]

Wie Fürst Clary-Aldringen, der noch Anfang Juni 1914 zu Gast in Konopischt war, berichtet, hatten Kaiser Wilhelm II. und König Georg V. von England ihre Teilnahme an den dortigen Fasanenjagden im Herbst zugesagt. »Uns schien es als ein gutes Omen, daß die beiden Monarchen, von Ratgebern begleitet, sich im Haus des Erzherzogs treffen würden, denn der war immer bestrebt, Verständigungsmöglichkeiten zu suchen und drohende Gegensätze auszugleichen. Franz Ferdinand war besonders guter Laune und fröhlich, und als ich nach Prag zurückkehrte, war ich voll Hoffnung für die Zukunft.«[189] Die Schüsse von Sarajevo haben wie so vieles andere auch diese Hoffnung zunichte gemacht.

Letztes Beisammensein der Familie

Am 20. Juni fuhr die Familie nach Chlumetz, dem zweiten Gut des Erzherzogs, um dort vor der Reise nach Bosnien gemeinsam das Wochenende zu verbringen.

Inzwischen hatte Flügeladjutant Margutti vom Obersthofmeisteramt das Reiseprogramm für das Thronfolgerpaar erhalten und war entsetzt. Enthielt es doch auch für die Herzogin »die hochoffizielle, alle Einzelheiten feierlich und autoritativ festsetzende Form, die sonst einzig und allein für Reisen üblich war, bei welchen der Kaiser als Staatsoberhaupt und Herrscher auftrat und die in der späteren Zeit nur ganz ausnahmsweise und auf des Monarchen besondere Verfügung hin bei einigen ausgesprochen repräsentativen Missionen des als des Herrschers Vertreter fungierenden Erzherzog-Thronfolgers angewendet wurde.« Auch Generaladjutant Graf Paar habe sich darüber »ungehalten« mit den Worten »Das ist stark! Wohin kommen wir noch!?« geäußert.

Beide Herren waren sich einig in der Meinung, dieses Programm habe der Erzherzog aus eigener Machtvollkommenheit so angeordnet und der Kaiser sei gar nicht gefragt worden. Als Beweis dafür erschien ihnen, daß Kaiser Franz Joseph entgegen seiner ursprünglichen Absicht seine Abreise nach Bad Ischl schon für den 27. Juni angeordnet hatte – wohl um den aus Bosnien zurückkehrenden Neffen gar nicht sehen zu müssen. »Zu altersmüde, um ein energisches Veto einzulegen, zog es der Kaiser vor, eine Begegnung mit dem Thronfolger überhaupt zu vermeiden.«[190] Wenn die Herren nicht andere Sorgen hatten als sich über die Formulierung eines Reiseprogramms aufzuhalten? Der Bericht Marguttis, der erst nach dem Ende der Monarchie verfaßt wurde, beweist aber auch, wie festgefügt Protokoll und Etikette in der Gedankenwelt der Hofbeamten waren, besonders wenn sie sich in der engsten Umgebung der Majestät befanden.

Am 23. Juni verabschiedeten sich die Eltern von den Kindern mit dem Versprechen, in einer Woche wiederzukommen. Es war geplant, den Sommer gemeinsam in Blühnbach zu verbringen. Der Erzherzog und seine Frau wußten die Kinder in guter Hut, umsorgt von ihren Erziehern und ergebenen Angestellten, allen voran der treue Haushofmeister Janaczek, der lautstark und mit gewohnter Energie nach dem Rechten sah. Wie an einigen Stellen berichtet wird, schenkte der Erzherzog ihm vor der Abreise seine goldene Uhr und bat ihn, die Herzogin und die Kinder nicht zu verlassen, falls ihm etwas zustoßen sollte.[191]

Die Reise begann nicht ohne Hindernisse. In Chlumetz, wo der Salonwagen wartete, entdeckte man, daß die Achsen heißgelaufen waren und der Waggon somit unbrauchbar geworden war. Das Thronfolgerpaar stieg also in ein Erster-Klasse-Abteil des Expreßzuges nach Wien ein, was den Erzherzog zu der sarkastischen Bemerkung veranlaßte: »... so geht es los. Zunächst läuft ein Wagen heiß, dann ein Mordversuch in Sarajevo und schließlich, wenn das alles zu nichts führt, eine Explosion an Bord der *Viribus.*«[192] Nur ein Scherz, aber einer, der wenig später grausame Wirklichkeit werden sollte.

Nach einem kurzen Aufenthalt in Wien im Belvedere trennte sich das Paar. Die Herzogin fuhr über Ungarn direkt nach Bad Ilidža, während ihr Gatte mit seinem Gefolge den Expreßzug nach Triest nahm. Auch hier kam es zu einem Zwischenfall. Die elektrische Beleuchtung im Ersatzsalonwagen war defekt. Es blieb nichts anderes übrig, als sich mit Kerzen zu behelfen. Wie Nikitsch-Boulles bemerkt, »konnte er sich eines unheimlichen Gefühls nicht erwehren, als er den Erzherzog an einem Tisch sitzen sah, links und rechts von Kerzen flankiert.« Als der Sekretär sich abmeldete, sagte der Erzherzog: »Also, leben Sie wohl, passen Sie auf Ihre Hoheit auf, sorgen Sie nur recht gut für sie und bringen Sie sie wohlbehalten an Ort und Stelle. Was sagen Sie zu der Beleuchtung? Wie in einem Grab, nicht? Zuerst kommt mein Wagen brennend in die Station und jetzt will dieser fremde Waggon scheinbar auch nicht mitmachen. Na, leben Sie wohl, auf Wiedersehen.«[193]

Hätte Franz Ferdinand diesen üblen Omina Glauben schenken sollen? Leider hat er es nicht getan.

In Triest ging der Erzherzog an Bord der *Viribus Unitis.* Die Telegramme, die er während der Reise an seine Frau und seine Kinder absandte, sind noch erhalten. »Glücklich nach sehr schöner, aber heißer Fahrt an Bord der *Viribus* vor Narenta-Mündung angelangt. Fahre jetzt nach Metković und Mostar.

Hoffe es geht Euch gut, Umarmung Papi«, lautete das an Sohn Ernst. Bereits aus Mostar stammt der telegrafische Gruß an Sohn Max: »Glücklich nach einer sehr schönen Fahrt auf der Narenta in der Herzegowina angekommen. Land sehr interessant, besonders botanisch ... Um drei Uhr sehe ich Mami. Gott segne Euch, seid brav und lernt fleißig. Umarme euch innigst, Papi.«[194] Aber auch Tochter Sophie kam natürlich nicht zu kurz. Gerechtigkeit mußte sein.

Die *Viribus Unitis* hatte den Erzherzog bis an die Mündung der Narenta gebracht, von wo er mit der Yacht *Dalmat* flußaufwärts bis Metković fuhr. Von dort fuhr der Hofsonderzug nach Mostar. Auf dem festlich geschmückten Bahnhof begrüßte der Bürgermeister den Thronfolger mit einer herzlichen Ansprache, in der er ihn der »unerschütterlichen Treue und Loyalität« des Volkes versicherte. Der Erzherzog erwiderte diese zum Teil auf kroatisch. Ritual aller Staatsbesuche.

Nach einer kurzen Stadtbesichtigung, bei der die malerische Alte Brücke nicht fehlte, setzte der Thronfolger seine Fahrt nach dem zehn Kilometer von Sarajevo entfernten Bad Ilidža fort, wo der Zug unter den Klängen der Kaiserhymne einfuhr und der hohe Gast ebenfalls feierlich mit militärischen Ehren begrüßt wurde.

Inzwischen war Sophie mit ihrer Suite in einem von den ungarischen Eisenbahnen zur Verfügung gestellten Salonwagen nach Bosnien gereist. Besonders liebevolle Gedanken galten ihrem Sohn Max, der in Wien kurz vor der Aufnahmeprüfung in das Schottengymnasium stand. Eine Postkarte, die sie am 24. Juni von unterwegs schrieb, ist erhalten: »Eben in Bosnien angekommen. Reisen jetzt die Nacht weiter. Denke so innig an dich, geliebtes Kind. Gottes Segen Mami.«[195]

Am Vormittag traf die Herzogin schließlich in Ilidža ein und stieg dort im Hotel *Bosna* ab, das für den mehrtätigen Aufenthalt vorgesehen war. Ilidža war ein bekannter Badeort, dessen heiße Schwefelquellen schon in der Römerzeit berühmt waren. Diesmal bekam Max, der sich offensichtlich kurz vor seiner Abreise nach Wien befand, ein Telegramm, in dem ihm seine Mutter ihre gute Ankunft mitteilte. »Hier sehr schöner Empfang, leider Regenwetter«, heißt es weiter. »Erwarte Papi um drei Uhr, habe Gott sei Dank gute Nachrichten von ihm. Meine Gebete begleiten Dich heute nach Wien, geliebtes Kind. Umarme Euch innigst, Mami«[196]. Die bevorstehende Prüfung ihres Sohnes schien Sophie doch etwas Sorgen zu bereiten.

Das Hotel war dem Anlaß entsprechend festlich geschmückt, die Appartements prangten in der orientalischen Pracht kostbarer Teppiche, reich geschnitzter Möbel und kunstvoller Blumenarrangements. Die Räume, die speziell für das Thronfolgerpaar von einer Firma in Sarajevo neu eingerichtet worden waren, gingen auf eine Holzterrasse, von der aus man einen wunderschönen Blick auf den gepflegten Park hatte. Zusammen mit Landesherr Potiorek begab sich Sophie am Nachmittag im Auto an den Bahnhof, um dort ihren Gatten zu begrüßen.

Kaum im Hotel angekommen, wurde sogleich ein Telegramm an Tochter Sophie in Chlumetz abgesandt: »Glücklich in Ilidža angekommen. Habe Mami sehr wohl gefunden. Hier ist es sehr schön und angenehm. Wir haben eine herrliche Wohnung. Wetter sehr angenehm. Gute Nacht, umarme Dich und die Geschwister innigst.«[197]

Später machte das Ehepaar, bejubelt von der loyalen Bürgerschaft, einen Bummel durch die Läden des Basars von Sarajevo, um einige Einkäufe zu machen. Zivio-Rufe (Hochrufe) wurden laut. Franz Ferdinand und Sophie winkten zurück. Manchmal gerieten sie förmlich in ein Gedränge, so daß ihr Gefolge ihnen den Weg bahnen mußte. Sie erstanden einige typisch orientalische Gegenstände, darunter bosnische Mützen für die Kinder, und genossen die exotische Atmosphäre der Stadt. Alles schien friedlich und harmlos zu sein, so daß einige Tage später nicht die geringsten Bedenken für die Fahrt durch Sarajevo bestanden.

Der Bürgermeister von Sarajevo, Curčić, hatte vor der Ankunft der Gäste einen Aufruf an die Bevölkerung gerichtet. Darin hieß es: »Bürger! Seine k.u.k. Hoheit unser allergnädigster Thronfolger Erzherzog Franz Ferdinand wird unsere Landeshauptstadt Sarajevo durch seinen hohen Besuch auszeichnen. Unsere tief eingewurzelten Gefühle der Sohnesdankbarkeit, Ergebenheit, Treue und Loyalität gegenüber Seiner k.u.k Apostolischen Majestät, unserem allergnädigsten Kaiser und König Franz Joseph I. sowie den Mitgliedern des Kaiserhauses veranlassen uns, zum Zeichen unserer großen Freude wegen des hohen Besuchs, mit dem uns unser Thronfolger allergnädigst beehrt, unsere Häuser, Geschäfte und Wohnungen und Läden mit Fahnen, Teppichen, Blumen und sonstigem Schmuck zu versehen, wodurch wir imstande sind, unserer Freude wegen der hohen Auszeichnung Ausdruck zu geben. Wir wollen unserem hohen Gast den Aufenthalt in Sarajevo möglichst angenehm machen und den Empfang möglichst festlich und der Würde der Hauptstadt entsprechend gestalten; damit unser Allergnädigster Thronfolger, durch die große Liebe unserer Herzen und die äußeren Zeichen unserer Freude entzückt, die schönste und angenehmste Erinnerung an unsere Stadt und an die bekannte slawische Gastfreundschaft mit sich forttrage. Ich ersuche die sehr geehrten Bürger, ihre Häuser vom Donnerstag, den 25. D.M., bis Montag, den 29. zu schmücken, und zwar hauptsächlich in jenen Straßen, durch die Seine Hoheit fahren wird…« Es folgte die genaue Aufzählung der entsprechenden Straßen.[198] Mehr brauchten die Attentäter nicht zu wissen.

Wie Brook-Shepherd berichtet, soll bei jenem Basarbummel der Verschwörer Princip einmal ganz nahe gewesen sein. Wenn man bedenkt, von wievielen Bodyguards heutzutage nicht nur Politiker, sondern auch als vermögend bekannte Personen umgeben sind, kann man sich nur wundern, wie sorglos sich ein so gefährdeter Mann wie Erzherzog Franz Ferdinand in der Öffentlichkeit bewegte. Auch schien es niemanden von den Honoratioren der Stadt – immerhin hohe österreichische

Würdenträger, denen die Gesinnung mancher Kreise doch bekannt gewesen sein sollte – eingefallen zu sein, entsprechende Maßnahmen zu treffen.

Aber es passierte nichts. Noch nicht. Es war Donnerstag, der 25. Juni 1914. Das Ehepaar hatte noch knapp drei Tage zu leben.

Das Attentat

Gelungene Manöver

Die drei Attentäter hatten sich inzwischen von Belgrad aus auf den Weg gemacht. Das Unterfangen war nicht ganz einfach, denn um nach Sarajevo zu kommen, mußten die Männer die Grenze nach Bosnien überschreiten. Doch die Untergrundorganisation, der sie angehörten, hatte die Reise gut vorbereitet und auch für ortskundige Begleiter gesorgt. Eine kurze Bahnfahrt legten die Verschwörer in Uniformen österreichischer Zollbeamter zurück, die man heimlich für sie beschafft hatte. Auf verschiedenen Wegen – Čabrinović nahm einen anderen als Princip und Grabež – überschritten sie die Grenze und kamen unangefochten schon am 4. Juni in Sarajevo an, wo sie an verschiedenen Orten Unterschlupf fanden. Sie hätten etliche Male entdeckt und verhaftet werden können, doch das Glück war mit ihnen. Auch die Waffen, Bomben und Revolver, die sie auf der letzten Etappe ihrer Reise vorsichtshalber nicht bei sich gehabt hatten, konnten sie wieder unbeschädigt und verstaut in einer schwarzen Zuckerkiste in Empfang nehmen. Princip verbarg die Kiste in seinem Logis unter dem Bett.

Der Erzherzog nahm programmgemäß an den Manövern des 15. und 16. Korps teil, die zwischen dem 30 Kilometer von Sarajevo entfernt gelegenen Tarcin und dem ungefähr 1000 Meter hohen Ivan-Sattel stattfanden und von Feldzeugmeister Potiorek geleitet wurden. Unwirtliches Wetter, Regen und Kälte, sogar gelegentlicher Schneefall, erschwerten erheblich die Bedingungen. Dennoch verliefen die Manöver der etwa 22 000

Mann starken Truppen planmäßig. Der Erzherzog, der ihnen am 26. und 27 Juni beiwohnte und auf einem Pferd die Truppenbewegungen verfolgte, war zufrieden und sparte nicht mit Anerkennung. Das kam auch in seinem Armeebefehl, den er am 27. Juni erließ, zum Ausdruck. »Ich werde Seiner Majestät dem Kaiser, unserem geliebten Obersten Kriegsherrn, hiervon Meldung erstatten und spreche Seiner Exzellenz, dem Herrn Armee-Inspektor, sowie allen Generalen, Offizieren und Mannschaften beider Korps... meinen herzlichsten Dank und die vollste Anerkennung... aus.«[199]

Eine Begebenheit sorgte für befreiendes Gelächter. Aus einem Gebüsch war ein Mann herausgesprungen, der mit einem schwarzen Rohr auf den Erzherzog zielte. Ein Soldat packte ihn am Kragen. Doch noch war es nur der Photograph, der eine Aufnahme machen wollte...

In der serbischen Presse war die Truppenstärke weit überhöht, nämlich mit 250 000 Mann, angegeben worden. Von einer geplanten »Aktion« gegen Serbien war die Rede.

Franz Ferdinand erstattete selbstverständlich dem Kaiser eine ausführliche Meldung: »Der Zustand der Truppen sowie ihre Leistungen waren ganz vorzüglich über alles Lob erhaben. Ein vorzüglicher Geist und ein hoher Grad der Ausbildung und Leistungsfähigkeit. Beinahe keine Maroden, alles frisch und munter. Morgen besuche ich Sarajevo und reise abends ab...«[200] Er hatte recht. Er würde von Sarajevo abreisen, aber nicht mehr als Lebender. Das Antworttelegramm, das der Kaiser ihm sandte, erhielt Franz Ferdinand nicht mehr.

Sophie hatte die Anwesenheit ihres Gatten bei den Manövern dazu benutzt, um Sarajevo kennenzulernen. Sie besichtigte Kirchen, Klöster, die große Moschee und die staatliche Teppichfabrik. Dazu wurden Schulen und religiöse Einrichtungen besucht und aus der Privatschatulle Spenden verteilt. Man war bemüht, die Besuche gerecht auf alle Nationalitäten und Konfessionen zu verteilen und niemanden zu übergehen. Dabei war aus dem Programm keineswegs ein Geheimnis gemacht worden. Den Schutz der Herzogin gewährleistete allein die örtliche Polizei. Aus späterer Sicht ein ziemlich leichtsinniges Verfahren, doch die Tatsache, daß nichts geschah, mochte bei allen die Überzeugung bekräftigen, wie harmlos die Anwesenheit der österreichischen Gäste sei. Wahrscheinlich wiegte man sich sogar in dem Glauben, daß sie hier allen willkommen seien.

Im Hotel *Bosna* war für den Abend ein opulentes Diner für 40 Gäste vorbereitet worden. Es versammelte die Honoratioren der Stadt, eine Herrenrunde von Spitzen der zivilen und militärischen Behörden. Sophie war die einzige Dame. Die Stimmung war gelöst, nicht nur die Herzogin war erleichtert, daß ihr Mann von dieser gefürchteten Mission gut zurückgekommen war und auch sonst die Manöver ohne Zwischenfall glücklich zu Ende gegangen waren. Ein Telegramm mit der Nachricht, daß ihr Sohn Max die Prüfung am Wiener Schottengymnasium mit Erfolg bestanden hatte, zerstreute alle Sorgen, die sich die Eltern deswegen gemacht hatten.

Nach dem Diner verabschiedete sich der Chef des Generalstabes, General Conrad, mit seinen Offizieren. Ihre Aufgabe war erfüllt. Auch andere Herren wollten noch den Nachtzug nach Budapest und Wien erreichen.

Eine letzte Chance?

Es schien, als gebe das Schicksal in dieser Stunde dem Thronfolger und seiner Frau noch eine Chance. Denn nun schlug Baron Rumerskirch, der Chef von Franz Ferdinands Privatkanzlei, vor, das für den nächsten Tag vorgesehene Programm zu ändern und ebenfalls abzureisen. Was am nächsten Tag noch geplant war, eine Fahrt durch die Stadt in Verbindung mit einem Besuch im Rathaus, erwies sich als vergleichsweise unwichtig. Zunächst gab es einige Zustimmung, auch Franz Ferdinand schien mit dem Gedanken zu spielen. Er war nur gezwungenermaßen hergefahren und eigentlich froh, früher nach Hause zu kommen. Doch da erhob sich plötzlich Protest. Stimmen wurden laut, daß man den morgigen Besuch in Sarajevo doch nicht absagen könne, das sei eine Beleidigung, wenn nicht gar eine Brüskierung des Landeschefs, der sich mit den Vorbereitungen so große Mühe gegeben habe. Auch die loyale Bevölkerung würde mit Recht über die Mißachtung ihrer Stadt verstimmt sein. Das sah Franz Ferdinand schließlich ein. Somit war beschlossen, daß alles beim alten blieb. Das Schicksal nahm seinen Lauf.

Friedrich Funder berichtet in seinen Erinnerungen von einem Gespräch, das Dr. Josip Sunarić, Landtagspräsident von Bosnien und Herzegowina, an diesem Abend in Ilidža mit der Herzogin von Hohenberg geführt habe. »Lieber Dr. Sunarić«, habe sie sich an ihn gewandt und damit auf die Warnungen angespielt, die er vor der Reise ausgesprochen hatte, » Sie haben sich doch geirrt, es ist nicht so wie Sie immer sagten. Wir sind überall im Land, auch ausnahmslos von der serbischen Bevölkerung, so freundlich begrüßt worden, mit einer solchen Herzlichkeit und ungeheuchelten Wärme, daß wir ganz glücklich darüber sind.« Sunaric habe darauf erwidert: »Hoheit, ich bitte Gott, daß, wenn ich morgen die Ehre habe, Sie zu sehen, Sie mir dieselben Worte wiederholen können. Mir wird dann ein Stein von Herzen fallen, ein großer Stein.«[201] Der Landtagspräsident sah das Thonfolgerpaar zwar wieder, aber es war bereits tot.

Am selben Abend, als die verbliebenen Gäste des Thronfolgerpaares noch fröhlich bei türkischem Kaffee und Kognak beisammen saßen, trafen sich auch die Verschwörer. Sie waren nun zu sechst. Keiner von ihnen hatte je eine Bombe in der Hand gehabt, eine kurze Erklärung, was sie damit zu tun hatten, mußte genügen. Die Waffen sollten ihnen endgültig am nächsten Tag in einer bestimmten Konditorei übergeben werden. Daß sie überhaupt hier angekommen waren, verdankten sie einer Kette jener Zufälle, die manchmal Geschichte machen. Mehr als einmal waren sie nur knapp einer Verhaftung entgangen. Es schien, als hätten sich die Mächte des Schicksals gegen den Erzherzog und seine Gattin und letztendlich auch gegen den Bestand des alten Europa verschworen

Ein schicksalshafter Tag

Der Morgen des 28. Juni war angebrochen, es war ein strahlender Sonntag. Franz Ferdinand und Sophie wohnten in der Kapelle des Hotels einer Messe bei und nahmen ihr Frühstück ein. Der Thronfolger sandte noch zwei Telegramme ab, darunter eines an seine Tochter Sophie: »Befinden von mir und Mami sehr gut. Wetter warm und schön. Wir hatten gestern großes Diner und heute vormittag den großen Empfang in Sarajevo. Nachmittags wieder großes Diner und dann Abreise auf der *Viribus Unitis*. Umarme Euch innigst. Dienstag. Papi.«[202] Kurz nach zehn Uhr trafen Franz Ferdinand und Sophie in Sarajevo ein. Wir wissen nicht, was sie an diesem Morgen noch gedacht, worüber sie gesprochen haben. Über die Heimreise mit dem mächtigen Schiff bis Triest? Über das bevorstehende Wiedersehen mit den Kindern, auf das sie sich freuten? Bestimmt haben sie kaum damit gerechnet, daß jetzt noch etwas passieren könne. Es war doch alles gut gegangen. Die Menschen waren freundlich. Warum sollten sie ihnen auch feindlich gesinnt sein? Taten die österreichischen Behörden nicht ihr möglichstes, um das nachzuholen, was die Türken jahrhundertelang versäumt hatten? Straßen und Eisenbahnen, Schulen und alles, was sonst nötig war in einem zivilisierten Land, waren auf ihre Veranlassung hin gebaut worden.

In der Stadt herrschte lebhaftes Treiben. Auch aus dem Umland waren viele Neugierige gekommen, um den Einzug des Thronfolgerpaares nicht zu versäumen. Dicht gedrängt standen sie an den Straßen, durch die die Gäste kommen würden. Unter ihnen auch die Verschwörer. Sie hatten erneut Verstärkung bekommen und waren jetzt zu acht, blutjunge Burschen, beseelt von jenem Fanatismus, der sie zu willigen Werkzeugen der *Schwarzen Hand* machte.

Mitten durch die Stadt Sarajevo fließt die Miljačka, über die einige Brücken führen. Nur ein Ufer ist von einer Straße gesäumt, die damals den Namen »Appel-Kai« trug. Es war der geplante Weg der Autokolonne. Links und rechts der Cumurija-Brücke und ihr gegenüber hatten die Attentäter Aufstellung genommen, Gavrilo Princip befand sich an der nächsten, der Lateiner-Brücke.

Die Sicherheitsvorkehrungen ließen reichlich zu wünschen übrig. Nur einige Polizisten, fast alle Bosnier, sorgten dafür, daß die Wagen ungehindert durchfahren konnten. Die Truppen, die an den Manövern teilgenommen hatten, und die leicht für die nötige Sicherheit hätten sorgen können, hatte man gar nicht in die Stadt gelassen. Die Bevölkerung hätte sich durch die vielen Soldaten bedrängt fühlen können. Man wollte sie nicht verärgern. Außerdem hatten sie nur ihre Felduniformen und die waren womöglich durch das schlechte Wetter verschmutzt. So repräsentierte man nicht im Namen Österreichs. Die Wiener *Presse* vom 27. Juni 1964 schrieb allerdings, es sei der Wunsch Franz Ferdinands gewesen, keine besonderen Absperrungen zu verfügen.

Als Kaiser Franz Joseph im Jahre 1910 Sarajevo besucht hatte, war nämlich die ganze Stadt abgesperrt worden, viele Personen, die den Behörden verdächtig waren, hatten Hausarrest bekommen, und eine Doppelreihe Soldaten hatte zu beiden Seiten der Straße Spalier gestanden, um jeden Versuch eines Attentats sofort zu vereiteln. Wie Graf Sternberg später sarkastisch vermerkte, »stand damals hinter jedem Baum ein Soldat mit dem Rücken zur Straße, jetzt stand bei jedem Baum ein Mörder mit einer Bombe«[203].

Nach Besichtigung einer am Rande der Stadt gelegenen Kaserne fuhr die Kolonne zum Rathaus. Im ersten Wagen befanden sich Polizeioffiziere, die die Detektive des Thronfolgers einfach abgedrängt hatten, im zweiten Bürgermeister Curčić und der Regierungskommissär Dr. Gerde, im dritten das Thronfolgerpaar und diesem gegenüber Feldzeugmeister Potiorek. Neben dem Chauffeur saß der Besitzer des Wagens, Graf Franz Harrach. Der Wagen, ein *Phaeton* der Firma Graef und Stift, war offen. Im Unterschied zu Kaiser Franz Joseph, der Autos ablehnte, zählte Franz Ferdinand zu den ersten Eigentümern eines solchen Gefährts, dessen Geknatter viele Menschen immer noch in Angst und Schrecken versetzte. Der Thronfolger trug die Generalsuniform mit hellblauem Waffenrock, schwarzer Hose mit roten Seitenstreifen und den mit einer grünen Papageienfeder geschmückten Hut der hohen Generalität, die Herzogin ein weißes Seidenkleid und gemäß der damaligen Mode einen großen Hut mit Reiherfedern. Drei Autos mit dem Gefolge Franz Ferdinands und ein Reservewagen bildeten den Schluß der Kolonne. An ein Unheil dachte niemand.

Als das Auto des Thronfolgers an der Čumurija-Brücke vorbeifuhr, trat als einziger Čabrinović in Aktion. Er packte seine Bombe, schlug die Zündkapsel an einen Strommast der Straßenbahn und warf den büchsenförmigen Gegenstand in Richtung des Autos. Glücklicherweise verfehlte die Bombe weitgehend ihr Ziel, sie ritzte nur ein wenig die Haut an Sophies Hals und landete, von Franz Ferdinand geistesgegenwärtig weggeschleudert, auf dem offenen Verdeck des Wagens. Von dort kollerte sie auf die Straße und explodierte gerade in dem Augenblick, als der folgende Wagen über sie fuhr. Ein lauter Knall, Fensterscheiben und Straßenlaternen gingen zu Bruch, im Nu entstand im Straßenpflaster ein großes Loch. Rund zwanzig Personen wurden von den Splittern verletzt, im Auto erlitt der Adjutant des Gouverneurs, Oberstleutnant von Merizzi, eine tiefe Kopfwunde. Die Verschwörer suchten das Weite, Čabrinović lief zur Miljačka hinunter, wo er vergeblich versuchte, mit etwas Wasser das Zyankali zu schlucken, ehe die Gendarmen ihn am Kragen packten und verhafteten.

Princip erfaßte nur am Rande, was geschehen war. Er selbst

konnte nichts mehr unternehmen, da die Autokolonne nun mit erhöhter Geschwindigkeit zum Rathaus fuhr. Es hatte den Anschein, als wäre mit der Verhaftung des Attentäters die Aktion zu Ende und der Thronfolger, dem die Bombe ja gegolten hatte, mit dem Schrecken davongekommen.

Man kann sich vorstellen, wie es Sophie zumute war. Vermutlich saß ihr der Schrecken noch immer in allen Gliedern, als sie an der Seite ihres Mannes die Stufen zum Rathaus emporstieg. Doch man hatte sie von Jugend auf gelehrt, Haltung zu bewahren, Haltung um jeden Preis. Vor dem Portal wartete der Bürgermeister, der die Explosion wohl für einen Akt der Begrüßung gehalten hatte, und setzte eben zu seiner vorbereiteten Rede an, als ihn der Erzherzog scharf unterbrach: »Herr Bürgermeister! Da kommt man nach Sarajevo als Vertreter des Kaisers, um einen Besuch zu machen und wird mit Bomben beworfen. Das ist empörend! So und nun können Sie weitersprechen!« Stockend sprach der Bürgermeister weiter: »... die ganze Bevölkerung der Landeshauptstadt Sarajevo ist glückbeseelt und begrüßt mit der größten Begeisterung Eurer Hoheiten höchsten Besuch mit dem herzlichsten Willkommensgruß...«[204] Sophie und dem Erzherzog mußte diese Ansprache wie ein Hohn erscheinen.

Der Erzherzog bedankte sich, das gehörte sich so, aber die Blutspritzer – Spuren, die Sophies Kratzer auf dem Papier hinterlassen hatte – ließen ihn eher Zorn als Dank empfinden.

Ein kleines Mädchen, die Tochter des Landtagsdirektors, überreichte Sophie einen Blumenstrauß, automatisch strich sie dem Kind über das Haar. Dann folgte sie einigen bosnischen Damen in den ersten Stock, wo sie eine kleine Ausstellung besichtigte, die man ihr zu Ehren zusammengestellt hatte. »Wie schön und lieblich bist du!«, sagte die Gattin des Landtagsdirektors zum Abschied zu Sophie. »Wir haben uns mit dir so gefreut! Komm doch oft, recht oft, wieder zu uns!«[205]

Inzwischen hatte der Erzherzog beschlossen, in das Garnisonsspital zu fahren. Oberstleutnant Merizzi war durch die

Bombe verwundet worden, die eigentlich ihm, dem Thronfolger, gegolten hatte. Das geringste, das er für ihn tun konnte, war, sich persönlich nach seinem Ergehen zu erkundigen. Ein verhängnisvoller Entschluß. Doch er hielt ihn für seine Pflicht.

Oberst Bardolff regte an, erst die Straßen räumen zu lassen, durch die man fahren würde. »Glauben Eure Hoheit, daß die Stadt aus lauter Mördern besteht?«, wehrte Potiorek den Vorschlag ab. Sichtlich war ihm die Idee, Militär aufmarschieren zu lassen, unangenehm. Oder wollte er nur verhindern, daß die Soldaten vor der Herzogin von Hohenberg salutierten, worauf sie ein Anrecht hatte? Das hatte er bisher vermieden. War er wirklich so überzeugt, daß die Gefahr vorüber war, nachdem der Bombenwerfer sich in sicherem Gewahrsam befand?

»Mir scheint, wir werden heute noch ein paar Kugerln bekommen«[206], bemerkte Franz Ferdinand mit einem schwachen Versuch zu scherzen und befahl, daß seine Frau mit Baron Morsey unverzüglich nach Ilidža fahren sollte, während er sich zum Krankenhaus begäbe.

Doch die Herzogin weigerte sich. Sie erklärte nachdrücklich, nicht von der Seite ihres Gatten zu weichen, solange sich dieser in der Stadt befinde. Und als der Erzherzog sich selbst an sie wandte, erwiderte sie fest: »Nein, Franz, ich gehe mit dir.« Wie die *Reichspost* später berichtete, habe man Sophie schon vor Antritt der Reise gewarnt, daß es in Bosnien vielleicht gefährlich werden könnte. Doch sie habe nur geantwortet: »Da bin ich an der Seite meines Mannes erst recht am Platz!«[207]

Das Schicksal nahm seinen Lauf. Wie Wladimir Aichelburg in seinem Buch *Das Attentat* berichtet, meinte Janaczek später, daß das einzige Mittel, die Herzogin von ihrem Entschluß abzubringen, nur ein Hinweis auf die Kinder gewesen wäre.

Was nun geschah, war eine Kette von Mißverständnissen, vermengt mit einer unglaublichen Schlamperei und der Eigenwilligkeit Franz Ferdinands. Zwar war beschlossen worden, nicht durch die engen Gassen der Stadt zu fahren, sondern den Appel-Kai entlang, zwar bestand Graf Harrach darauf, seinen Sitz im Auto gegen einen Stehplatz auf dem linken Trittbrett zu vertauschen, um den Erzherzog, wenn nötig, mit seinem eigenen Körper zu decken, aber auf das am nächsten liegende, das Verdeck des Autos wenigstens zu schließen, um die Insassen den Blicken möglicher Attentäter zu entziehen, kam man nicht. Sie saßen wie auf dem Präsentierteller, allen dargeboten, die am Straßenrand standen. Da das Auto Rechtssteuerung hatte, damals überhaupt Linksverkehr herrschte, stand Harrach gerade richtig, um den Erzherzog gegen den Gehweg am Miljačkaufer hin zu schützen.

Die Wagen setzten sich in Bewegung. Oberst Bardolff hatte den Polizeichef Dr. Gerde, der im ersten Wagen sitzen würde, genau über die Änderung der Fahrstrecke informiert. Die anderen Wagen sollten folgen. Hatte Gerde den Auftrag nicht weitergegeben? Oder hatte sein Chauffeur ihn vergessen? Jedenfalls bog er in Höhe der Lateiner-Brücke, anstatt gerade weiterfahren, rechts in die Franz-Josephs-Straße ein. Es war der Weg, der ursprünglich geplant gewesen war. Genau dort, an der Ecke vor dem Feinkostladen von Moritz Schiller, hatte sich Gavrilo Princip postiert, um das Mißgeschick seines Kollegen Čabrinović vielleicht doch wiedergutzumachen.

Die tödlichen Schüsse

Der Fahrer Loyka, der den Wagen des Thronfolgerpaares steuerte, hatte sich eben angeschickt, dem ersten Wagen zu folgen, als ihn Potiorek ärgerlich anwies, doch wie befohlen geradeaus zu fahren. Loyka, der schon halb abgebogen war, schaltete in den Rückwärtsgang, sekundenlang stand der Wagen still, nicht viel mehr als zwei Meter von der Stelle entfernt, an der sich Princip befand. Wäre das Auto den Appel-Kai entlang weitergefahren, hätte die Entfernung für den Attentäter einige Meter mehr betragen. Er hätte entweder gar nicht geschossen oder sein Ziel wahrscheinlich verfehlt. Er hätte auch jetzt nicht schießen können, hätte ihn der hinter ihm stehende Polizist daran gehindert, als er die Pistole aus seiner Hosentasche zog. Doch der Polizist wurde von einem anderen Mann weggestoßen. Princip hatte freie Bahn. In der Hand hielt er eine FN Browning PK, Kaliber 9 mm. Franz Ferdinand und Sophie waren ihm so nah, daß er blind hätte treffen können.

Princip sagte später aus: »Im ersten Moment wollte ich die Bombe, welche ich auf der linken Seite im Gürtel hatte, werfen. Es wäre schwer gewesen, sie herauszunehmen und zu werfen. Ich zog deshalb die Pistole und erhob sie gegen das Automobil, ohne zu zielen. Ich habe sogar, als ich schoß, den Kopf weggewendet. Ich habe zwei Schüsse hintereinander abgegeben.« Hans Bankl, der diese Aussage in seinem Buch *Die kranken Habsburger* zitiert, hält die Schilderung für durchaus glaubhaft.[208] Bankl schreibt weiter: »Das erste Projektil durchschlug das Karrosserieblech auf der rechten Seite des Autos und traf die Herzogin von Hohenberg im Unterbauch. Der Rückstoß der Waffe riß die Hand des Schützen in die Höhe, so daß das zweite Projektil etwa einen Meter höher flog und den Erzherzog in den Hals traf.« Auch ohne zu zielen, hatte Princip nur zu gut getroffen. Einen vermeintlichen Feind der großserbischen Idee hatte er treffen wollen, vernichtet hat er ein ganzes Reich, eine Dynastie, die fast siebenhundert Jahre geherrscht hatte, und letztendlich das ganze alte Europa.

Rasch fuhr das Auto über die Lateiner-Brücke zum Konak, dem alten Regierungssitz des türkischen Gouverneurs, wo im festlich gedeckten Saal bereits ein reichhaltiges Mittagessen vorbereitet war und auf seine hohen Gäste wartete.

Graf Harrach gab später das Geschehen wieder: »Während das Auto rasch reversierte, spritzte ein dünner Blutstrahl vom Munde Seiner Kaiserlichen Hoheit. Während ich mit der Hand mein Taschentuch zog, um das Blut abzuwischen, rief Ihre Hoheit: ›Um Gottes willen! Was ist dir geschehen?‹ Worauf sie vom Sitz hinabsank mit dem Gesicht zwischen den Knien des Erzherzogs. Ich ahnte gar nicht, daß sie getroffen wäre und dachte, sie sei aus Schreck ohnmächtig geworden. Auf das sagte Seine Kaiserliche Hoheit: ›Sopherl, Sopherl, stirb mir nicht! Bleibe für unsere Kinder!‹ Ich ergriff den Erzherzog beim Rockkragen, um das Vorsinken des Kopfes zu verhindern, und fragte ihn: ›Leiden Eure Kaiserliche Hoheit sehr?‹ Worauf er deutlich antwortete: ›Es ist nichts. Es ist nichts‹, wiederholte er sechs- bis siebenmal, immer mehr das Bewußtsein verlierend und immer leiser: ›Es ist nichts.‹ Dann trat eine sehr kurze Pause ein, worauf ein heftiges Röcheln infolge des Verblutens eintrat, welches bei der Ankunft im Konak aufhörte.«[209]

Ärzte waren rasch zur Stelle, aber jede Hilfe war vergeblich. Erzherzog Franz Ferdinand und Herzogin Sophie waren im Konak in die im ersten Stock gelegene Wohnung Potioreks getragen und dort zu Bett gebracht worden. Die Herzogin war bereits tot. Franz Ferdinands Herz schlug noch schwach, doch er erwachte nicht mehr aus seiner Bewußtlosigkeit und starb einige Minuten später. Der rasch herbeigerufene Stadtpfarrer hatte beiden noch die Sterbesakramente erteilt.

Erzbischof Stadler war ebenfalls herbeigeeilt, doch er kam zu spät.

Die letzte Stunde des Ehepaares schlug genau zum selben Datum und zur selben Uhrzeit, in der 14 Jahre zuvor Franz Ferdinand den Renunziationseid geleistet hatte.

Hans Bankl stellt die genaue Diagnose: »Seine k.u.k Hoheit Erzherzog Franz Ferdinand: An der rechten Halsseite ein Zentimeter oberhalb des Schlüsselbeins eine unregelmäßige Öffnung der Haut... größter Durchmesser 5 Millimeter. Bei der schichtweisen Präparierung... zeigt sich eine Durchreißung der Halsvene, ferner ein Kanal... welcher in die Luftröhre, deren Knorpelringe zertrümmert sind, führt... Die Folge einer solchen Verletzung ist nicht eine Verblutung, sondern eine Luftembolie durch Ansaugen von Luft in das Blutgefäß: Luft gelangt in die Vene, von dort in Herz und Lunge. Der Blutkreislauf bricht zusammen. Dies ist innerhalb kürzester Zeit tödlich.«

»Ihre Hoheit Herzogin von Hohenberg. In der rechten

Weiche ... eine längsovale Öffnung in der Haut ... Der Unterbauch und das kleine Becken teils mit flüssigem, größtenteils aber mit geronnenem Blut gefüllt. Die untere Hohlvene und der rechte Zweig der Bauchschlagader vollständig durchtrennt. Die Todesursache nach einer solchen Verletzung ist eine innere Verblutung innerhalb von Minuten.«

Bankl folgert: »Die Schüsse ... waren dilettantisch abgefeuert, aber sie haben millimetergenau getroffen.«[210]

Was mochten die beiden Opfer wohl gedacht haben in der letzten Minute ihres Lebens? Konnten sie überhaupt noch einen klaren Gedanken fassen? Wohl kaum, denn eine gnädige Bewußtlosigkeit lähmte bald ihre Sinne und ließ sie hinübergleiten in jenes andere Land, an das sie mit aller Inbrunst ihres Herzens glaubten.

Der Attentäter wurde mit Säbelhieben überwältigt und gefangengenommen. Er war schuldig, zwei Menschen kaltblütig ermordet zu haben. Aber kaum weniger schuldig waren die österreichischen Beamten, allen voran Feldzeugmeister Potiorek, der nicht ausreichend für die Sicherheit seiner Gäste gesorgt hatte. Denn gerade er und seine Beamten mußten gewußt haben, welche Kräfte in den Untergrundorganisationen wirkten und welchen Rückhalt sie in der Bevölkerung hatten. Zweifellos kannten sie auch die Bedeutung des Vidovdans für die serbische Bevölkerung. Hätten sie, die an Ort und Stelle tätig waren, rechtzeitig und mit Nachdruck vor dem Unternehmen gewarnt, es wäre wahrscheinlich gar nicht zu jener verhängnisvollen Reise gekommen. Zumindest hätten sie darauf bestehen müssen, diese sofort abzubrechen, nachdem das erste Attentat glücklicherweise mißlungen war.

Kaisertreue Kroaten und Bosnier zogen durch die Straßen und hielten Bilder des Monarchen und des Thronfolgers hoch. Sie riefen »Zivio« auf die Habsburger und die Herzogin von Hohenberg. Immer wieder erklang die Kaiserhymne. Wenn österreichisches Militär erschien, wurde es auf die gleiche Weise begrüßt. Auch zahlreiche Frauen nahmen an den Demonstrationen teil. Wie die *Reichspost* vom 30. Juni berichtete, knieten die Menschen an der Stelle des Attentates nieder und »ihre Gebete für das Seelenheil des Erzherzogs und der Herzogin mengten sich mit lautem Weinen und Schluchzen.« Vielfach kam es zu Plünderungen und Zerstörungen von Wohnungen und Lokalen serbischer Bewohner. Auch das Hotel *Europa*, das sich in serbischem Besitz befand, wurde demoliert. Möbel wurden aus den Fenstern geworfen, vor einem Bettwarengeschäft war die Straße weiß von den Federn zerrissener Kissen und Decken. Auch in Mostar und Agram, dem heutigen Zagreb, kam es zu ähnlichen Demonstrationen, wobei wie immer bei solchen Exzessen auch viele unschuldige Serben zu Schaden kamen. Die Armee mußte eingreifen, um die Ruhe wiederherzustellen.

In Belgrad war die Presse sofort bemüht, jegliche Mitschuld Serbiens an dem Attentat zurückzuweisen, und in ganz Europa fragten sich die Menschen, wie die Monarchie auf diese Tat wohl reagieren würde. Der Balkan war erneut zum Pulverfaß geworden.

Die Heimkehr

Die Reaktion des Kaisers

Die Toten wurden im Konak aufgebahrt, einbalsamiert und schließlich eingesargt.

Das Telegramm von dem schrecklichen Ereignis erreichte die kaiserliche Villa in Bad Ischl am frühen Nachmittag. Graf Paar, der dem Monarchen schon 16 Jahre zuvor die Nachricht vom Attentat auf Kaiserin Elisabeth hatte mitteilen müssen, oblag auch diesmal die traurige Pflicht.

Margutti berichtet über das Gespräch, das er am Abend des 28. Juni mit Graf Paar darüber führte. Paar sagte: »Der Kaiser ist schon ein alter Mann. Er machte in seinem Leben bereits so viel Böses durch – viel Schlimmeres als das.«

Margutti wandte ein, daß dieses Unglück den Kaiser doch furchtbar angegriffen haben müsse. »Natürlich«, entgegnete Graf Paar, »aber du weißt, wie der Kaiser mit dem Erzherzog stand; ein herzliches Verhältnis war das nicht. Das ist ja nicht unbekannt. Der Erzherzog hat manches, vieles, getan, um sich die Gefühle seines ihm von Haus aus gut gesinnten Onkel zu entfremden. Seit langem standen sich die beiden menschlich nicht mehr nahe. Die Ehe hat den Monarchen vor die schwersten Seelenkämpfe gestellt. Selbst nach des Erzherzogs feierlicher Renunziation für seine Kinder vermochte der Kaiser nie die Besorgnis loszuwerden, daß Franz Ferdinand, von seiner überaus ehrgeizigen Frau angeeifert und gedrängt, einmal doch Mittel und Wege finden würde, um seinem älteren Sohn irgendwie die Thronfolge zu sichern... Deshalb machte er (der Kaiser) sich immer wieder die bittersten Vorwürfe, daß er die Ehe in dieser Form zugelassen und damit vielleicht über das Reich noch eine unter Umständen geradezu verhängnisvolle Kalamität heraufbeschworen habe... Zur heutigen furchtbaren Schicksalsfügung hat der Kaiser überhaupt nicht viel gesagt. Im ersten Augenblick war er aufs tiefste betroffen... Dann aber sprach er – nicht eigentlich zu mir, sondern mehr zu sich selbst: ›Entsetzlich! Der Allmächtige läßt sich nicht herausfordern! Eine höhere Gewalt hat wieder jene Ordnung hergestellt, die ich leider nicht zu erhalten vermochte.‹«

Margutti folgert daraus: »Mit seinem (Franz Ferdinands) und seiner Gemahlin Tod fiel dem alten Monarchen ein Stein vom Herzen; der greise Kaiser konnte sich hierbei – sage man, was man wolle – eines Gefühls der Erleichterung nicht erwehren.«[211]

Viele haben die Wahrheit jenes Berichtes bezweifelt. Die Wortwahl entspreche nicht der Ausdrucksweise des Kaisers. Doch andererseits ist zu bedenken, daß beide Adjutanten langjährige Weggefährten Franz Josephs und ihm in unbedingter Treue ergeben waren. Warum sollte gerade Freiherr von Margutti, auch bei dieser Gelegenheit ein Kritiker der Herzogin von Hohenberg, einen Ausspruch erfinden, der dem Monarchen eigentlich nicht besonders zur Ehre gereichte? Hören sich diese Worte doch an, als habe der Erzherzog durch seinen Tod nur die Strafe dafür erhalten, gegen alle Tradition seine Ehe erzwungen zu haben.

Erzherzogin Valerie notierte in ihr Tagebuch: »In aller Sorge, wie Papa diese neue Erschütterung tragen würde, war ich mir doch bewußt, daß es nur eine Aufregung und kein Schmerz für ihn sei.«[212] Auch Oberst Bardolff beschreibt die Reaktion des Kaisers, als er ihn zur Berichterstattung über das Attentat zu sich befohlen habe. »Und wie hat sich der Erzherzog gehalten?«, habe er gefragt. »Wie ein Soldat, Euer Majestät«, lautete die Antwort des Obersten. Und nach einer kleinen Pause kam die Frage, die den Monarchen offenbar viel mehr interessierte: »Und wie waren die Manöver?«[213]

Tatsächlich hatte Franz Joseph in seinem langen Leben vieles durchgemacht. Sein einziger Sohn war zum Mörder und Selbstmörder geworden, seine Frau, die er trotz aller charakterlichen Unterschiede unendlich geliebt hatte, fiel durch die Hand eines Anarchisten, sein Bruder Ferdinand Max wurde in Mexiko als Usurpator erschossen. Und innig war das Verhältnis zu seinem Neffen ja wirklich nicht.

Wenn eine mögliche Aufwertung des jungen Herzogs Max von Hohenberg – die der Erzherzog immer geleugnet hatte – wirklich für ihn eine so große Gefahr für die Monarchie bedeutete, warum sollte er nicht erleichtert sein, da seine Befürchtungen nun gegenstandslos geworden waren?

Die Aufnahme der Todesnachricht in Chlumetz

Baron Morsey stand inzwischen eine besonders traurige Pflicht bevor. Er mußte die Familie der Toten verständigen. Besonderes Kopfzerbrechen bereitete ihm, wie er sich den Kindern gegenüber verhalten solle, die in Chlumetz auf die Rückkehr der Eltern warteten. Er beschloß, sich an den Erzieher der Knaben, Dr. Stankowsky, zu wenden, um ihn zu bitten, den Kindern möglichst schonend die schreckliche Nachricht beizubringen. Dieser verständigte sofort die jüngste Schwester der Herzogin, Gräfin Henriette Chotek, die umgehend aus Prag nach Chlumetz reiste. Wie Gräfin Sophie Nostitz sich viele Jahrzehnte später erinnerte, habe man ihr und ihren Brüdern zunächst erklärt, daß auf die Eltern ein Attentat verübt worden wäre und sie verletzt seien. Erst am nächsten Morgen gestand man ihnen, was wirklich geschehen war. »Dr. Stankowsky unterrichtete meine Brüder, und mein Onkel, Graf von Wuthenau, der Gemahl der Lieblingsschwester meiner Mutter, brachte mir die Nachricht so schonend, wie er wahrscheinlich nur konnte, bei. Unser Schmerz war unbeschreiblich, desgleichen das Gefühl völliger Verzweiflung. Unser ganzes Leben hindurch hatten wir nichts anderes als Liebe und Schutz gekannt. Jetzt, ganz plötzlich, konnten wir uns ganz einfach nicht vorstellen, was aus uns einmal werden sollte.«[214] An anderer Stelle wird noch folgender Ausspruch der jungen Prinzessin Sophie überliefert, der vielleicht ins Schwarze trifft: »Es ist gut, daß die Mami mit dem Papi gestorben ist. Wenn sie allein am Leben geblieben wäre, hätte sie den Verstand verloren.«[215]

Das wäre wohl nicht geschehen, denn ihre Religiosität und die Pflicht den Kindern gegenüber hätten ihr geholfen, diesen harten Schicksalsschlag zu ertragen, aber es wäre ihr sehr schwer geworden, allein weiterleben zu müssen.

Hunderte Beileidstelegramme wurden an die Kinder gerichtet, ein sehr herzliches kam von Kaiser Wilhelm aus Berlin: »Wir können kaum Worte finden, um Euch Kindern auszusprechen, wie unsere Herzen bluten in Gedanken an Euch und Euren namenlosen Jammer. Noch vor 14 Tagen bei Euren Eltern noch so schöne Stunden verlebt und nun Euch in diesem unermeßlichen Kummer zu wissen. Gott stehe Euch bei und gebe Euch Kraft, diesen Schlag zu ertragen. Der Segen der Eltern geht über das Grab hinaus.«[216]

Allgemeine Reaktionen

Trotz gegenteiliger Berichte in der Presse, in der mit Extraausgaben die Todesnachricht verbreitet wurde, nahm die Bevölkerung in Österreich die Meldung mit Betroffenheit, aber sonst ziemlich gelassen hin. Es war Sonntag. Das Wetter war schön, die Ausflugsgaststätten voll, die Musikkapellen spielten weiter. Nur das offizielle Wien legte Trauerschmuck an. Das Thronfolgerpaar hatte sich keiner besonderen Beliebtheit erfreut. Franz Ferdinand war nicht populär gewesen wie seinerzeit der Kronprinz. Er hatte es nicht verstanden, das Volk zu gewinnen, und sich wohl auch keine Mühe gegeben. Wie er wirklich war, zeigte er nur im privaten Kreis. Das Volk kannte ihn nicht. Das Mißtrauen beruhte auf Gegenseitigkeit.

Und Sophie? Der Hof hatte sie nicht für würdig gehalten zu repräsentieren, etwa Krankenhäuser, Kinderheime oder andere Einrichtungen der Wohlfahrt zu besuchen, um auf diese Weise mit der Bevölkerung in Kontakt zu kommen wie es für weibliche Mitglieder der Herrscherfamilie üblich war. So blieb auch Sophie dem Volk fern.

Abgesehen von der Familie trauerten vor allem die Menschen, die mit den Mordopfern in persönlichen Beziehungen gestanden hatten. Wie Oberst Brosch von Aarenau, der erste Leiter der Militärkanzlei des Thronfolgers. Sein Brief an General Moritz von Auffenberg zeigt es: »Ich bin wie ein verwundetes Tier, das sich am liebsten in einen Winkel verkriechen und dort verenden möchte… Seit drei Tagen gehe ich nur auf Umwegen, um allen Leuten auszuweichen, in die Kanzlei, lasse mich dort verleugnen… weil ich keinen Menschen sehen kann… Ich bin fast irrsinnig, fast völlig stumpf und ohne einen vernünftigen Gedanken… Den Glauben an eine göttliche Weltordnung habe ich gänzlich verloren.[217]

Ebenfalls tief betroffen äußert sich Fürst Clary-Aldringen in seinen Erinnerungen über den Tag, als er von dem Attentat erfuhr: »Wir waren wie erstarrt vor Entsetzen, kaum eines Wortes fähig; wenn wir auch nicht ahnen konnten, welche Katastrophe Europa bevorstand, so fühlten wir, ja wußten wir, daß es den Feinden gelungen war, unser Vaterland ins Mark zu treffen… Wir verehrten den alten Kaiser… aber wir wußten auch, daß er die notwendigen Umgestaltungen unseres Vaterlandes nicht mehr würde durchführen können, denn, von seinem Alter abgesehen, waren ihm die Hände durch den ungarischen Krönungseid gebunden. So schauten wir auf den Thronfolger… von ihm hofften und glaubten wir, daß er der rechte Mann für das notwendige große Werk sein würde… Ich meine damit nicht nur eine kleine Minderheit, sondern die meisten nachdenklichen Menschen unter den 12 Völkern der Monarchie. Die erste nach dem 28. Juni erscheinende Nummer der illustrierten Wochenschrift *Die Muskete*, eines eher ›linken‹ Blattes, zeigte als Titelbild eine auf tobenden roten Wellen vom Sturm gepeitschte Segelfregatte mit einer schwarz-gelben Fahne. Darunter stand: ›Steuermann über Bord‹. So war instinktiv auch uns zumute.«[218]

Einen Beweis echter Trauer zeigt ein Brief, den eine 1938 verstorbene Kammerfrau der Herzogin hinterlassen hat. Eine Frau, die in enger Gemeinschaft mit ihrer Herrschaft lebte, liefert zugleich ein Zeugnis dafür, wie innig das Zusammenleben der beiden Menschen war, die der Tod nun gewaltsam aus dem Leben gerissen hatte. »Als ich mit Ihrer Hoheit Frau Herzogin von Hohenberg die Reise nach Bosnien am 22.4.1914 machte, sagte sie mir unterwegs: ›Am ersten Juli werden es 14 Jahre sein, seit ich mit Seiner k.u.k. Hoheit dem Erzherzog verheiratet bin. Ich wünschte mir jeden Tag noch einmal zurück.‹ Die gute, treue, edle Seele, Frau Herzogin hat diesen 14. Hochzeitstag nicht mehr erlebt, denn am 28. Juni hat sie binnen einer Minute in dem verhängnisvollen Sarajevo ihre Seele ausgehaucht. Für mich, als ihre treue Dienerin, war dieser so jähe Verlust etwas ganz schauderhaft Entsetzliches, denn ich habe durch den Tod meiner geliebten Herrin meine ganze Freude am Leben verloren, denn ich habe sie aufrichtig und treu ergeben aus ganzem Herzen geliebt. Ich warf mich in die Knie beim Bette meiner Herrin, sprachlos war ich vor tiefstem Leid, mein armes Herz stand einen Moment still, ich konnte kaum an die Wirklichkeit glauben und dachte, dies sei alles nur ein böses Traumbild. Ich weinte bitterlich, dieses Leid ging mir bis ins tiefste Mark meiner Seele. Statt in meinem Paradies weiter leben zu können fand ich mich… an einem tiefen Abgrund des Leides. Oh welch ein Jammer, diese beiden edelgesinnten Menschen zu verlieren. Das war für mich ein Donnerschlag. Warum wurde der gute Herr Erzherzog nach Bosnien zu den Manövern gehetzt? Vielleicht deshalb, daß man ihn dort ermordet? Hat dieser gute, edelgesinnte Herr keinen aufrichtigen treuen Freund gehabt, der ihn rechtzeitig gewarnt hätte? Leider Gott war der hohe Herr von vielen Seiten verkannt. Ich bedauere überhaupt diese zwei hohen Seelen, die mit wahrer inniger Liebe so fest aneinander hingen. Es war die richtige Seelenharmonie!... Auch an dem verhängnisvollen Sonntag... ungefähr 2 Stunden vor dem Mord, sagte der gute Erzherzog zu seiner Frau: ›Du Sopherl, man hat uns ein gedecktes Auto für die Fahrt nach Sarajevo geschickt, aber ich will ein offenes, daß uns die Bosnier sehen können, wie ich es ihnen versprochen habe.‹ Vor der Abfahrt aus Hotel *Bosna* in Ilidža war in der Kapelle, welche in einem Zimmer des Hotels hergerichtet wurde, eine hl. Messe. Es war ein so erhebender Anblick die beiden Hoheiten auf der Kniebank zu sehen vertieft in frommen Gebeten... Ich begleitete ihre Hoheit noch bis zur Stiege und fragte, wann sie zurückkehren wird... Wie schauderhaft als in einer Stunde ein Auto vorfuhr und der Chauffeur mit ganz verstörtem Gesicht den Mantel meiner Herrin brachte, an dem der Spitzenkragen ganz zerfetzt war. Bei diesem Anblick zitterte ich am ganzen Leib. Ich ahnte noch nicht das Ärgste, ging ins Schlafzimmer, nahm vom Nachtkästchen das Sterbekreuzchen, welches die Herzogin stets auf Reisen mitnahm, es war ein Geschenk des hl. Vaters, so auch ein kleines blaues Rosenkränzchen aus Lapislazuliperlen. Gleichfalls ein Geschenk des Papstes. Unten erwartete uns ein Auto und wir fuhren mit verwirrten Sinnen nach Sarajevo in den Konak. Mein furchtbares Entsetzen als ich sah, daß überall schon die schwarzen Fahnen flatterten. Im Konak... bot sich mir ein schauderhaftes Bild dar. Die Hoheiten lagen in den Betten, tot, mit weißen Tüchern zugedeckt und mit Rosen bestreut. Ich war bei dem Anblick meiner geliebten toten Hoheiten ganz niedergeschmettert, es läßt sich nicht schildern, was ich in diesem Augenblick des tiefsten Schmerzes durchgemacht habe...«[219] Dieser durch niemand in Auftrag gegebene Brief spricht eigentlich nicht dafür, daß Sophie ihr Personal schlecht behandelte. Aber als gute Hausfrau, die sie war, hatte sie wohl ein strenges Auge für alles, was im Haus geschah, ließ sie sich weder übervorteilen noch duldete sie eine Nachlässigkeit. Das mag wohl fallweise zu Unmutsäußerungen der Betroffenen geführt haben, deren üble Nachrede später an die Öffentlichkeit gelangte.

Die Wiener *Reichspost* schrieb am 30. Juni 1914 in dem für unsere Begriffe etwas zu theatralischen Stil der damaligen Zeit: »Einer der edelsten Österreicher ist als Blutzeuge für die Sendung Österreichs gefallen. Ein großer, ein erhebender, ein verklärender Tod! Der Gipfel eines österreichischen Heldenlebens! Die Weltgeschichte dichtet die ergreifendsten Tragödien. Welches Ende eines ergreifenden Liebesbundes! Wie hat der tote kaiserliche Prinz die hochsinnige Frau geliebt... Sie starb mit ihm, an seiner Seite. Sie hatte ihn nach dem ersten Attentat, von dunklen Ahnungen erfüllt, gebeten, nicht die Fahrt durch die Stadt zu unternehmen... doch als sein mutiger, ritterlicher Sinn, der keine Furcht kannte, zeigen wollte, daß er die Bevölkerung von Sarajevo nicht für die Schandtat des Mordbuben verantwortlich macht, da kämpfte auch seine Gemahlin die Sorge nieder, wich nicht von seiner Seite und ging mutig der Todesgefahr entgegen... Er ist ihr alles im Leben gewesen; es erlischt das Leben dieser hohen Frau, als das Leben des geliebten Mannes erlischt. Man muß das Familienleben im Hause Erzherzog Franz Ferdinands gekannt haben, um die Schönheit dieses Herzensbundes zu ermessen... Es herrschte in diesem Kreis eine echte Wiener Gemütlichkeit. Franz Ferdinand pflegte im Kreis der Seinen mit ungezwungener Heiterkeit zu verkehren, er sprach einen unverfälschten Wiener Dialekt, seine Ausdrucksweise war kernig und frisch.«

Der Hof in Berlin ordnete Hoftrauer an und würdigte gleichermaßen die morganatische Gattin. »Der kaiserliche Hof legt heute für Seine kaiserliche und königliche Hoheit Erzherzog Franz Ferdinand von Österreich-Este und für Ihre Hoheit Herzogin von Hohenberg die Trauer auf drei Wochen einschließlich 19. Juli an. Berlin, 29. Juni.« Der Kaiserhof in Wien, der auch in dieser Stunde der Trauer den Unterschied zwischen dem allerhöchst geborenen Erzherzog und der einstigen Gräfin nicht vergessen konnte, hätte sich daran ein Beispiel nehmen können.

Die *Arbeiterzeitung*, politisch wirklich nicht auf einer Linie mit dem Erzherzog, berichtete anläßlich seines Todes: »... angesichts dieses schauerlichen Todes, dem zwei Menschen im blühenden Lebensalter erlagen, tritt alles zurück, was von der politischen Betrachtung sein Maß nimmt, und nur das Gefühl bleibt lebendig, das unschuldig vergossenes Blut immer erweckt – sei es in den Tiefen oder auf den Höhen der Menschheit vergossen. Und wie wir Sozialdemokraten aus prinzipiellen und menschlichen Gründen Gegner jeder schnöden Gewalttat sind... so können wir auch diesen unbegreiflichen und grausamen Mord... nur mit unbeugsamer Verurteilung der entsetzlichen Tat verzeichnen. Und daß die Freveltat, die in politisch-nationalen Beweggründen ihren Ursprung hat, nicht bloß den Mann getroffen, der neben dem alten Kaiser das ragende Haupt der Dynastie war, sondern auch dessen Frau, verstärkt den Eindruck, der von dem Morde vorweg ausgeht... Es liegt eine starke Tragik in dem schrecklichen Ende Franz Ferdinands, der so nahe der Herrschaft stand, da nach menschlichem Ermessen der Tag immer näher rückte, da er die Herrschaft ergreifen und in seiner Art führen werde, von der Kugel eines halbwüchsigen Burschen getötet wird. Der Tod des Thronfolgers trifft das Reich, das er regieren sollte, in schweren Bedrängnissen und der Mord wird den Zweifeln an dieser Staatlichkeit nur neue Nahrung geben...«[220]

Karl Kraus, der Herausgeber der *Fackel*, schrieb am 10. Juli in seinem Blatt einen treffenden Nachruf: »Franz Ferdinand war die Hoffnung dieses Staates, die da glauben, daß gerade im Vorland des großen Chaos ein geordnetes Staatsleben durchzusetzen sei... Und Franz Ferdinands Wesen war, alles in allem, den Triebkräften österreichischer Verwesung, dem Gemütlichen und dem Jüdischen, unfaßbar und unbequem...

Der falschen Individualität eines Staatslebens, welches davon lebt, daß man's gewöhnt ist, und weil man sich das Gegenteil nicht vorstellen kann, und damit eine Ruh' ist, war er der Erzfeind ... Er war kein Grüßer. Nichts hatte er von jener gewinnenden Art, die ein Volk von Zuschauern über die Verluste beruhigt. Auf jene unerforschte Gegend, die der Wiener sein Herz nennt, hatte er es nicht abgesehen. Ein ungestümer Bote aus Altösterreich wollte er einer kranken Zeit wehren, daß sie ihren Tod nicht verschlafe. Nun verschläft sie den seinen ...«

Auch alle anderen Zeitungen Österreich-Ungarns reagierten auf den Mord mit Zorn und Empörung. In Deutschland wurde die Tat schon wegen der Freundschaft der Mordopfer mit Kaiser Wilhelm aufs das Heftigste verurteilt. Beim anderen Dreibundpartner, Italien, bekanntlich kein besonderer Freund des Thronfolgers, hieß es auf einer Trauersitzung des Parlaments: »Wir alle umgeben mit ehrerbietiger Trauer den erlauchten Fürsten, der in der Erfüllung seiner hohen Pflichten gefallen ist, sowie seine hohe Gemahlin, welche in Bestätigung höchster Liebe und höchsten Mutes bewiesen hat, daß die innige Zuneigung vereinigter Herzen nicht einmal der Tod trennt.« Sonst aber äußerte man sich weniger freundlich, nannte den Erzherzog »kriegslüstern« und meinte, er sei dem Land nicht gerade wohlgesonnen gewesen. Begreiflicherweise wurden solche Äußerungen in Österreich nicht mit Begeisterung aufgenommen.

Die Kommentare aus dem übrigen Ausland entsprachen der politischen Richtung ihrer Regierungen. Aus der russischen Presse kam viel Sympathie für Serbien. Serbien selbst verhehlte seine Gefühle nicht. Die Tat sei nichts anderes als die Reaktion auf die österreichisch-ungarische Unterdrückung der Balkanvölker, also die gerechte Strafe für Franz Ferdinand. Der französische Geschäftsträger in Belgrad meldete darüber: »Obwohl er (der König von Serbien) die Tat nicht gutheißen kann, ist er darüber hocherfreut.«

Aus Lemberg wurde am 30. Juni berichtet: »Mehrere russische Teilnehmer des Sokoltages in Prag äußerten sich auf der Rückreise nach Odessa, daß seit längerer Zeit in nationalistischen Blättern die Ermordung des Thronfolgers Franz Ferdinand angekündigt wurde. Sie schrieben, daß mit der Hinwegräumung Franz Ferdinands der großen russischen Sache sehr viel genützt wäre...«

Zum besseren Verständnis: »Sokol«, auf deutsch »Falke«, war ein tschechischer Turnerbund, dessen Mitglieder sich einer besonders nationalistischen Gesinnung rühmten.

Eine passende Meldung bringt die *Reichspost:* Sie berichtet, daß nach dem Attentat von Sarajevo im Hause des russischen Gesandten in Belgrad sehr lautstark und fröhlich gefeiert worden sei...

Auch gewisse Kreise in Ungarn mochten über den Tod Franz Ferdinands nicht gerade große Trauer empfinden. Dort wußte man ganz genau, daß man von einer Regierung eines Kaisers Franz II. einiges zu fürchten hatte.

Sichtlich erleichtert zeigte sich Frau Schratt, als sie schrieb: »Jetzt wird er ihn (den Kaiser) nicht mehr quälen können. Es war ja schon nicht mehr zum Aushalten! Erbarmungslos hat er dem alten Herrn Szenen gemacht. Und als der Leibarzt Dr. Kerzl gebeten hat, man solle ihn nicht aufregen, hat es der Thronfolger justament darauf ankommen lassen. Damit den Kaiser der Schlag trifft.« Glaubt man Bertha Zuckerkandl, ging Frau Schratt sogar noch weiter. So soll sie gesagt haben: »Glauben Sie, Graf Paar, ich wüßte nicht, daß, sooft der Kaiser einen Schnupfen gehabt hat, die Herrschaften oben im Belvedere Bittmessen haben lesen lassen – daß er nicht gesund wird?«[221] Zwar ist bekannt, daß die »liebe Freundin« gegen alles protestierte, was des Kaisers geheiligte Ruhe auch nur im mindesten störte, anderseits ist das Zitat zweifelhaft. Nach Brigitte Hamann sind nämlich die Erinnerungen Bertha Zuckerkandls, *Österreich intim*, nicht sehr zuverlässig.

Am 29. Juni abends wurden die beiden Särge unter Entfaltung allen militärischen Pomps zur Bahn gebracht. Der Kommandant des 15. Korps befehligte den Kondukt.

Baron Rumerskirch, Oberst Bardolff, Sophies Hofdame, Gräfin Lanjus, sowie Landeschef Potiorek mit seinen höchsten Offizieren und Beamten folgten ihnen. Geschütze und Truppen feuerten Trauersalut. Der Transport erfolgte auf dem gleichen Weg, den der Thronfolger auf der Hinreise genommen hatte. Auf der *Viribus Unitis* hielten Offiziere die Ehrenwache, die erzherzogliche Standarte wehte auf Halbmast. In Triest blieben die Toten noch über Nacht auf dem Schiff, ehe sie am Morgen mit einem Sonderzug nach Wien befördert wurden. Die *Viribus Unitis* wurde nach dem Waffenstillstand im November 1918 von italienischen Kampfschwimmern in Pola (heute Pula) gesprengt.

Wie vom Obersthofmeisteramt befohlen, kamen die beiden Särge am Wiener Südbahnhof am 2. Juli um zehn Uhr abends an. Es war geplant, daß nur Hofbeamte bei der Ankunft zugegen sein sollten, was aber den neuen Thronfolger, Erzherzog Karl, nicht daran hinderte, trotzdem zum Bahnhof zu kommen. Dort waren die Wände der Halle schwarz dekoriert, nach der Einsegnung trugen Unteroffiziere und Lakaien die beiden Särge zu den mit sechs Rappen bespannten Leichenwagen.

Man hat bemängelt, daß der Leichenkondukt, um jedes Aufsehen in der Bevölkerung zu vermeiden, nachts erfolgte. Um der Wahrheit die Ehre zu geben ist dazu anzumerken, daß auch der Sarg der toten Kaiserin Elisabeth nach ihrer Ermordung in Genf zur selben Nachtstunde durch die Stadt geleitet wurde. Reitknechte mit Laternen, Leibgarden zu Fuß und zu Pferd begleiteten die Wagen. Der Zug durch die dunkle Stadt machte einen gespenstischen Eindruck. Trotz der späten Stunde säumten unzählige Neugierige die Straßen. In diesem Fall sollte der Aufenthalt in Wien aber möglichst kurz gehalten werden, um der Bevölkerung nur wenig Gelegenheit zu geben, von den Toten Abschied zu nehmen. In der Hofburg angekommen, wurden die Särge in die Burgkapelle gebracht, erneut eingesegnet und auf hohe Katafalke gestellt.

Obersthofmeister Fürst Montenuovo hatte schon vorgearbeitet. Die Feindschaft, die er dem Erzherzog und seiner Gattin von Anfang an entgegengebracht hatte, seine deutliche Ablehnung der »Morganatischen«, machte nicht einmal vor dem Tod halt. Hatte er doch vorgeschlagen, den Thronfolger zwar in Wien aufzubahren, die Herzogin aber am besten gleich nach Artstetten zu überführen. Da aber legte der Kaiser sein Veto ein. Schließlich waren beide gleichermaßen Opfer eines politischen Attentates geworden. Eines aber konnte sich Montenuovo nicht versagen: Der Sarg der Herzogin stand um 35 Zentimeter tiefer als der ihres Mannes und demonstrierte auf diese Weise den Rangunterschied. Auch im Tode waren die Menschen nicht gleich. Auf dem Sarg Franz Ferdinands lag sein Erzherzogshut, die Prinzenkrone, sein Säbel und seine Orden, auf dem der Herzogin nur ein Fächer und ein Paar weiße Handschuhe. Viele interpretierten das als ein Zeichen, daß Sophie einmal Hofdame gewesen war. Daß sie immerhin zur Herzogin ernannt worden war, wurde nicht beachtet. Der Obersthofmeister konnte sich eine letzte Demütigung der Unerwünschten nicht versagen.

Am nächsten Tag war die Hofkapelle nur vier Stunden lang für die Bevölkerung geöffnet; dagegen war Kronprinz Rudolf eineinhalb Tage lang aufgebahrt worden. Der Andrang war groß. Lange Schlangen bildeten sich, viele Menschen kamen vergeblich. Sie äußerten lautstark ihre Verärgerung.

Um 16 Uhr fand die offizielle Trauerfeier statt, an der der Kaiser, Mitglieder der kaiserlichen Familie, das diplomatische Korps, die Minister und Generäle teilnahmen. Der Erzbischof von Wien nahm die Einsegnung vor. Ausländische Souveräne waren nicht zugegen. Sie waren gar nicht eingeladen worden, obwohl der deutsche Kaiser sofort den Wunsch, seinem Freund die letzte Ehre zu erweisen, mitgeteilt hatte. Ebenso hatten andere Herrscher ihre Teilnahme an den Feierlichkeiten angekündigt oder hochrangige Vertreter dazu benannt. Die Kinder der Toten fehlten ebenso wie viele Angehörige der Familie Chotek. Auch sie waren unerwünscht. Erzherzogin Maria Theresia führte die Kinder aber anschließend in die Kapelle, damit sie von ihren Eltern Abschied nehmen konnten.

Die Tatsache, daß keine Einladungen an ausländische Herrscher ergangen waren, erklärte man mit dem hohen Alter des Kaisers und seinem labilen Gesundheitszustand, der nur eine schlichte Feier erlaube. Der wahre Grund war politischer Natur: Man wollte keine Gespräche über den Mord, keine Einmischung von außen, man wollte selbst entscheiden, wie man sich Serbien gegenüber verhalten würde. Überhaupt wollte man vermeiden, König Peter von Serbien einzuladen, wie es die Höflichkeit geboten hätte. Damit vergab man die Gelegenheit, sich mit den vielfach verwandten Souveränen zu besprechen, Stärke und Eintracht zu zeigen und so eine Eskalation zu vermeiden. Zugleich verhinderte man auf diese Weise, daß der toten Herzogin mehr Ehren erwiesen wurden, als ihr dem Rang nach zustanden.

Mit der Fahrt zum Bahnhof verband Fürst Montenuovo eine letzte Demütigung der Toten. Der Leichenkondukt erfolgte wieder zu nächtlicher Stunde. Keine militärische Eskorte sollte dem Mann zuteil werden, der immerhin der Generalinspekteur der gesamten Streitkräfte gewesen war, sich um sie viele Verdienste erworben hatte und letztendlich anläßlich einer militärischen Angelegenheit zu Tode gekommen war. Auch wollte man vermeiden, daß der Hochadel dem zweithöchsten Mitglied des Kaiserhauses auf seinem Weg zum Bahnhof das Geleit gab. Da aber erhob sich Protest. Fürst Ernst Rüdiger von Starhemberg, ein Nachfahre des legendären Türkenverteidigers von Wien, zeigte dem Obersthofmeister dessen Grenzen auf. Auf keinen Fall lasse er sich von ihm verbieten, den sterblichen Überresten des Thronfolgers das Geleit zu geben. Und wenn es darauf ankäme, lege er lieber sofort seine Geheime Rats- und Kämmererwürde nieder, als daß er sich zum blinden Werkzeug des Fürsten Montenuovo erniedrige. Das könne dieser Seiner Majestät mit dem schuldigen Respekt melden.

Unter der Führung des Fürsten Starhemberg versammelten sich die Chefs der alten Adelshäuser, im ganzen etwa 120 Herren, darunter auch der Gemahl der ehemaligen Kronprinzessin Stephanie sowie die Fürsten Liechtenstein, Schwarzenberg, Trauttmannsdorf und Lobkowitz. Gemeinsam mit Erzherzog Karl und anderen Erzherzögen begleiteten sie den Trauerkondukt zum Bahnhof.

Die *Arbeiterzeitung* schrieb: »Um zehn Uhr nachts wurden die Leichen des Thronfolgerpaares in zwei einfachen schwarzen Fourgons zum Westbahnhof geführt. Düster war der Leichenzug und bar höfischen Pomps. An der Spitze und im Nachtrab je eine Eskadron Ulanen, zu beiden Seiten der Straße Infanteriesoldaten, die Spalier bildeten, ein paar einfache Hofequipagen, die den Hofstaat des Thronfolgerpaares bargen, dann die beiden geschlossenen Fourgons, denen rechts und links Leibgardisten ... das Geleit gaben. Ein pomphaftes Bild bot nur das glänzende Trauergefolge von hohen in- und ausländischen Offizieren, Malteserrittern und Hofwürdenträgern, die zu Fuß einherschreitend, barhaupt der Majestät des Todes ihre Ehrenbezeigung erwiesen.«

Unter den Angehörigen des Adels, die den Toten das letzte Geleit gaben, war auch Fürst Clary-Aldringen. Für ihn war die nächtliche Überführung der Särge zum Bahnhof »wohl einer der traurigsten Momente meines Lebens. Ich glaube, alle anderen fühlten dasselbe, es war wirklich, als trügen wir unsere Hoffnung auf die Zukunft zu Grabe.«[222]

Der Kaiser war »not amused« über die eigenmächtige Handlungsweise der Adeligen, ebenso wie über die Kommentare, die von einem Begräbnis »dritter Klasse« sprachen, »ohne jegliche Ehren, die jedem Unteroffizier zuteil geworden wären.«[223]

Dagegen meldet die *Reichspost* unter dem Titel *Das Eingreifen des Kaisers*:

»Auf allerhöchste Anordnung Seiner Majestät werden aus Anlaß der Überführung der Leichen des Herrn Erzherzogs Franz Ferdinand und der Herzogin von Hohenberg die verfügbaren Truppen der Garnison von Wien ausrücken. Dem Leichenzug wird die Ehrenbezeigung durch Schlagen des Generalmarsches und das Senken der Fahnen gestiftet... Die Truppen werden in der Ringstraße und der Mariahilferstraße stehen.«

Dazu kommentiert das Blatt: »Ganz Wien dankt es dem Kaiser, daß er persönlich zugegriffen hat, um die Taktlosigkeit der Hofbehörden abzustellen. Die Entrüstung... ist namenlos. Noch niemals hat Wien eine solche Würdelosigkeit, eine solche Verletzung der Rücksichten, welche dem Kaiserhaus und gar einem für Kaiser und Reich gefallenen Erzherzog-Thronfolger gebühren, erlebt.«

Mit der Verladung der Särge in den Zug war die Verantwortung des Obersthofmeisteramtes für die Gestaltung der Trauerfeierlichkeiten beendet. Der Rest, die Bestattung in Artstetten, war eine private Angelegenheit der Familie. »Ich stelle euch die Leichen bis auf die Westbahn, lasse sie noch einwaggonieren«, soll Montenuovo gesagt haben, »dann aber könnt ihr damit machen, was ihr wollt.«[224]

Man mußte sich der Wiener Städtischen Leichenbestattung bedienen. Die Trauergäste, die nach Artstetten fuhren, waren auf Taxis angewiesen, obwohl es genügend Hofwagen gegeben hätte.

Die Art, wie die Feierlichkeiten zur Bestattung der beiden Opfer von Sarajevo vonstatten gingen, wirbelte viel Staub auf. Vor allem an Fürst Montenuovo übte man harsche Kritik, aber auch der Kaiser wurde, wenn auch erheblich leiser, kritisiert. Die sozialdemokratische *Arbeiterzeitung* und das *Neue Wiener Journal* forderten den Rücktritt Montenuovos, doch der Kaiser nahm die Kritik zum Anlaß für ein Handschreiben, dessen Wortlaut in der *Wiener Zeitung* vom 7. Juli veröffentlicht wurde:

»Lieber Fürst Montenuovo! Im Vollbesitz Meines Vertrauens seit einer Reihe von Jahren an der Spitze Meines Hofstaats stehend, haben Sie, stets in Übereinstimmung mit Meinen Intentionen, unermüdlich und mit ganzem Erfolg Ihres verantwortungsreichen Amtes gewaltet. In den jüngsten Tagen hat das Hinscheiden Meines geliebten Neffen, des Erzherzogs Franz Ferdinand, mit welchem Sie andauernd vertrauensvolle Beziehungen verbanden, ganz außerordentliche Anforderungen an Sie, lieber Fürst, herantreten lassen und Ihnen neuerlich Gelegenheit gegeben, Ihre aufopfernde Hingabe an Meine Person und an Mein Haus in hohem Maße zu bewähren. Gerne ergreife ich den Anlaß, Sie Meines wärmsten Dankes und Meiner vollen Erkenntlichkeit für Ihre ausgezeichneten treuen Dienste zu versichern. Wien, am 6. Juli 1914. Franz Joseph.«

Montenuovo hatte also nur die Wünsche des Kaisers erfüllt; sollte er aber wirklich aus eigener Machtvollkommenheit gehandelt haben, wußte er, daß der Kaiser voll und ganz hinter ihm stand. Die Kritiker hatten ihre Antwort erhalten.

Fürst Lonyay bestätigt: »Der Kaiser hat den Montenuovo immer gedeckt. Er hat ihn zur Cousinage gerechnet und ihm plein pouvoir (alle Vollmacht) gegeben.«[225]

Beisetzung in Artstetten

Am 4. Juli um zwei Uhr früh erreichte der Zug Pöchlarn. Um nach Artstetten zu gelangen, mußte die Donau mittels Fähre überquert werden. Die Brücke bei Melk gab es damals noch nicht. Doch der Zug hatte kaum gehalten, als ein schreckliches Unwetter losbrach. Es blitzte und donnerte und ein Wolkenbruch raubte alle Sicht. Alle Trauergäste, die Verwandten der Toten, unter ihnen die Kinder mit Erzherzogin Maria Theresia, die Geistlichkeit, Abordnungen von Militär und Vereinen, suchten Schutz in dem kleinen Bahnhofsgebäude und warteten, bis das Schlimmste vorbei wäre.

Ein einzelner Trauergast war aus München gekommen: Franz Ferdinands jüngster Bruder, der aus Österreich verbannte Ferdinand Karl. Wegen seiner heimlichen Heirat mit der bürgerlichen Berta Czuber hatte ihn die ganze Strenge der kaiserlichen Vorschriften getroffen. Er war aus dem Kaiserhaus ausgeschlossen worden. Nur die Fürbitte Erzherzogin Maria Theresias beim Kaiser ermöglichte es dem ehemaligen Erzherzog, für diesen einen Tag nach Österreich zur Beisetzung seines Bruders zu kommen. Bedingung war, daß er nur mit »Herr Burg« und nicht mit »Kaiserliche Hoheit« angesprochen wurde. Die gute Stiefmutter eilte auf ihn zu und umarmte ihn. Er sah elend aus.

»Alle, die ihn früher gekannt hatten, zeigten sich erschüttert«, berichtete Nikitsch-Boulles, »und an des Kaisers Verbot hat sich wohl niemand gehalten.«[226] Ferdinand Karl starb bereits ein Jahr später an Tuberkulose. Er war ein gebrochener Mann. Er hatte nicht die Kraft gehabt, die Krankheit zu besiegen, wie es einst seinem Bruder Franz Ferdinand gelungen war.

Da das Unwetter immer noch anhielt, wurde die geplante feierliche Einsegnung der beiden Toten statt vor dem Bahnhof in der Vorhalle vorgenommen, die in aller Eile mit Kandelabern und Kränzen ausgeschmückt worden war. Je sechs Offiziere der beiden Regimenter, deren Inhaber der Erzherzog gewesen war, hielten die Trauerwache.

Aber allmählich mußte man trotz des Gewitters an die Überfahrt denken. Sie war nicht ohne Wagnis. Die Särge wurden auf die Galaleichenwagen gehoben, die die Wiener Bestattungsfirma gestellt hatte. Sie waren bespannt mit je acht Pferden, die bei jedem Donnerschlag scheuten. Als sie sich glücklich auf der Fähre befanden, erschreckte ein besonders heftiger Donner ein Pferd so sehr, daß nicht viel gefehlt hätte, und die Wagen wären samt den Särgen in die Donau gestürzt. Nur mit Mühe gelang es den Kutschern, die Tiere zu beruhigen und an das andere Ufer zu bringen. Dort mußte noch die steile, durch den Regen völlig aufgeweichte Straße zum Schloß überwunden werden. Die Trauergäste waren gezwungen, auszusteigen und zu Fuß durch den Matsch neben den Wagen hinaufzugehen.

Die Schloßkirche war dem Anlaß entsprechend würdig geschmückt worden. Die zur Beisetzung angereisten Gäste trafen pünktlich um 9 Uhr ein. Sie benötigten über 100 Taxen, die Kränze zwei Eisenbahnwaggons. Sie bildeten ein Spalier von der Kirche durch den Park bis zur Gruft.

Obwohl Fürst Montenuovo das Programm der Beisetzung kannte, hatte er zur selben Zeit das feierliche Requiem in der Wiener Hofburgkapelle angesetzt. Alle Geheimen Räte und Kämmerer waren verpflichtet, daran teilzunehmen. Doch die Herren Würdenträger kümmerten sich diesmal weder um ihn noch um das geheiligte Zeremoniell. Sie waren nämlich nicht in Wien, sondern in Artstetten, wo der Abt der nahen Wallfahrtskirche Maria Taferl die Totenmesse hielt.

Das Obersthofmeisteramt hatte pflichtschuldigst die sechswöchige Hoftrauer angeordnet, auf die der Erzherzog, der zwar nur ein Neffe des Kaisers, aber immerhin Thronerbe gewesen war, Anspruch hatte. Bei Sophie, die keine Erzherzogin war, beschränkte man sich auf eine »Familientrauer« für die Dauer von zwölf Tagen.

Die Hoftrauer war streng geregelt. In den ersten vier Wochen war tiefe Trauer angeordnet, die Damen in schwarzer Seide, auch alles übrige in Schwarz, vom Kopfputz, dem Schmuck bis zum Fächer. Für die letzten beiden Wochen waren bereits Garnituren von weißen Spitzen, echter Schmuck und Perlen erlaubt, eventuell ein graues Kleid oder sogar ein weißes mit schwarzen Spitzen.

Sofort nach der Beisetzung fuhren die Trauergäste nach Wien, die Kinder mit Sophies Verwandten im Salonwagen Franz Ferdinands, der neue Thronfolger mit seiner Gattin in einem anderen. Auch die Kinder waren ja nicht ebenbürtig. Da Kaiser Franz Joseph wünschte, sie zu sehen, bevor sie nach Konopischt zurückkehrten, stiegen sie schon an der Station

Penzing aus und wurden vom Grafen Thun, dem Schwager ihrer Mutter, nach Schönbrunn zur Audienz gebracht. Der Kaiser erkundigte sich nach ihren Lernerfolgen und schenkte ihnen Pferde aus den Hofstallungen.[227] Es wird oft geschrieben, daß es sich dabei um das erste und zugleich letzte Mal gehandelt habe, daß ihr Großonkel Franz Joseph sie empfing. Dagegen kann jedoch das *Salonblatt* vom 4. Mai 1913 angeführt werden, das berichtet hatte, daß Erzherzog Franz Ferdinand und Herzogin Sophie »mit ihren Kindern bei seinem allerhöchsten Oheim in Schönbrunn weilten.«

Die drei jungen Menschen hatten von allen den schwersten Verlust erlitten. Sie hatten ihre geliebten Eltern verloren, die ihnen ihre ganze Liebe gegeben hatten und ihnen Schutz und Schirm gewesen waren. Eine glückliche Familie und eine heile Welt waren jäh vernichtet worden. Zurück blieben drei Kinder, Habsburger dem Blute nach, und doch weit vom Kaiserhaus entfernt.

KRIEG

Krieg oder Frieden

Juli 1914. Europa rätselte. Daß Serbien hinter dem Attentat steckte, darüber war man sich allgemein im klaren, auch wenn es nicht überall laut ausgesprochen wurde. Aber was würde Wien tun? Würde es mit Härte reagieren und eine Strafaktion starten? Oder aber es bei einem Protest bewenden lassen? Krieg oder Frieden? Noch war nichts entschieden.

Für Generalstabschef Conrad war die Angelegenheit eindeutig. Die Ermordung des Thronfolgers und seiner Gattin war ein eklatanter Grund, endlich den Krieg zu führen, zu dem er schon so lange geraten hatte. Es gab keinen anderen Ausweg. Schließlich konnte sich eine Großmacht wie Österreich-Ungarn nicht von solch einem kleinen, unbedeutenden Land auf der Nase herumtanzen lassen! Es war höchste Zeit, den Serben ein für allemal zu zeigen, wer auf dem Balkan der Herr war. Krieg war in diesem Fall die einzige Lösung, wollte die Monarchie nicht vor aller Welt als Schwächling dastehen. Darin war Conrad mit Kriegsminister Krobatin einig.

Außenminister Berchtold, anfangs etwas zögerlich, schlug schließlich ebenfalls ein »klares Aktionsprogramm« vor. Denn: »Sollten wir selbst in einem solchen Fall Schwäche zeigen, würden die Nachbarn im Süden und Osten um so sicherer mit unserer Ohnmacht rechnen und um so konsequenter ihr Zerstörungswerk zu Ende führen.«[228]

Dagegen lehnte der ungarische Ministerpräsident Graf Tisza entschieden jede militärische Aktion gegen Serbien ab. Der

Kaiser aber, schließlich der eigentliche Herr über Krieg und Frieden, wünschte sich vor allem der Rückendeckung Deutschlands zu versichern. Darauf kam es an, sollte Rußland Serbien zu Hilfe kommen.

Das an Kaiser Franz Joseph gerichtete Schreiben, das Kaiser Wilhelm an Bord seiner Yacht *Hohenzollern* unterzeichnete, enthielt die Versicherung, »daß Du auch in den Stunden des Ernstes mich und mein Reich in vollem Einklang mit unserer altbewährten Freundschaft und unseren Bündnispflichten treu an Eurer Seiten finden wirst.«[229]

Doch hielt Kaiser Wilhelm ein Eingreifen Rußlands eher für unwahrscheinlich, da es doch wohl nicht gemeinsame Sache mit den Mördern machen werde und auch England und Frankreich nicht bereit zu einem Krieg sein würden.

Zunächst schien die Kriegsgefahr also gebannt. Der deutsche Kaiser hatte wie immer seine Nordlandfahrt angetreten, Kaiser Franz Joseph war nach Ischl zurückgekehrt. Auch Frau Schratt übersiedelte in ihre Ischler Villa. Wer »dazugehörte«, übersiedelte mit. Denn was man war, ließ sich daraus erkennen, ob und wo man in Ischl ein Urlaubsquartier hatte. Statt zu Mozart und Wagner in die Wiener Oper ging man zu Lehars Operetten ins Ischler Sommertheater, statt in die Konditorei Demel eben zum Zauner. In diesem Juli 1914 schien alles so abzulaufen wie man es seit Jahren gewohnt war. Auch die Wiener lebten zunächst weiter wie bisher.

Das Ultimatum

Es schien aber nur so. Denn am Ballhausplatz, dem Sitz der Regierung, war man noch lange nicht entschlossen, das Attentat von Sarajevo ungesühnt zu lassen. Wirkliche Beweise für die Mittäterschaft der serbischen Regierung fanden sich zwar nicht; dennoch war man davon überzeugt, daß die Donaumonarchie als Großmacht erledigt sei, wenn man nichts nehmen würde. Erst Jahre später sollte die Schuld Serbiens bewiesen werden, was aber nicht bedeutet, daß man in Belgrad die Zusammenhänge zwischen den Attentätern und den serbischen Offizieren nicht längst kannte. Auch Graf Tisza stimmte schließlich einer sogenannten »Begehrnote« an Serbien zu. Er bestand nur auf einer feierlichen Erklärung, daß Österreich-Ungarn auf dem Balkan keinen Eroberungskrieg führen und Serbien nicht annektieren wolle. Diese Einschränkung gefiel Conrad zwar gar nicht. Aber schließlich war auch in dieser Frage noch nicht aller Tage Abend.

Am 20. Juli erhielt der Kaiser durch einen Kurier das Ultimatum an Serbien, das der Minsterrat erstellt hatte. Als einen Tag später Außenminister Berchtold in der Ischler Kaiservilla erschien, fand der Kaiser zwar die Punkte V und VI »sehr scharf formuliert«, hatte aber sonst keinen Einwand. Ein paar Scharfmacher in Österreich und Deutschland, eine Handvoll Minister, Militärs und Diplomaten hatten über die Bedächtigen gesiegt. Eine verhängnisvolle Eskalation.

Nun waren die genannten Punkte nicht nur »scharf formuliert«, sie waren für einen Staat, der seine Selbständigkeit bewahren wollte, schlicht unannehmbar. Sollte Serbien doch zugestehen, daß österreichisch-ungarische »Organe« an der Untersuchung gegen Mitschuldige am Attentat in Serbien »teilnahmen«, und sollte darüber hinaus den »Organen« der Monarchie die Mitwirkung an der »Unterdrückung der gegen die territoriale Integrität der Monarchie gerichteten subversiven Bewegung« gestattet werden.

Alle Mitschuldigen an dem Attentat sollten natürlich verhaftet werden. Jede antiösterreichische Propaganda gehöre verboten, Staatsapparat und Armee sollten von Beamten und Offizieren gesäubert werden, die sich einer solchen schuldig gemacht hatten. Die Auflösung der *Narodna Odbrana* wurde gefordert.[230]

Am 23. Juli um 18 Uhr übergab der österreichisch-ungarische Gesandte Baron Giesl das Schriftstück in Belgrad. Die Frist betrug 48 Stunden.

Eine knappe halbe Stunde vor Ablauf des Ultimatums brachte der serbische Ministerpräsident Pašić die Antwortnote in die Gesandtschaft und verließ diese neun Minuten später. Serbien war zu fast allem bereit, wollte nur eine Mitwirkung österreichischer Beamter auf serbischem Gebiet nicht zulassen. Doch kaum hatte der Gesandte Giesl die serbische Note gelesen, als er schon Minuten später entschied, daß die Antwort ungenügend sei. »Ich brauchte das Schriftstück nur zu überfliegen, um zu erkennen, daß die Antwort in keiner Weise genügte«, schrieb er später in seinen Memoiren.[231] Das Schreiben, das der serbischen Regierung den Abbruch der diplomatischen Beziehungen bekanntgab, lag schon bereit. Die Koffer waren gepackt. Um 18.30 Uhr verließ der Gesandte mit seinem Personal Belgrad und fuhr mit dem Nachtschnellzug nach Wien. Wer hatte ihm eigentlich diese eilige Reaktion gestattet?

»Der Abbruch der diplomatischen Beziehungen bedeutet noch immer nicht den Konflikt«[232], sagte der Kaiser zwar, als er die Nachricht erhielt, daß der Gesandte Belgrad verlassen habe. Daß er wirklich glaubte, daß noch gar nichts entschieden sei, bestätigt Margutti: »Unvergeßlich bleibt mir jede Einzelheit der denkwürdigen Augenblicke, die ich am Abend des 25. Juli 1914 im Arbeitszimmer des Kaisers verbrachte. Die wenigen kurzen Sätze ... habe ich gewohnheitsmäßig gleich nachher niedergeschrieben. Aus ihnen, mehr noch aus dem subjektiven Eindruck, welchen ich aus dem Gehaben des Monarchen empfing, wußte ich ... daß der Kaiser nicht im entferntesten daran dachte, einen Krieg zu entfesseln, daß er geradezu Trost fand in der Erwägung, der Abbruch der diplomatischen Beziehungen sei noch lange nicht der Krieg.«[233]

Doch es bedeutete Krieg. In Wien versammelten sich Tausende Menschen um das Denkmal von Feldmarschall Radetzky; plötzlich machte sich Kriegsbegeisterung breit. Man war überzeugt, daß ein Krieg gegen Serbien nichts weiter sei als ein Spaziergang und war sich eines raschen Sieges sicher. In Budapest zogen die Militärkapellen durch die Straßen, überall gab es Fackelzüge. »Serbien muß sterbien«, sangen die Leute.

Doch ganz so weit war es noch nicht. Der deutsche Botschafter Tschirschky, zunächst recht kriegsbegeistert, fand plötzlich, daß die Antwort Serbiens so unannehmbar doch gar nicht sei. Schließlich hatte es fast alle Forderungen angenommen. Der gleichen Ansicht war Kaiser Wilhelm, der nach Lage der Dinge keinen Kriegsgrund mehr sah, und meinte, »Giesl hätte ruhig in Belgrad bleiben können.« Doch am Ballhausplatz ließ man das nicht gelten. Dort war man überzeugt, daß wenn man jetzt nicht zuschlug, man bei nächster Gelegenheit vor der gleichen Situation stehen werde, denn Serbien würde seine Versprechen nicht halten. Österreich sei es seiner Großmachtstellung schuldig, endlich reinen Tisch zu machen. In einer gewissen Hinsicht hatten die Politiker am Ballhausplatz recht. Nur ihre Einschätzung der anderen Mächte und deren Bündnisverpflichtungen war falsch.

Zwischen Kaiser Wilhelm, Zar Nikolaus von Rußland und dem englischen König wurden Telegramme gewechselt. Schließlich waren sie alle miteinander verwandt und bemühten sich auf einmal, den Frieden noch in letzter Minute zu erhalten. Doch es war zu spät. Die Welt schlitterte in einen Krieg, den die Staatsoberhäupter eigentlich gar nicht wollten, ja sogar fürchteten, den sie aber selbst durch Gewährenlassen ihrer kriegslüsternen Untergebenen und deren unüberlegten Handlungen entfesselten.

Die Mobilmachung wurde angeordnet. Kaiser Franz Joseph, letztlich ein müder alter Mann, der nichts anderes wollte als seine Ruhe und gewiß kein Kriegstreiber war, schickte sich in das, was er glaubte, nicht mehr verhindern zu können.

Das Kriegsmanifest

Am 28. Juli unterschrieb der Kaiser das Manifest »An Meine Völker! Es war Mein sehnlichster Wunsch, die Jahre, die Mir durch Gottes Gnade noch beschieden sind, Werken des Friedens zu weihen und Meine Völker vor den schweren Opfern und Lasten des Krieges zu bewahren. Im Rate der Vorsehung ward es anders beschlossen ... In dieser ernsten Stunde bin Ich Mir der ganzen Tragweite Meines Entschlusses und Meiner Verantwortung vor dem Allmächtigen bewußt. Ich habe alles geprüft und erwogen. Mit ruhigem Gewissen betrete ich den Weg, den die Pflicht Mir weist. Ich vertraue auf Meine Völker, die sich in allen Stürmen stets in Einigkeit und Treue um Meinen Thron geschart haben und für die Ehre, Größe und Macht des Vaterlandes zu schwersten Opfern immer bereit waren. Ich vertraue auf Österreich-Ungarns tapfere und von hingebungsvoller Treue erfüllte Wehrmacht. Und Ich vertraue dem Allmächtigen, daß er Meinen Waffen den Sieg verleihen werde. Franz Joseph.«[234]

Hatte der alte Kaiser wirklich alles geprüft und erwogen? Die Erfahrungen seines langen Lebens sprechen eigentlich eine andere Sprache. Sollte er wirklich vergessen haben, wie wenig Glück ihm bisher seine Kriege gebracht hatten? Was er durch sie alles verloren hatte? In Solferino die Lombardei und die anderen Habsburger Herrschaftsgebiete in Italien, in Königgrätz den Einfluß in Deutschland und dazu noch Venetien – ganz abgesehen davon, daß der Verlust jener Schlacht den überstürzten Ausgleich mit Ungarn nach sich gezogen hatte. Eine nicht gerade günstige Entwicklung für das Habsburgerreich ... »Kriege sollen die anderen führen, du glückliches Österreich, heirate«, hatte es einst geheißen. Die Zeiten, wo man Länder erheiraten konnte, waren zwar vorbei, aber einen Krieg zu führen wegen Serbien? Lohnte das wirklich? »Mit 84 Jahren unterschreibt man kein Kriegsmanifest!«, hatte sogar Franz Josephs getreuer und langjähriger Generaladjutant, Graf Paar, in weiser Voraussicht bemerkt.

Der Mann, um dessentwillen Franz Joseph jetzt Krieg zu führen gedachte, hat nie einen gewollt. Um »ein paar Zwetschkenbäume und Schafe«, wie er sich einmal ausgedrückt hatte, schon gar nicht. Als man den Kaiser darauf ansprach, soll er gesagt haben: »So zwingt er mich noch nach seinem Tod zu einen Krieg.«[235] Ganz so, als trage der tote Neffe durch seine Ermordung die Schuld an dem übereilten Entschluß.

Am selben Tag wurde in Belgrad die Kriegserklärung übermittelt. Sie wurde von Rußland mit dem Befehl zur Teilmobilmachung beantwortet. Und nun ging es Schlag auf Schlag: Frankreich berief sich auf sein Bündnis mit Rußland, England erklärte, daß es nicht abseits stehen bleiben könne, wenn Frankreich hineingezogen werde. Die Triple-Entente hielt ihre Verpflichtungen. Für den Dreibund dagegen fielen Italien und auch Rumänien aus. Dort hatte der Kronrat gegen die Stimme des Königs dafür gestimmt, daß das Land neutral bleiben solle. Carol, ein Freund Österreichs und Franz Ferdinands, starb kurz darauf. Es war abzusehen, daß es unter seinem Nachfolger dort nicht bei einer Neutralität bleiben werde. Und Italien hatte man schon immer für einen reichlich unsicheren Partner gehalten.

Manfried Rauchensteiner, Direktor des Heereskundlichen Museums in Wien, zieht in seinem Buch *Der Tod des Doppeladlers* ein treffendes Resümee: »Österreich wollte das Problem Serbien ein für allemal beseitigen. Der Krieg mit Rußland wurde in Kauf genommen. Das Deutsche Reich hoffte, zur dominierenden Macht in Europa zu werden. Für Frankreich ging es um Elsaß-Lothringen und darum, Deutschland entscheidend zu schwächen. Rußland wollte sich gegenüber der Habsburger Monarchie ausdehnen und auf dem Balkan die einzig vorherrschende Macht werden. Großbritannien dachte zwar an das europäische Gleichgewicht, das aber wohlverstanden im eigenen Interesse, denn ein in Europa dominierendes Deutsches Reich mußte zu einer elementaren Gefahr für das Vereinigte Königreich werden und es auch in seinen Kolonien bedrohen.

Es ging um Macht, Machterhalt, Einfluß und Prestige, Dinge, die wie nichts anderes die Weltgeschichte beeinflußten und ebenso die Weltgegenwart bestimmen.«[236]

Das ist heute nicht anders. Die Menschen, die es am meisten betrifft, die die größten Opfer zu bringen haben, werden nicht gefragt. Sie haben zu gehorchen. Damals wie heute.

Die Folgen

Die Ereignisse der nächsten Jahre sollten zeigen, welches Land seine Ziele erreichen und welches bitter enttäuscht werden würde.

Was als »Strafaktion« gegen Serbien geplant war, erwies sich nicht nur als eine reichlich mühsame Angelegenheit, sondern weitete sich im Nu über ganz Europa aus und wurde zum »Weltkrieg«. Schon von Anfang an hatte es die Monarchie mit einem Zweifrontenkrieg zu tun, der im Jahre 1915, als sie die erpresserischen Forderungen Italiens nicht erfüllte, zu einem Dreifrontenkrieg wurde. Auch für das Deutsche Reich verlief die Entwicklung keineswegs nach Wunsch. Statt eines schnellen Sieges über Frankreich, den man sich erhofft hatte, kam es zu einem zermürbenden und verlustreichen Stellungskrieg, der sich über Jahre hinzog. Der Eintritt der Vereinigten Staaten von Amerika in das Kriegsgeschehen führte schließlich die Entscheidung herbei. Erst Ende 1918 war der Krieg zu Ende. Er hatte Millionen Menschen das Leben gekostet, Millionen zu Witwen und Waisen gemacht, von den materiellen Schäden ganz zu schweigen. Europa hatte plötzlich ein anderes Gesicht. Die österreichisch-ungarische Monarchie hatte sich in Teilstaaten verwandelt. Habsburger, Hohenzollern und Romanows hatten ihren Thron verloren. Auch in Vorderasien hatten sich die Besitzverhältnisse vollkommen geändert. Die Türkei wurde Republik, ihr Territorium im wesentlichen auf die Halbinsel Anatolien beschränkt. Die Welt krankt noch heute an diesen

Änderungen. Die harten Friedensbedingungen, Diktat der Siegermächte, sollten schließlich zu einer der Ursachen des Zweiten Weltkriegs werden.

Kaiser Franz Joseph hat das Ende des Ersten Weltkriegs nicht mehr erlebt. Er starb im November 1916 im Alter von 86 Jahren. Ob er den tragischen Untergang von Reich und Dynastie vorausgeahnt hatte? Wenigstens in Ehren unterzugehen, hatte er sich einmal gewünscht …

Das Ende der Attentäter

Die Urteile

Inzwischen hatten in Bosnien die gerichtlichen Untersuchungen gegen die Attentäter begonnen. Sie erfolgten zunächst bei der bosnisch-herzegowinischen Landesregierung, dann beim Kreisgericht in Sarajevo. In dem Prozeß, der vom 12. bis 23. Oktober 1914 dauerte, wurden am 28. Oktober die Urteile gegen die Attentäter und ihre Helfer gefällt, »die schuldig sind, Seine k.u.k. Hoheit den Erzherzog Thronfolger Franz Ferdinand und seine Gemahlin, Ihre Hoheit Herzogin von Hohenberg, getötet zu haben und dies in der Absicht, eine gewaltsame Angliederung der Gebiete Bosniens und der Herzegowina an das Königreich Serbien herbeizuführen.«[237]

Die Angeklagten Gavrilo Princip, Nedeljko Čabrinović und Trifko Grabež erhielten 20 Jahre schweren Kerker, verschärft durch einen Fasttag monatlich und durch hartes Lager in einer Einzeldunkelzelle am 28. Juni jeden Jahres. Da keiner dieser drei Angeklagten bei der Ausführung der Tat das 20. Lebensjahr vollendet hatte, durften sie nach dem Gesetz nicht zum Tode verurteilt werden.

Zur Todesstrafe durch den Strang wurden der 24jährige Lehrer Danilo Ilić, der Lehrer Veljko Cubrilović, ferner die Landarbeiter Jakov Milošević und Nedjo Kerović verurteilt. Der Bauer Mitar Kerović erhielt lebenslänglich, sieben weitere Männer wurden zu Gefängnisstrafen zwischen drei und 16 Jahren verurteilt, sieben Angeklagte wurden freigesprochen.

Die drei Hauptschuldigen wurden am 2. Dezember in die

k.u.k. Militärstrafanstalt in Theresienstadt in Böhmen überstellt. Milošević und Kerović wurden durch eine »allerhöchste Entscheidung« Ende Januar 1915 begnadigt, bei den anderen zum Tode Verurteilten habe »das richterliche Amt nach dem Gesetz zu walten.« Das Urteil wurde am 3. Februar in Sarajevo vollstreckt. Durch die Kriegshandlungen in Serbien erbeutete Aufzeichnungen hatten zur Aufdeckung des ganzen serbischen Spionagenetzes in Bosnien und der Herzegowina geführt. Die Angeklagten waren sämtlich Mitglieder der serbischen *Narodna Odbrana*, der Hauptorganisator des Attentats, Danilo Ilić, war Mitglied der Geheimorganisation *Schwarze Hand.*

Den Verurteilten in den Strafanstalten war kein langes Leben beschieden. Am 20. Januar 1916 starb in Theresienstadt Nedeljko Čabrinović an Lungentuberkulose, Grabež erlag ihr im Oktober, im selben Jahr noch starben Nedjo und Mitar Kerović in Möllersdorf bei Wien ebenfalls an Tuberkulose.

Das Ende Princips

Es scheint, daß die Umstände in den Strafanstalten sehr zu wünschen übrig ließen. Nikitsch-Boulles berichtet in seinen Memoiren, was er von einem Offizier erfuhr, der Gelegenheit hatte, den Hauptattentäter Princip in Theresienstadt zu besuchen, obwohl dies sonst streng verboten war: Der Gefangene war in Einzelhaft in vollständiger Dunkelheit eingeschlossen und zusätzlich tagsüber mit Ketten an die Zellenwand gefesselt. Princip, der sich bei seiner Verhaftung stolz zu seiner Tat bekannt hatte – er sei kein Mörder, sondern ein Nationalheld –, sei nun von schrecklicher Reue erfüllt gewesen. »Zur Tat sei er förmlich gezwungen worden, indem man sie als eine glorreiche patriotische Handlung hinstellte, um durch die Beseitigung des österreichisch-ungarischen Thronfolgers sein bedrücktes Vaterland Serbien vom Joche der Knechtschaft befreien zu können. Die Herzogin habe er nie und nimmer töten oder auch nur verwunden wollen ... Er beteuerte, er wolle mit Freuden sein Leben für das der Ermordeten hingeben, wenn er dadurch seine unselige Tat ungeschehen machen könne.«[238] Ehrliche Reue oder nur eine Folge dieser mittelalterlich anmutenden Gefangenschaft? Ohne die Tat zu entschuldigen, die nicht nur zwei Menschen den Tod brachte, sondern deren Folgen millionenfaches Unglück hervorrief, hätten jene, die diese Jugendlichen verhetzten und für ihre Zwecke mißbrauchten, ein solches Schicksal eher verdient als dieser Achtzehnjährige.

Gavrilo Princip starb am 28. April 1918 in der geschlossenen Abteilung des Garnisonspitals in Theresienstadt an Knochentuberkulose.

Nach dem Krieg wandte sich das neu erstandene Jugoslawien an die ebenfalls neu gegründete Tschechoslowakei und ersuchte um Ausfolgung der sterblichen Überreste des »Märtyrers« Princip. Sie wurden unter Aufbietung aller Ehren in Sarajevo bestattet, seine Tat als Befreiung vom habsburgischen Joch verherrlicht.

Der russische Historiker N.P. Poletika schrieb in seinem Werk *Der Sarajevoer Mord*, die Ablehnung des österreichischen Ultimatums sei »aus der Furcht zu erklären, daß österreichische Detektive sich bis zu dem vorarbeiten könnten, was die serbische Regierung bis jetzt sorgsam verbergen mußte, nämlich ihre Teilnahme an der Organisation des Sarajevoer Mordes.«[239]

Das Ende von »Apis«

Im Dezember 1916 wurden Oberst Dragutin »Apis« Dimitrijević und die führenden Männer der *Schwarzen Hand* auf griechischem Gebiet durch serbische Militärbehörden verhaftet, eines Mordversuchs an dem serbischen Prinzregenten Alexander beschuldigt und im *Saloniki-Prozeß* von einem Militärgericht zum Tode verurteilt. Sie wurden im Juni 1917 in einem Steinbruch bei Saloniki hingerichtet. Im Jahre 1953 wurde das Verfahren in Belgrad wieder aufgenommen und in einem neuerlichen Urteil amtlich festgestellt, daß Dimitrijević zum Mord in Sarajevo angestiftet habe. »Apis« sagte damals aus: »Die Hauptteilnehmer an dem Attentat waren alle meine Agenten und erhielten kleine Honorare... Einige von diesen Quittungen befinden sich in russischen Händen, da ich das Geld für diese Arbeit... vom General Artamanow erhielt...«[240] Darüber hinaus wurde aber in diesem zweiten Prozeß festgestellt, daß Dimitrijevic wegen des Anschlags auf den Prinzregenten zu Unrecht verurteilt worden und daher zu rehabilitieren sei.

Nach Ende des Ersten Weltkrieges erfüllten die Siegermächte den Wunsch der Südslawen nach einem eigenen Staat. Das »Königreich der Serben, Kroaten und Slowenen« (1929 in »Königreich Jugoslawien« umbenannt) mit der ersehnten langen Adriaküste entstand. Im Zweiten Weltkrieg befand sich Jugoslawien unter deutscher Besetzung und erstand nach dessen Ende unter dem kommunistischen Regime des Partisanenführers Josip Brož, genannt Tito, neu. Nach der erfolgreichen Loslösung von der russischen Bevormundung erreichte es schließlich hauptsächlich mit Hilfe des Fremdenverkehrs einen bescheidenen Wohlstand. Großserbische Träume führten zu kriegerischen Konflikten mit den anderen Nationalitäten und zur Gründung eines selbständigen Kroatien und Slowenien sowie einem UNO-Protektorat Bosnien. Aus Jugoslawien ist die recht lose »Gemeinschaft von Serbien und Montenegro« geworden, wobei allerdings in Montenegro eine sehr starke Tendenz zu vollkommener Selbständigkeit besteht. Die Provinz möchte ihr schönes Küstenland wieder touristisch nutzen und die Einkünfte für sich behalten. Der Traum von Großserbien scheint weiter entfernt denn je.

Die Erben

Ruhige Kriegsjahre in Konopischt

Nachdem die Ermordeten von Sarajevo in der vorsorglich errichteten Gruft in Artstetten zur ewigen Ruhe bestattet worden waren, kehrten ihre drei Kinder auf das Schloß zurück, das sie immer als ihre eigentliche Heimat empfunden hatten: Konopischt in Böhmen. Zu ihrem Vormund hatte Kaiser Franz Joseph den Schwager ihrer Mutter, Fürst Jaroslaw Thun-Hohenstein, ernannt, den Gatten ihrer ältesten Schwester.

Erzherzog Franz Ferdinand hatte in seinem Testament seine Gemahlin zur Alleinerbin eingesetzt. Sie hatte genauso testiert. Das Erbe der Eltern ging nun an die Kinder über. Das Vermögen des Thonfolgers bestand aus zwei Teilen, seinem Privatbesitz und dem sogenannten Estensischen Vermögen, das er selbst vom letzten Herzog von Modena geerbt hatte und das laut dessen Bestimmungen an den neuen Thronfolger, Erzherzog Karl, überging.

Wie das *Neue Wiener Tagblatt* feststellte, war das Este-Erbe lange nicht so groß, wie seinerzeit vermutet worden war, da die Liegenschaften schlecht verwaltet wurden und nicht viel Profit ergaben. Auch der Privatbesitz des Toten wurde in diesem Bericht als wenig bedeutend eingeschätzt. Das Blatt erklärte, daß »der Erzherzog einen beträchtlichen Teil seiner Einnahmen für die Ausgestaltung seiner Herrschaften Konopischt und Chlumetz verwendete.« Das klingt durchaus einleuchtend, wenn man sich erinnert, daß die beiden Schlösser gründlich umgebaut und modernisiert worden waren und der große Park mit seiner Blumenpracht allein ein Vermögen verschlungen haben muß. Artstetten und Lölling in Kärnten brachten überhaupt kaum Gewinn.

Die Wiener Residenz des Thonfolgers, das von Prinz Eugen erbaute Schloß Belvedere, hatte nie zum persönlichen Eigentum Franz Ferdinands gezählt. Er hatte auch kaum etwas daran verändert.

Mit der Abwicklung des Testaments wurde ausgerechnet der alte Feind des Thronfolgerpaares, Fürst Montenuovo, betraut, der sich samt seinem Stab schon bei den Bestattungsfeierlichkeiten nicht besonders ausgezeichnet hatte. Es stand zu befürchten, daß er seine kleinliche Haltung nicht geändert hatte. Die Hohenberg-Kinder waren in den Augen dieses Hofbeamten ja weit davon entfernt, Habsburger zu sein. Wie die Presse zu wissen glaubte, sollten sie auch hauptsächlich mit Zertifikaten der gerade aufgelegten »Kriegsanleihe« abgefunden werden, ein sehr zweifelhaftes Erbe, das vier Jahre später seinen Wert völlig eingebüßt hätte. Man muß allerdings zugestehen, daß der Obersthofmeister diese Entwicklung damals nicht voraussehen konnte.

Dagegen entschied Kaiser Franz Joseph, den Kindern eine Summe von 400 000 Kronen jährlich auszusetzen, eine Regelung, mit der aber der Vormund keineswegs einverstanden war. Er plädierte dafür, die Nachkommen Franz Ferdinands mit Grundstücken und Immobilien abzufinden. Unterstützt vom neuen Thronfolger Erzherzog Karl wurde folgendes vereinbart: Max und Ernst Hohenberg wurden die Herrschaften Konopischt, Artstetten und Lölling zugesprochen. Erzherzog Karl verzichtete zu ihren Gunsten auf Chlumetz, das eigentlich zur Este-Erbschaft zählte, und der Kaiser übereignete den Erben zusätzlich den Besitz Eisenerz-Radmer, der sich damals im Besitz des Herzogtums Steiermark befand und diesem erst abgelöst werden mußte. Der erstgeborene Max erbte noch den im dritten Wiener Bezirk gelegenen Häuserblock Salesianergasse – Ölzeltgasse. Der heutige Chef des Hauses wohnt noch immer dort. Zusätzlich setzte sich Erzherzog Karl dafür ein, daß Max der Herzogstitel seiner Mutter zugesprochen wurde.

Diese finanzielle Regelung, die damals getroffen wurde, sollte sich als äußerst klug und weitblickend erweisen, denn die im heutigen Österreich gelegenen Besitztümer waren das einzige, das den Erben erhalten blieb. Auch die großzügigsten Geldzuwendungen wären nach dem verlorenen Krieg wertlos gewesen.

Das Leben der Hohenberg-Kinder verlief in den folgenden vier Jahren in ruhigen Bahnen. Auf dem großen, von Erzherzog Franz Ferdinand vortrefflich organisierten Gutsbetrieb von Konopischt war von den kriegsbedingten Beeinträchtigungen, vor allem den Schwierigkeiten der Versorgung, unter denen große Teile der Bevölkerung litten, nichts zu spüren. Die Heranwachsenden befanden sich in der Obhut ihrer Tante Henriette und Janaczeks. Es sei leider in der kaiserlichen Hofhaltung kein Platz mehr für ihn, hatte Fürst Montenuovo dem treuen Diener nach Franz Ferdinands Tod übermitteln lassen. Doch das hatte Janaczek gar nicht erwartet.

Die Kinder wurden weiterhin privat unterrichtet, wobei die beiden Jungen ordnungsgemäß ihre alljährlichen Prüfungen am Wiener Schottengymnasium ablegten, um später zum Abitur zugelassen zu werden. Für Sophie erachtete man das nicht als notwendig. Ein Mädchen brauchte kein Abitur. Es würde sowieso heiraten. Diese allgemein verbreitete Meinung hat sich erst allmählich geändert.

Kriegsende und Verlust von Konopischt

Politisch allerdings stand ein gewaltiger Umsturz bevor. Der November 1918 hatte zwar das langersehnte Kriegsende gebracht, aber zugleich den Zerfall der österreichisch-ungarischen Monarchie. Plötzlich gab es keinen Kaiser mehr, und Kronländer, die jahrhundertelang zum habsburgischen Reich gehört hatten, erklärten ihre Selbständigkeit. Bestrebungen dazu gab es schon lange. Die tschechischen Politiker Masaryk und Beneš waren im Exil entsprechend tätig gewesen. Am 28. Oktober 1918 rief ein von Vertretern aller Parteien gebildeter Nationalausschuß in Prag den selbständigen tschechoslowakischen Staat aus. In den mehrheitlich von Deutschen bewohnten Randgebieten wurde die Anerkennung der neuen Regierung mit militärischen Mitteln erzwungen. Die Friedensbestimmungen von Saint Germain bestätigten die Grenzen des neuen Staates. Das vom amerikanischen Präsidenten Wilson großartig verkündete »Selbstbestimmungsrecht der Völker« wurde von den neuen Machthabern nicht beachtet und die Siegermächte fanden es nicht nötig, es einzufordern.

Die Errichtung der Tschechoslowakei hatte für die Hohenberg-Kinder, die inzwischen 14, 16 und 17 Jahre alt waren, schwerwiegende Folgen. Obwohl sie nach dem Renunziationseid ihres Vaters keine Angehörigen des Hauses Habsburg waren, wurden sie als solche behandelt und ausgewiesen, ihr Besitz zugunsten des tschechoslowakischen Staates enteignet. Angestellte entdeckten plötzlich ihre patriotische Gesinnung; den Jugendlichen soll es nicht einmal erlaubt worden sein, ihren persönlichen Besitz oder etwa Photographien mitzunehmen. Ihre Tante und ihr Vormund brachten sie nach Wien, wo noch rechtzeitig in der im 3. Bezirk gelegenen Reisnerstraße ein Haus, fälschlich Hohenberg-Palais genannt, von der Vormundschaft erworben worden war. In der gleichfalls neugegründeten Republik Österreich gab es zum Glück keine Schwierigkeiten für die Hohenbergs, abgesehen davon, daß sie ihre Titel verloren und damit das Schicksal aller Aristokraten teilten. Wenigstens erkannte die Republik an, daß sie keine Habsburger waren wie ihr Cousin Karl, Österreichs letzter Kaiser, der mit seiner Familie ohne jede Entschädigung ins Exil verwiesen wurde. Janaczek hielt das Versprechen, das er dem Erzherzog vor dessen Abreise nach Sarajevo gegeben hatte, und erwies sich weiterhin als der gute Geist der Familie Hohenberg. Er blieb es bis zu seinem Tod 1954 im Alter von weit über 80 Jahren.

Da die Enteignungen in der Tschechoslowakei gegen jedes Recht erfolgt waren, wurde dem Recht nachträglich nachgeholfen. »Angehörige feindlicher Staaten und der ehemaligen Herrscherfamilie Habsburg-Lothringen« sollten entschädigungslos enteignet werden, »weil sie gegenüber der tschechoslowakischen Nation eine schwere Schuld auf sich geladen haben.«[241]

Außerdem grub man den angeblich »wahren Besitzer« von Konopischt aus, der im Jahre 1620 ins Ausland geflohen und daraufhin von Kaiser Ferdinand II. als Rebell enteignet worden war. Daß Konopischt inzwischen etliche Male den Besitzer gewechselt und Franz Ferdinand es von der Familie Lobkowitz ehrlich erworben hatte, zählte dabei nicht.

Als Rechtfertigung wurde in der Tschechoslowakei verbreitet, daß Erzherzog Franz Ferdinand gemeinsam mit dem deutschen Kaiser bei dessen letzten Besuch in Konopischt den Ersten Weltkrieg beschlossen habe. Wie Wladimir Aichelburg berichtet, hätten im Dezember 1918 zwei Bausachverständige im Auftrag der Regierung den »schalldichten« Raum gesucht, in dem die Kriegspläne angeblich ausgeheckt worden seien. Sie mußten unverrichteter Dinge wieder abziehen. Ebensowenig wie einen schalldichten Raum hat es je Kriegspläne gegeben. Das gehört laut Oberst Bardolff, der das »Rosenfest« von Anfang an mitgemacht hat, zu den »böswilligsten Erfindungen, die Franz Ferdinand belasten sollten, um ihn zu verderben.«[242]

Als die Autorin im Jahre 1979, also noch während der Herrschaft des Kommunismus, mit einer Reisegruppe Konopischt besuchte, mußte sie feststellen, daß die Erklärungen des Schloßführers es reichlich an Objektivität fehlen ließen. Er versäumte es nicht, bei jeder Gelegenheit auf sehr gehässige Weise auf den »Este« hinzuweisen.

Wie Ernst Trost in seinem Buch *Das blieb vom Doppeladler* schreibt, wurden die privaten Räume des Schlosses damals nur privilegierten Besuchern gezeigt. Folgen wir in Auszügen seinem Bericht: »das Schloß (ist) in einem Zustand, als ob es noch immer seines Herrn harrte ... In die schweren Krüge und Lavoirs in den Badezimmern ist das Monogramm ›FF‹ eingebrannt. Auf dem Schreibtisch liegt das Schreibzeug griffbereit ... Er (der Erzherzog) könnte von dem Geschirr essen, das er immer benützt hat, die Kinder würden ihre Spielsachen finden und die Herzogin von Hohenberg einen Teil ihrer Toiletten ... Von Sophies Mädchenzimmer geht es in einer geschlossenen Flucht durch die Räume der Buben Max und Ernst und ihrer Erzieher, durch das eheliche Schlafzimmer mit dem Doppelbett, das Jagdzimmer, das Arbeitszimmer und das Schlafzimmer Franz Ferdinands: einfach, viel Holz, deutsche Renaissance ... Durch eine in der Wandtäfelung verborgene Tür gelangt man, wieder über eine Wendeltreppe, hinunter in den Salon der Herzogin ... Ein Blick in die Vitrine lehrt, daß das alles nicht mehr ist. Unter dem staubigen Glasdeckel liegen zwei Totenmasken, die Franz Ferdinands und der Herzogin von Hohenberg ... In dem Gips, der den Abschied eines Menschen von dieser Welt konserviert, ist jedoch keine Spur von Entsetzen zu finden, nicht einmal Überraschung ... Ein spöttischer, überlegener ... Zug ist eingefroren, als ob dies seine letzten Gedanken gewesen wären: ›Ich hab es euch ja gesagt, daß so etwas kommen muß. Aber auf mich hat in all der Schlamperei niemand gehört.‹ Sophies letztes Gesicht nimmt nicht mehr Stellung – sie hat es in der Öffentlichkeit nie getan – und sie empfiehlt sich in stillem Schmerz, mit einem Bedauern, daß alles aus sein soll ... Der Waffenrock mit den Einschußlöchern wird im Wiener Heeresgeschichtlichen Museum ausgestellt. Hier in Konopischt liegen, fein säuberlich geordnet, die Wäschestücke der Toten, Hosenträger, Socken, ein Gürtel, Sophies weißes Kleid, ein Mieder. Die Blutflecken wurden nicht ausgewaschen, aber ihr fahles, rostiges Braun hat nichts mehr mit Leben oder Sterben gemein. Auch der Hut der Herzogin ist blaß geworden ...«[243] Nur ihre für den Sommer sorgfältig eingemotteten Pelze würde die Herzogin nicht mehr alle wiederfinden. Da hatte sich angeblich Masaryks Gattin nach der Beschlagnahme des Schlosses durch die tschechoslowakische Republik anläßlich einer »unangekündigten Inspektionsvisite« etwas »bedient«.[244]

Hand in Hand mit dem Verlust des Gutes, das die Hohenberg-Erben als ihre wahre Heimat angesehen hatten, gingen die materiellen Einbußen, bedeutete doch dessen Ertrag einen wesentlichen Teil ihres Einkommens.

Das Schicksal der Nachkommen

Noch vor der Enteignung von Konopischt hatte Sophie bei einem Empfang des Fürsten Thun-Hohenstein in Prag den Reichsgrafen Friedrich von Nostitz-Rieneck kennengelernt und ihn im Jahre 1920 geheiratet. Das Paar, beide Angehörige des böhmischen Uradels, galt als das Ideal einer Verbindung. Die Güter Falkenau und Heinrichsgrün sicherten auch nach den beiden Landreformen, denen einiges zum Opfer fiel, den Wohlstand der Familie. Diese fand sich wohl oder übel mit den veränderten Verhältnissen ab und ihre Mitglieder bekannten sich als Staatsbürger des neuen Staates. Vier Kinder wurden geboren, drei Söhne und eine Tochter. Doch der Zweite Weltkrieg forderte von der Familie Nostitz-Rieneck große Opfer. Zwei Söhne fielen an der Ostfront, nur der Jüngste, Graf Alois, und die Tochter, nach ihrer Mutter und Großmutter ›Sophie‹ genannt, überlebten. Auch Alois Nostitz wäre fast einer Fliegerbombe zum Opfer gefallen, deren sich der Pilot auf dem Heimflug entledigte. Doch damit nicht genug: Im Jahre 1946 wurde der Familienbesitz enteignet. Auch in diesem Fall bediente man sich wieder der Tatsache, daß Gräfin Nostitz ja die Tochter von Thronfolger Franz Ferdinand und daher eine Angehörige der ehemaligen Herrscherfamilie sei. Am 2. April 1946 mußte die Familie ihre Heimat auf einem Lastwagen verlassen und fand eine vorläufige Zuflucht in Artstetten bei Max Hohenberg. Gräfin Sophie Nostitz starb hoch betagt im Jahre 1990. Anläßlich der Erbteilung war ihr Schloß Geyregg bei Eisenerz zugesprochen worden, heute Wohnsitz ihres einzig verbliebenen Sohnes, Alois Graf Nostitz-Rieneck und seiner Gattin, Theresia Gräfin Waldburg-Zeil. Das Ehepaar hat zwei Söhne und zwei Töchter, von denen letztere auch schon verheiratet sind. Graf und Gräfin Nostitz sind bereits Großeltern.

Max Hohenberg hatte schließlich Graz zu seinem Wohnort gewählt, wo er an der Universität Jura studierte und das Doktorat machte. Er verheiratete sich im Jahre 1926 mit Elisabeth, Gräfin von Waldburg-Wolfegg. Seltsamerweise hatten bereits ihre Mütter für die beiden Heiratspläne geschmiedet, jedoch ohne daß die jungen Leute das ahnten. Das Paar lebte in Wien und Artstetten und hatte sechs Söhne.

Der jüngere Sohn von Erzherzog Ferdinand und Herzogin Sophie, Ernst, verheiratete sich erst 1935 mit Marie-Therese (Maisie) Wood, der Tochter eines englischen Offiziers und der ungarischen Gräfin Rosa Lonyay. Die *Neue Freie Presse* schrieb anläßlich der Hochzeit »es war wie ein Wiederaufleben des alten Österreich«.

Beide Brüder standen der monarchistischen Bewegung in Österreich, dem in den 20er Jahren gegründeten *Reichsbund der Österreicher*, nahe, der die Wiedereinsetzung der exilierten Habsburger anstrebte. 1932 wurde dann der sogenannte *Eiserne Ring patriotischer Vereinigungen* als Dachverband der monarchistischen Vereinigungen gegründet. Beide Brüder Hohenberg standen von Anfang an in enger Verbindung mit ihrem Cousin, dem Kronprätendenten Otto, dem ältesten Sohn des im Jahre 1922 in Madeira verstorbenen Kaisers Karl. Da weder der entmachtete Monarch noch seine nächsten Angehörigen auf ihre Rechte in Österreich verzichtet hatten, war ihnen die Einreise in ihr Heimatland untersagt. Aber es ging auch um die Rückstellung bedeutender Eigentumswerte, die von der österreichischen Regierung beschlagnahmt worden waren, vor allem aber um den Verkauf der ehemaligen Este-Besitzungen in Italien, die nach dem Tode Franz Ferdinands in den Besitz des damaligen Erzherzogs Karl übergegangen waren.

Die Erfolgsaussichten einer Restauration besserten sich nach der Entmachtung des Parlaments und der Einführung des Ständestaats im Jahre 1934. Damals lag sogar die Aufhebung der von den Sozialdemokraten initiierten Habsburgergesetze und die Wiedererrichtung einer Monarchie in Österreich im Bereich des Möglichen. Der Anschluß Österreichs an das Deutsche Reich im Jahre 1938 machte diese Bestrebungen zunichte. Ex-Kaiserin Zita, die das »Ex« vor ihrem Titel zeit ihres Lebens nie hören wollte, hatte mit ihren acht Kindern zunächst in Spanien, später im belgischen Steenockerzeel gelebt, bis die Kriegsereignisse sie zur Flucht in die Vereinigten Staaten von Amerika und nach Kanada nötigten.

Im Konzentrationslager

Die Herrschaft des Nationalsozialismus in Österreich und dessen Umwandlung in die *Ostmark*, schließlich *Donau-und Alpengaue* genannt, hatte für Max und Ernst Hohenberg schlimme Konsequenzen. Nur zu gut war ihre Gesinnung bekannt. Zu erbittert hatten sie sich gegen den »Anschluß« gewehrt. Man versicherte sich ihrer am besten, indem man sie dort einsperrte, wo andere dem Regime feindliche oder auch nur suspekte Personen sich schon befanden: im Konzentrationslager. Mit Fußtritten trieb man sie in den Waggon, der sie nach Dachau brachte. Natürlich sprach sich dort ihre Herkunft im Nu herum, und die Aufseher machten sich ein sadistisches Vergnügen daraus, die »Kaiserlichen Hoheiten« nicht nur körperlich zu mißhandeln, sondern ihnen besonders erniedrigende Arbeiten zuzuweisen. Mit Vorliebe spannte man sie vor den Latrinenwagen, den sie von einer Latrine zur anderen ziehen mußten, wobei diese mit einem Löffel zu leeren waren. Die

Qual dauerte vom Morgengrauen bis zum Abend und bei Rationen, die kaum zum Überleben ausreichten. Die Hohenbergs erwarben sich damit nicht nur die Achtung ihrer Leidensgenossen, mit denen sie auf Du und Du verkehrten; auch die schlimmsten Aufseher mußten widerwillig anerkennen, daß sie sich diesen Schikanen mit einer bewundernswürdigen Haltung entledigten. Es war jene Beherrschung, die ihnen von Kindheit an anerzogen worden war: keine Schwäche zu zeigen, nichts von dem preiszugeben, was man wirklich empfand, Contenance auch dann zu bewahren, wenn die Lage unerträglich geworden war. Es war jene Haltung, die auch ihre Mutter Sophie in so manchen schwierigen Situationen bewahrt hatte, wenn diese auch nicht mit denen zu vergleichen waren, die ihre Söhne im KZ zu erdulden hatten.

Hellmut Andics zitiert in seinem Werk *Die Frauen der Habsburger* einen Häftling, der sich mit den Brüdern Hohenberg im KZ befand: »Wir waren einige Hundert Österreicher und einige Tausend reichsdeutsche Kommunisten, die wir die beiden Söhne des Thronfolgers im Konzentrationslager Dachau als Schicksalsgenossen hatten, wir sahen sie in dem lebensgefährlichen Kommando ›Kiesgrube‹ des Peinigers Sterzer unbeugsam, unverzagt, ermutigendes Vorbild für alle anderen, selbst in den verdreckten, zerschlissenen Gefangenenkleidern Herren, echter Adel: sie lagen mit uns in unserer kargen Freizeit im Straßenstaub und teilten mit uns die paar Zuckerstücke, die irgendwo ergattert worden waren. Und nicht einer war im ganzen Lager, der von den ›Hohenbergs‹ nicht mit dem größten Respekt gesprochen hätte; jedem Neuankömmling wurden sie als Muster gezeigt. Solche Schößlinge wachsen nur aus dem besten Stamm. Diejenigen, die einst dieser Eheschließung widersprochen hatten, sind schwer ins Unrecht gesetzt worden.«[245]

Max Hohenberg wurde schon im September 1939, allerdings nur »auf Bewährung«, aus dem KZ entlassen und kehrte nach Artstetten zurück, das unter deutscher Zwangsverwaltung stand. Auch die Vermögenslage war ungeklärt. Es läßt sich nicht nachvollziehen, worauf die Begnadigung von Herzog Max Hohenberg zurückzuführen ist, möglicherweise auf eine Intervention seiner Gattin bei Göring. Vielleicht handelte es sich auch nur um einen jener seltenen Glücksfälle, die manchmal in verzweifelten Lagen geschehen.

Fürst Ernst Hohenberg befand sich indes weiterhin im KZ, inzwischen im Lager Sachsenhausen-Oranienburg bei Berlin, von wo der »Schutzhäftling Hohenberg, Ernst, Nr. 17.739« wenigstens einmal monatlich auf einem vorgedruckten Formular nach Hause schreiben durfte. Erst im Jahre 1943 schlug auch für ihn die Stunde einer relativen Freiheit, denn pünktlich jeden Samstag mußte er sich im Gestapo-Hauptquartier in Wien melden: Er erhielt die Auflage, sich einen Arbeitsplatz bei einem der Gestapo genehmen Unternehmer zu suchen, wobei Verwandte und Standesgenossen natürlich ausgeschlossen waren.

In den letzten Kriegsmonaten wurde Ernst trotz seines schlechten Gesundheitszustandes, einer Folge des KZ-Aufenthaltes, zum letzten Aufgebot der Vaterlandsverteidigung, dem Volkssturm, eingezogen. Da wurde selbst ein Feind des Nationalsozialismus nicht verschmäht. Aber auch diese Zeit ging vorüber.

Am 8. Mai besetzte die russische Armee Artstetten. Niederösterreich gehörte zur russischen Besatzungszone. Die Plünderung, die gang und gäbe war, hielt sich zum Glück in Grenzen; es gab auch nicht mehr so viel zu plündern. Ein paar Tage später erschienen einige hohe Offiziere im Schloß und ernannten Herzog Max zu seinem großen Staunen zum Bürgermeister. Nationalsozialistische Gesinnung konnte man ihm ja nun wirklich nicht vorwerfen, begreiflicherweise aber auch keine Sympathien für den Kommunismus. Man nahm die Besatzung hin als eine Art Befreiung von etwas noch weit Schlimmeren.

Eine Odyssee von Quartier zu Quartier hatten Ernst Hohenberg und seine Frau Maisie in dem von den Russen zunächst allein besetzten Wien zu erdulden. Mit Hilfe eines Kameraden aus dem KZ, dem späteren österreichischen Bundeskanzler Leopold Figl, erhielt Ernst einen Ausweis, der es ihm ermöglichte, seine in Dorf an der Enns untergebrachten Kinder zu besuchen. Schließlich gelang es ihm auf abenteuerlichen Wegen nach Radmer zu gelangen, das in der von den Briten besetzten Steiermark liegt. Der Besitz war beschlagnahmt worden, war in der nationalsozialistischen Zeit Reichsforst gewesen und inzwischen Eigentum der österreichischen Bundesforste. Erst nach einem komplizierten Verfahren, bei dem etliche Behörden ihre Einwilligung geben mußten, wurde das Gut freigegeben und seinen Eigentümern zurückgestellt.

Fürst Ernst Hohenberg starb bereits im Jahre 1954 im Alter von kaum 50 Jahren an einem Herzschlag. Nach seinem Tod wurde das Gut Radmer zwischen seinen beiden Söhnen geteilt. Ferdinand erhielt den landwirtschaftlichen Besitz, Ernst junior das Jagdschloß Radmer.

Zeit seines Lebens war es Herzog Max ein besonderes Anliegen gewesen, für seinen Cousin Otto die Erlaubnis der bisher verbotenen Einreise nach Österreich zu erwirken. Sie erfolgte erst, nachdem der Sohn Kaiser Karls auf alle Herrschaftsansprüche verzichtet hatte. Max Hohenberg starb Anfang 1962 noch nicht ganz sechzigjährig ebenfalls an einem Herzinfarkt. Die unmenschliche Behandlung im KZ hatte an beiden Brüdern ihre Spuren hinterlassen und ihre Lebenserwartung erheblich verkürzt.

Tausende folgten ihm auf seinem letzten Weg zu der inzwischen erweiterten Gruft in Artstetten, in der auch sein Bruder Ernst an der Seite der Eltern die ewige Ruhe gefunden hat. In einem Nachruf eines Altsozialisten heißt es: »Sie (die Hohenberg-Kinder) hätten Grund gehabt, sich gegen das Kaiserhaus zu wenden. Aber sie lehnten es ab, was gefallen war, noch zu treten. Gerade weil es kein Habsburg mehr gab, bekannten sie sich dazu. Aber das hinderte sie nicht, korrekte Bürger der Republik zu werden. Wir werden diesem Habsburger, der keiner sein durfte, als jenes Mannes gedenken, der wahrscheinlich mehr wert war als fast alles, was es an ›echtblütigen‹ Habsburgern noch gibt.«[246]

In der Gruft von Artstetten befinden sich auch die Gedenktafeln für die im Zweiten Weltkrieg gefallenen Söhne von Sophie Nostitz-Rieneck, Graf Erwein und Graf Franz. Gräfin Sophie, deren Tochter einen Freiherrn von Gudenus geheiratet hatte, ruht an der Seite ihres Gatten Friedrich Graf von Nostitz-Rieneck in der Gudenusschen Familiengruft am Weizberg bei Thannhausen in der Steiermark.

Nach dem frühen Tode von Max Hohenbergs erstgeborenem Sohn Franz, der ebenfalls kaum fünfzigjährig an einem Herzleiden starb, ist heute sein jüngerer Bruder, Dr. Georg Herzog von Hohenberg, Chef des Hauses. Schloß und Gut Artstetten ging an Franz' Töchter Anna (Anita) und Sophie, die beide standesgemäß geheiratet haben. Schloß Artstetten mit seinem Museum und den von dort aus veranstalteten Ausstellungen liegt in den Händen von Fürstin Anita, die auf diese Weise nicht nur das Andenken an ihre Großeltern bewahrt, sondern Artstetten zu einem neuen kulturellen Anziehungspunkt der Wachau gemacht hat.

Was den ehemaligen Familienbesitz in Tschechien betrifft, vor allem Schloß Konopischt, hat der derzeitige Chef des Hauses den Gedanken daran nicht völlig aufgegeben. Wie er der Autorin erklärte, gibt ihm die bevorstehende Mitgliedschaft Tschechiens in der Europäischen Union in dieser Hinsicht eine gewisse Hoffnung. Zwar rechnet er nicht mit einer Rückerstattung des Besitzes, strebt aber, was die Nutzung betrifft, ein Recht der Mitsprache an.

Dr. Georg Hohenberg schlug die diplomatische Laufbahn ein. Es war nicht ganz einfach, denn die Republik Österreich kam dem Abkömmling aus dem Kaiserhaus nicht gerade mit offenen Armen entgegen. Kurioserweise setzte sich gerade ein Sozialdemokrat, der spätere Bundeskanzler Kreisky, für ihn ein. Herzog von Hohenbergs erste Tätigkeit war die eines Sekretärs an der österreichischen Botschaft in Paris. Dort wurden seine beiden ältesten Kinder aus der Ehe mit Eleonore Prinzessin Auersperg geboren. Seine nächste Mission war Argentinien, wo sein zweiter Sohn zur Welt kam. Es folgte Tunis und schließlich der Posten des österreichischen Botschafters beim Heiligen Stuhl in Rom, wo er die letzten fünf Jahre seines aktiven Berufslebens verbrachte. Dazwischen gab es immer wieder Jahre im Außenministerium in Wien. Das war Herzog von Hohenberg durchaus recht. Seine Kinder – eine zweite Tochter war inzwischen dort geboren – sollten die Zugehörigkeit zu ihrer Heimat nicht ganz verlieren. Dank der diplomatischen Tätigkeit ihres Vaters beherrschen die Kinder mehrere Fremdsprachen perfekt, was ihren beruflichen Werdegang sehr begünstigte. Die Söhne leben in England, eine Tochter ist in Paris bei der ukrainischen Luftfahrtsline tätig. Herzog von Hohenberg und seine Gattin sind bereits Großeltern. Sie leben vor allem in Wien, aber auch immer wieder in Artstetten, wo sie unterhalb des Schlosses ein Haus erworben haben.

Erzherzog Franz Ferdinand und Herzogin Sophie Hohenberg haben zwölf Enkel, von denen zehn den Zweiten Weltkrieg überlebten, und bereits 25 Urenkel. Ein guter Teil von ihnen ist verheiratet, zum Teil standesgemäß, zum Teil aber auch bürgerlich. Wie Dr. Georg von Hohenberg der Autorin gegenüber erwähnte, sei es für ihn das Wichtigste, daß die Partner zueinander passen. Das sei zwar bei gleicher Herkunft eher gegeben, schließe aber auch eine Ehe mit einem bürgerlichen Partner nicht aus. So streng wie zu Zeiten ihrer Vorfahren sind auch in hochadligen Kreisen die Bräuche also nicht mehr.

Epilog

Die Folgen von Sarajevo sind voller Tragik. Nicht nur, weil sie eine glückliche Familie zerstörten, drei Kindern die Eltern nahmen, sondern weil sie eine Welt veränderten, die seither nie mehr ganz zur Ruhe gekommen ist. Damals schienen ihre Strukturen noch festgefügt. Sie waren in Jahrhunderten gewachsen und hatten Jahrhunderte überdauert. Warum sollten sie also nicht noch weiter bestehen? Krisen und Querelen hatte es immer gegeben.

Der Mann, den der Schuß eines kaum den Kinderschuhen entwachsenen Fanatikers traf, hat den Krieg, den sein Tod auslöste, nie gewollt. Er fürchtete die Folgen, die seinem Land drohten. Denn es war das Land, das er einmal regieren wollte. Es zu regieren hieß für ihn zugleich, es zu verändern, zu modernisieren, damit es gewappnet sei für die Anforderungen einer neuen Zeit, für die Wünsche der Menschen und der Nationen, die in ihm lebten. Ob er es vermocht hätte, ob die Widerstände nicht unüberwindbar gewesen wären, wird nie geklärt werden können. Und doch gibt es Stimmen, die es durchaus für möglich halten, daß, wenn es überhaupt jemand geschafft hätte, die Monarchie in eine neue Zeit zu führen, Erzherzog Franz Ferdinand der Mann dazu gewesen wäre.

Er hätte die nötige Energie gehabt, mit den Hindernissen fertigzuwerden, und die Frau an seiner Seite, die ihm Mut und Kraft dazu gegeben hätte, eine Frau, die mit ihm durch dick und dünn ging. Das hat sie während Franz Ferdinands schwerer Krankheit bewiesen, als sie noch Gräfin Chotek hieß und Hofdame von Erzherzogin Isabella war, besonders aber an jenem unglückseligen 28. Juni, als sie darauf bestand, an seiner Seite durch Sarajevo zu fahren. Sie wäre am Leben geblieben, wenn sie dem Wunsch ihres Mannes entsprechend nach Ilidža zurückgekehrt wäre.

Herzogin Sophie von Hohenberg ist im Urteil ihrer Zeitgenossen nicht gut weggekommen. Seltsam nur, daß sie sich des Wohlwollens ihrer Standesgenossen so lange erfreute, wie sie in untergeordneter Stellung tätig, wie sie noch Hofdame war! Doch kaum war bekannt geworden, daß der Thronfolger sie heiraten wolle, betrachtete die Hofgesellschaft sie als einen unerwünschten Eindringling, eine Person, die nach Ehren strebte, die ihr nicht zustanden. Man wußte, daß der Kaiser die Ehe ablehnte und hing sein Mäntelchen nach dem Wind. In der Bevölkerung galt sie als geizig und bigott. Aber wer konnte da schon von sich behaupten, daß er die Herzogin persönlich kannte und sie aus eigener Anschauung beurteilen konnte!

Es gibt keinen Menschen, der nur gut und edel ist, und zweifellos hatte auch die Herzogin von Hohenberg ihre Schwächen. Vielleicht war sie manchmal etwas zu kleinlich und handelte nicht so, wie die Umwelt es von ihr erwartete und wie es ihrer Stellung und ihrem Rang entsprochen hätte.Vielleicht war sie auch in religiösen Dingen zu intolerant und bedachte nicht, daß ein erzwungener Kirchenbesuch die Frömmigkeit nicht gerade fördert.

Aber hätte sie wirklich auf den Mann, den sie liebte und der ihr das gleiche Gefühl entgegenbrachte, verzichten sollen, wie man es ihr nahelegte?

Was hätte es letztlich genützt? Gewiß, der Umgang Franz Ferdinands mit seinem kaiserlichen Onkel wäre problemloser verlaufen, hätte er sich so verheiratet, wie man es von ihm erwartete. Dem Land aber hätte es kaum zum Vorteil gereicht. Es hätte weder den Weltkrieg verhindert noch das Ende der österreichisch-ungarischen Monarchie und ihrer Herrscherfamilie. Die Geschichte lehrt zur Genüge, daß auch die raffinierteste Heiratspolitik Kriege nicht verhindern kann. Sophie hätte mit ihrem Verzicht nicht nur sich selbst, sondern auch den geliebten Mann zutiefst getroffen.

Selbst die Feinde der Herzogin mußten widerwillig anerkennen, daß sie eine wunderbare Gattin und Mutter war, eine erstklassige Hausfrau und Gastgeberin, eine Frau, die ihre Kinder bestens erzog, vor allem aber, daß ihre und Franz Ferdinands Ehe die glücklichste des ganzen Kaiserhauses war.

Sophie war klug und gesellschaftlich gewandt; sie wäre, hätte das Schicksal es ihr vergönnt, auch eine repräsentative Kaiser- und Königsgemahlin geworden, die mit einem Kaiser Franz II. würdig an der Spitze der Monarchie gestanden hätte. Die Schüsse von Sarajevo haben es verhindert.

Ich möchte an diese Stelle die Worte setzen, die ihre Tochter ihr gewidmet hat. Diese bezog sich dabei auf einen Artikel, der im November 1913 in der *Österreichischen Illustrierten Zeitung* stand. Ein hochrangiger Diplomat hatte damals die Herzogin von Hohenberg folgendermaßen gewürdigt: »Es bedurfte wohl des ganzen starken Persönlichkeitsbewußtseins für die Gemahlin des Erzherzog-Thronfolgers, um an allen lauernden Kränkungen… sanft und geräuschlos mit der stets bezaubernden Anmut einer glücklichen Frau vorüberzugleiten, ihnen gegebenenfalls mit einem einzigen graziösen Handgriff, mit einem einzigen treffenden und launigen Wort die Spitze abzubrechen! Es bedurfte ihres ganzen sonnigen, leuchtenden Wesens, ihrer hinreißenden Liebenswürdigkeit, um in ihre heutige Position hineinzuwachsen. Welch Wunder von Sanftmut und Liebe, von Takt und Beharrlichkeit die hohe Frau in diesen Werdejahren dann auch tatsächlich vollbracht hat, ist nicht zu beschreiben. Und in Wahrheit: niemals stand einer unbeugsamen Willenskraft mehr frauenhafter Liebreiz und Sanftmut zur Seite. Nie hatten die vollendeten Tugenden einer geliebten Frau und Mutter eine triumphierendere Erfüllung ihres Wunsches erlebt.«

Gräfin Nostitz-Rieneck kommentierte diese Würdigung mit den Worten: »Und ich kann voll Dankbarkeit dieses schöne

Zeugnis nur von Herzen gern bestätigen. Sie war uns Kindern eine so liebevolle Mutter, meinem Vater eine so treu besorgte Gattin, sie war die Seele unserer Familie. Voll Aufopferung, Taktgefühl und Bescheidenheit meisterte sie ihre Aufgabe. Daß sie an der Seite meines Vaters sterben durfte, war für uns Kinder ein schrecklicher Verlust, für sie war es die Erfüllung ihres Lebens.«[247]

Weihbischof Marschall hatte wiederholt den Ehrgeiz Sophies gegeißelt: »Himmelstürmend« nannte er ihre Bestrebungen. Er hatte recht und unrecht zugleich. Sophie war ehrgeizig, doch vielleicht war sie es weniger für sich, für eine Krone auf ihrem Haupt, wie der Bischof es ihr unterstellte, sondern für den Mann, den sie liebte. Er sollte ein erfolgreicher Kaiser werden, sollte die auseinanderstrebenden Völker zusammenhalten, das Reich, das er regieren würde, wieder stark und mächtig machen. Das wünschte sie sich, wünschte es sich für ihn. Ihre Rolle war es, der ruhende Pol in seinem Leben zu sein, der Born, aus dem er die Kraft schöpfte für seine hochgespannten Ziele. Ihre eigene Kraft sollte ihm dabei helfen. Es war die Kraft einer großen Liebe.

Ein 19jähriger, der ein Held sein wollte, hat es verhindert. Ob ein Mord je als Heldentat gewertet werden kann, ist Ansichtssache. Jedenfalls hat dieser Mord nicht nur zwei Menschen getötet, sondern vier großen Monarchien den Todesstoß versetzt. Und das Land, das dadurch stark und groß werden sollte, ist heute so klein und unbedeutend wie damals.

Erzherzog Franz Ferdinand und Herzogin Sophie von Hohenberg waren die ersten Opfer jenes großen Krieges, der bald darauf ausbrach. Auf ihren Sarkophagen aus Kehlheimer Marmor stehen die Namen und Daten von Geburt, Heirat und Tod, auf dem gemeinsamen Sockel die lateinischen Worte:

»IUNCTI CONIUGIO FATIS IUNGUNTUR EISDEM«,

(»Verbunden durch das Band der Ehe, vereint durch das gleiche Geschick«)

Sie lebten 14 Jahre in der engen Gemeinschaft einer glücklichen Ehe. Sie saßen nebeneinander, als die tödlichen Schüsse des Attentäters sie trafen. Sie starben in der Blüte ihrer Jahre, viel zu früh für ihr privates Leben, für ihre Kinder, für das Land, das Franz Ferdinand hoffte, bald regieren zu können; aber so zu sterben, am selben Tag, in derselben Stunde, nicht anders hätten sie es sich gewünscht.

Anmerkungen

1 Trost, Das blieb vom Doppeladler, 344
2 Herre, Franz Joseph, 450
3 Haus-, Hof- und Staatsarchiv Wien, Personalakten des k. k. Ministeriums des Äußeren, Hammond, 30
4 Schiel, Stephanie, 98
5 Ebd., 106
6 Ebd., 108
7 Ebd., 113
8 Praschl-Bichler, Gott gebe, daß das Glück andauere, 143
9 Weissensteiner, Franz Ferdinand, 68
10 Ebd., 73
11 Ebd., 79
12 Winder, Der Thronfolger, 219
13 Hammond, Habsburgs größte Liebesgeschichte, 72
14 Franz-Ferdinand-Museum Artstetten, Hammond, 72
15 Meysels, Die verhinderte Dynastie, 188
16 Fugger, Im Glanz der Kaiserzeit, 323f.
17 Adalbert Graf Sternberg, Tagebuch, zitiert nach Brook-Shepherd, Die Opfer von Sarajevo, 69f.
18 Ebd., 73
19 Hamann, Die Habsburger, 173
20 Holler, Franz Ferdinand von Österreich-Este, 60
21 Brook-Shepherd, Die Opfer von Sarajevo, 47
22 Weissensteiner, 89
23 Brook-Shepherd, Die Opfer von Sarajevo, 76
24 Eisenmenger, Erzherzog Franz Ferdinand, 10
25 Ebd.
26 Weissensteiner, 98
27 Nachlaß Franz Ferdinand, Karton 3, zitiert nach Brook-Shepherd, Die Opfer von Sarajevo, 78

28 Eisenmenger, 11
29 Fugger, 311
30 Eisenmenger, 19
31 Ebd., 18
32 Ebd.
33 Größing, Wir hätten in einem Rosengarten sitzen können, 304
34 Holler, 72
35 Eisenmenger, 26
36 Fugger, 313, Brief aus Assuan, 3.1.1896
37 Weissensteiner, 101f.
38 Ebd., 104
39 Ebd., 109
40 Eisenmenger, 93f.
41 Brief an Freiherrn von Beck, 8.8.1896, Hammond, 87, zitiert nach Silber, 577
42 Weissensteiner, 112
43 Graf Stürgkh zitiert nach Flesch-Brunningen, Die letzten Habsburger in Augenzeugenberichten, 228
44 Pauli, Das Geheimnis von Sarajevo, 104
45 Brook-Shepherd, Die Opfer von Sarajevo, 92
46 Fugger, 324f.
47 Hammond, 102
48 Franz-Ferdinand-Museum Artstetten
49 Brook-Shepherd, Die Opfer von Sarajevo, 96, nach Gräfin Sophie Nostitz
50 Müller-Guttenbrunn, 114
51 Brook-Shepherd, Die Opfer von Sarajevo, 96
52 *Neues Wiener Journal* vom 7. Juni 1928, zitiert nach Sosnosky, 30
53 Größing, Amor im Hause Habsburg, 203
54 Brook-Shepherd, Die Opfer von Sarajevo, 108
55 Ebd., 106f.
56 Weissensteiner, 128
57 Holler, 94f.
58 Brief an Beck, 14.5.1900, Hammond, 119f., zitiert nach Silber, 610
59 Brief an Kaiser Franz Joseph vom 19.5.1900, zitiert nach Holler, 99f.
60 Brief an Ministerpräsident Koerber, zitiert nach Sieghart, Die letzten Jahrzehnte einer Großmacht, 53, Hammond, 117

61 Müller-Guttenbrunn, 154, Brook-Shepherd, Die Opfer von Sarajevo, 111
62 Margutti, Vom alten Kaiser, 154
63 Pauli, 161, Weissensteiner, 131
64 Schiel, Stephanie, 388f.
65 Franz-Ferdinand-Museum Artstetten, Brief an Sophie, 25.6. 1900
66 Hammond, 128
67 Ebd., 129
68 Meysels, 20
69 Ebd., 21
70 Brook-Shepherd, Die Opfer von Sarajevo, 114
71 Hammond, 131
72 Ebd., 133
73 Weissensteiner, 136
74 Hammond, 135, *Neue Freie Presse*, 1.9. 1900
75 Weissensteiner, 139
76 Eisenmenger, 83
77 Aichelburg, Erzherzog Franz Ferdinand und Artstetten, 47
78 Brook-Shepherd, Die Opfer von Sarajevo, 130
79 Sosnosky, 35
80 *Süddeutsche Zeitung*, Magazin, 25.10.2002, Hamann, Die Habsburger, 47
81 Fugger, 327
82 Margutti, 140f.
83 Pauli, 243f.
84 Stockhausen, Im Schatten der Hofburg, 213
85 Clary-Aldringen, Geschichten eines alten Österreichers, 186
86 Ebd., 187
87 *Agramer Zeitung*, 2.7.1900, Brook-Shepherd, Die Opfer von Sarajevo, 121
88 Brook-Shepherd, Die Opfer von Sarajevo, 121
89 Sosnosky, 30
90 Eisenmenger, 86
91 Briefe Kaiser Franz Josephs an Frau Schratt, 446
92 Weissensteiner, 142
93 Flesch-Brunningen, Die letzten Habsburger in Augenzeugenberichten, Die Stunde, 24.7.–5.8.1923
94 Weissensteiner, 142

95 Eisenmenger, 134
96 Sosnosky, 37-42
97 Funder, Vom Gestern ins Heute, 378
98 Kaiserin Zita zu Brook-Shepherd, 22. 2. 1976, Die Opfer von Sarajevo, 125
99 Brook-Shepherd, Die Opfer von Sarajevo, 125
100 Nikitsch-Boulles, 30
101 Clary-Aldringen, 187
102 Gräfin Nostitz-Rieneck zu Brook-Shepherd, Die Opfer von Sarajevo, 143
103 Weissensteiner, 146
104 Brook-Shepherd, Die Opfer von Sarajevo, 134ff.
105 Ebd., 163f.
106 Weissensteiner, 148
107 Nikitsch-Boulles, 35
108 Sosnosky, 113
109 Ebd., 105
110 Ebd., 232
111 Hammond, 150
112 Margutti, 139
113 Ebd., 145
114 Pauli, 225
115 Brook-Shepherd, Die Opfer von Sarajevo, 228
116 Ebd., 229
117 Fugger, 332
118 Praschl-Bichler, 158
119 Nikitsch-Boulles, 67
120 Brook-Shepherd, Die Opfer von Sarajevo, 174
121 Nikitsch-Boulles, 66f.
122 Ebd., 57f.
123 Weissensteiner, 149f.
124 Weissensteiner, 179
125 Ebd.
126 Ebd., 154
127 Brook-Shepherd, Die Opfer von Sarajevo, 169
128 Nikitsch-Boulles, 48
129 Eisenmenger, 146
130 Weissensteiner, 21

131 Margutti, 143
132 Flesch-Brunningen, 222
133 Brook-Shepherd, Die Opfer von Sarajevo, 237
134 Weissensteiner, 170
135 Chlumetzky, 310f.
136 Kiszling, 139
137 Nikitsch-Boulles, 129
138 Carmen Sylva, zitiert nach Hamann, Elisabeth, 463
139 Hamann, Elisabeth, Brief an Erzh. Valerie, 463
140 Holler, 108
141 Chlumetzky, 118, Hammond, 156
142 Margutti, 145
143 Hammond, 157, Nachlaß Franz Ferdinand
144 Hamann, Die Habsburger, 149
145 Weissensteiner, 171
146 Brook-Shepherd, Die Opfer von Sarajevo, 250
147 Nikitsch-Boulles, 31f.
148 Briefkopie zur Verfügung gestellt von Alois Graf Nostiz-Rieneck
149 Brook-Shepherd, Die Opfer von Sarajevo, 272
150 Ebd.
151 Ebd., 278
152 Ebd., 276
153 Ebd., 278
154 Flesch-Brunningen, 212
155 Brook-Shepherd, Die Opfer von Sarajevo, 259
156 Weissensteiner, 197
157 Ebd., Funder, 398
158 Pauli, 299, Holler, 104
159 Funder, 383, Hammond, 163
160 Flesch-Brunningen, 230
161 Fugger, 334
162 Holler, 113
163 Ebd.
164 Fugger, 329
165 Brook-Shepherd, Die Opfer von Sarajevo, 365–368
166 Brook-Shepherd, Kaiser Karl I., 68
167 Margutti, 137
168 Kiszling, 80

169 Ebd., 149
170 Weissensteiner, 230
171 Ebd., 194
172 Die Presse, Wien, 11.u. 12. 12. 1976
173 Pauli, 361
174 Sosnosky, 249
175 Größing, Mord im Hause Habsburg, 193f.
176 Stockhausen, 232
177 Kiszling, 285
178 Holler, 204, Nachlaß Franz Ferdinand
179 Sosnosky, 167
180 Brook-Shepherd, Die Opfer von Sarajevo, 311
181 Ebd., 293
182 Ebd., 311f.
183 Margutti, 145
184 Eisenmenger, 178
185 Kiszling, 288
186 Stockhausen, 203
187 Weissensteiner, 12
188 Ebd., 13
189 Clary-Aldringen, 189f.
190 Margutti, 146f.
191 Kiszling, 291
192 Weissensteiner, 17
193 Nikitsch-Boulles, 212
194 Aichelburg, Das Attentat, 24
195 Ebd., 25
196 Ebd.
197 Brook-Shepherd, Die Opfer von Sarajevo, 313
198 Nikitsch-Boulles, 213f.
199 Weissensteiner, 20
200 Ebd., 21
201 Funder, 347, Hammond, 174
202 Weissensteiner, 22
203 Ebd., 23
204 Brook-Shepherd, Die Opfer von Sarajevo, 326
205 Pauli, 341
206 Brook-Shepherd, Die Opfer von Sarajevo, 327

207 Pauli, 342
208 Bankl, 145
209 Weissensteiner, 26, Brook-Shepherd, Die Opfer von Sarajevo, 330
210 Bankl, 145f.
211 Margutti, 147f.
212 Weissensteiner, 30
213 Bardolff, Als Soldat im alten Österreich, Stockhausen 241
214 Brook-Shepherd, Die Opfer von Sarajevo, 336
215 Pauli, 346
216 Weissensteiner, 31
217 Ebd., 33, Brief vom 1.7.14
218 Clary-Aldringen, 186
219 Brief der Kammerfrau Sophies, Original im Besitz Alois Graf Nostitz-Rieneck
220 Weissensteiner, 32f., *Arbeiterzeitung*
221 Markus, Katharina Schratt, 257, Zuckerkandl, Österreich intim, 113
222 Clary-Aldringen, 190
223 Nikitsch-Boulles, 220
224 Ebd.
225 Stockhausen, 205
226 Pauli, 350
227 Weissensteiner, 31
228 Andics, Der Untergang der Donaumonarchie, II. 99
229 Brook-Shepherd, Europas Monarchien, 370
230 Andics, 116
231 Giesl, Zwei Jahrzehnte im Nahen Orient, 229
232 Margutti, 404
233 Ebd., 405
234 Pauli, 360
235 Ebd., 361
236 Rauchensteiner, 99
237 Würthle, 246f.
238 Nikitsch-Boulles, 226f.
239 Würthle, 255
240 Ebd., 256
241 Meysels, 102
242 Trost, Das blieb vom Doppeladler, 331

243 Aichelburg, 65
244 Ebd., 332–337
245 Meysels, 101
246 Andics, Die Frauen der Habsburger, 318, zitiert nach Funder
247 Gräfin Nostitz-Rieneck, Niederschrift im Besitz ihres Sohnes Alois Graf Nostitz-Rieneck

LITERATUR

Aichelburg, Wladimir, Das Attentat, Wien 1999

– Franz Ferdinand und Artstetten, Wien 2000

Andics, Hellmut, Der Untergang der Donaumonarchie, Bd. 2. Wien 1976

– Die Frauen der Habsburger, Wien und München 1885

Bankl, Hans, Die kranken Habsburger, Wien 1998

Brehm, Bruno, Die Throne stürzen, München 1992

Brook-Shepherd, Gordon, Die Opfer von Sarajevo, Stuttgart 1988

– Europas Monarchien, Wien 1988 (Weltbild-Ausgabe)

– Karl I. Des Reiches letzter Kaiser, Wien 1976

Clary-Aldringen, Alfons Fürst v., Geschichten eines alten Österreichers, Berlin 1977

Chlumecky, Leopold v., Erzh. Franz Ferdinands Wirken und Wollen, Berlin 1929

Eisenmenger, Victor, Erzherzog Franz Ferdinand, Leipzig, Zürich, Wien 1930

Fink, Humbert, Auf den Spuren des Doppeladlers, Düsseldorf und Wien 1994

Flesch-Brunningen, Hans, Die letzten Habsburger in Augenzeugenberichten, Düsseldorf 1967

Funder, Friedrich, Vom Gestern ins Heute, 3. Auflage, Wien 1971

Fugger, Nora Fürstin v., Im Glanz der Kaiserzeit, Wien 1980

Giesl, Baron Wladimir, Zwei Jahrzehnte im Nahen Osten, Berlin 1927

Größing, Sigrid-Maria, Mord im Hause Habsburg, Wien 2001

– Amor im Hause Habsburg, Wien 1990

– Wir hätten in einem Rosengarten sitzen können, Wien, München 1998

Hamann, Brigitte, Die Habsburger, Biographisches Lexikon, Wien 1988

– Elisabeth, Wien 1982

Hammond, Beate, Habsburgs größte Liebesgeschichte, Wien 2001
Herre, Franz, Franz Joseph, Köln 1964 (Ausgabe Weltbild 1997)
Holler, Gerd, Franz Ferdinand von Österreich-Este, Wien 1982
Kiszling, Rudolf, Erzherzog Franz Ferdinand von Österreich-Este, Graz 1953
Kühn, Joachim, Ehen zur linken Hand, Stuttgart 1968
Margutti, Albert Frh. v., Vom alten Kaiser, Leipzig und Wien 1921
Markus, Georg, Katharina Schratt, Wien 1998
Meysels, Lucian O., Die verhinderte Dynastie, Wien 2000
Müller-Guttenbrunn, Adam, Franz Ferdinands Lebensroman, Stuttgart 1919
Nikitsch-Boulles, Paul, Vor dem Sturm, Berlin 1925
Pauli, Herta, Das Geheimnis von Sarajevo, Wien 1966
Praschl-Bichler, Gabriele, Gott gebe, daß das Glück andauere, Wien 1997
Rauchensteiner, Manfried, Der Tod des Doppeladlers, Graz 1997
Schiel, Irmgard, Stephanie, Stuttgart 1978
Sieghart, Rudolf, Die letzten Jahrzehnte einer Großmacht, Berlin 1932
Sosnosky, Theodor v., Franz Ferdinand, der Erzherzog-Thronfolger. München 1929
Stockhausen, Juliana von, Im Schatten der Hofburg, Heidelberg 1952
Trost, Ernst, Das blieb vom Doppeladler, Wien 1977
– Die Donau, Wien 1968
Weissensteiner, Friedrich, Franz Ferdinand, der verhinderte Herrscher, München 1994
Winder, Ludwig, Der Thronfolger, Berlin 1989
Würthle, Friedrich, Die Spur führt nach Belgrad, Wien 1977
Zuckerkandl, Bertha, Österreich intim, Berlin 1970.

Wiener Neueste Nachrichten
Wiener Reichspost
Neues Wiener Tagblatt
Wiener Zeitung
Illustriertes Salonblatt, Wien
Münchner Neueste Nachrichten
Bayrisches Vaterland

Zeittafel

1830 Geburt Kaiser Franz Josephs
1833 Geburt Erzherzog Karl Ludwigs, Vater Franz Ferdinands
1843 Geburt Prinzessin Maria Annunciatas, Prinzessin von Neapel-Sizilien
1859 Schlacht bei Solferino, Verlust der Lombardei
1862 Heirat Erzherzog Karl Ludwigs mit Prinzessin Maria Annunciata
1863 Geburt Erzherzog Franz Ferdinands
1865 Geburt Erzherzog Ottos
1866 Schlacht bei Königgrätz – Verlust Venetiens
Geburt Gräfin Sophie Choteks
1867 Ausgleich mit Ungarn; österreichisch-ungarische Monarchie
1868 Geburt Erzherzog Ferdinand Karls (später Ferdinand Burg)
1870 Geburt Erzherzogin Margarethe Sophies
1871 Tod Erzherzogin Maria Annunciatas an Tuberkulose
1873 Heirat Erzherzog Karl Ludwigs mit Prinzessin Maria Theresia von Braganza
1875 Herzog Franz V. von Modena (Österreich-Este) setzt Franz Ferdinand zum Erben ein
1878 Berliner Kongreß – Besetzung Bosniens und der Herzegowina durch Österreich
Beginn der militär. Laufbahn Franz Ferdinands
1888 Sophie wird Hofdame bei Erzherzogin Isabella in Preßburg
1889 Tod Kronprinz Rudolfs
1892 Franz Ferdinand erkrankt an Tuberkulose – Reise um die Welt
1893 Verschlimmerung der Krankheit, Beginn der Kuraufenthalte – briefliche Verbindung zwischen Franz Ferdinand und Gräfin Chotek
1896 Tod Erzherzog Karl Ludwigs

1897 Genesung Franz Ferdinands; er wird zur »Disposition des Allerhöchsten Oberbefehls« gestellt und ist nun praktisch Thronfolger.

1898 Tod Kaiserin Elisabeths – Kampf mit dem Kaiser um Heiratserlaubnis mit der unebenbürtigen Gräfin Chotek

1900 Erlaubnis zur Heirat unter der Bedingung der Renunziation (Verzicht auf die Rechte seiner zukünftigen Gattin und Kinder) – Heirat in Reichstadt – Erhebung Gräfin Choteks zur Fürstin von Hohenberg

1901 Geburt der Tochter Sophie

1902 Geburt des Sohnes Maximilian

1903 Ermordung des Österreich-freundlichen Königs von Serbien; an seine Stelle tritt das Rußland-freundliche Haus Karadjordjević.

1904 Geburt des zweiten Sohnes Ernst

1908 60jähriges Thronjubiläum Kaiser Franz Josephs – Annexion Bosniens
Sophie bringt einen toten Sohn zur Welt

1909 Staatsbesuch in Rumänien – Erhebung der Fürstin von Hohenberg zur Herzogin

1912 Besuch des Thronfolgerpaares inkognito in England; dennoch Einladung zum Mittagessen beim englischen Königspaar

1913 Staatsbesuch in Berlin

1914 Teilnahme des Erzherzogs an den Manövern in Bosnien –
28. Juni: Ermordung des Erzherzogs und der Herzogin
Beginn des Ersten Weltkriegs

1916 Tod Kaiser Franz Josephs – Kaiser Karl I.

1918 Ende des Weltkriegs – Verlust der böhmischen Besitzungen der Hohenbergkinder

Stammtafel

Franz Karl
* 1802 † 1878

∞ Sophie von Bayern
* 1805 † 1872

Kaiser Franz Joseph I.
* 1830 † 1916

∞ Elisabeth von Bayern
* 1837 † 1898

Gisela
* 1856 † 1932

∞ Leopold von Bayern
* 1846 † 1930

Rudolf
* 1858 † 1889

∞ Stephanie von Belgien
* 1864 † 1945

Marie Valerie
* 1868 † 1924

∞ Franz Salvator
* 1866 † 1939

Elisabeth Marie
* 1883 † 1963

∞ 1. Otto Fürst Windisch-Graetz
* 1873 † 1952
Gesch. 1948

2. Leopold Petzneck
* 1881 † 1956

Karl Ludwig
* 1833 † 1896

∞ 1. Margaretha von Sachsen
* 1840 † 1858

2. M. Annunciata von Bourbon
* 1843 † 1871

3. M. Theresia von Braganza
* 1855 † 1944

Franz Ferdinand
* 1863 Graz † 1914 Sarajevo

∞ Sophie Gräfin Chotek
* 1866 Stuttgart † 1914 Sarajevo

Sophie
* 1901
† 1990

Maximilian
* 1902
† 1962

Ernst
* 1904
† 1954

Otto
* 1865 † 1906

∞ Marie Josefa v. Sachsen
* 1867 † 1944

Kaiser Karl I.
* 1887 † 1922

∞ Zita v. Bourbon-Parma
* 1892 † 1989

Otto
* 1912

Bildquellen

Archiv für Kunst und Geschichte: 8, 10, 12 unten, 13, 14
Corbis: Bildseiten 1, 2 , 5 rechts unten, 11, 15 unten, 16 oben
Österreichische Nationalbibliothek: 5 rechts oben und links unten, 6, 16 unten
SV-Bilderdienst: 3, 4, 15 oben
Ullstein Bild: 5 links oben, 7, 9

Danksagung

Für die Unterstützung dieser Arbeit gilt mein besonderer Dank dem Chef des Hauses Hohenberg, Herrn Botschafter a.D. Dr. Georg Herzog von Hohenberg sowie dem leider inzwischen verstorbenen Grafen Alois von Nostitz-Rieneck und seiner Familie, die mit persönlichen, und mündlichen Erinnerungen und wertvollem Schriftmaterial aus dem Leben ihrer Großeltern dazu beigetragen haben, deren Bild zu gestalten. Herzlichen Dank auch an Baronin Maria von Plessen, eine Nichte der Herzogin von Hohenberg, die sich noch persönlich an Besuche des Thronfolgerpaares in ihrem Elternhaus erinnern kann. Ganz herzlich möchte ich mich auch bei den Damen der Grünwalder Bibliothek für ihre große Mühe bei der Literaturbeschaffung sowie bei Frau Gauly und Frau Rotter vom Piper-Verlag für ihre Lektoratsarbeit bedanken. Und last not least ein Dankeschön auch meinem Mann, der mir nicht nur eine wertvolle Hilfe bei der Textgestaltung war, sondern mir auch darüber hinaus auch mit großer Geduld bei der Computerarbeit beigestanden hat.

Erika Bestenreiner

Luise von Toscana

Skandal am Königshof. 328 Seiten mit 9 Schwarzweißfotos. Serie Piper

Einen größeren Skandal hat Deutschland vor dem Ersten Weltkrieg nicht erlebt: Luise von Toscana aus dem Haus Habsburg, die künftige Königin von Sachsen, verläßt ihren Mann und ihre fünf Kinder und wird bürgerlich. Erika Bestenreiner erzählt die Hintergründe dieses Dramas fesselnd wie einen Roman, hält sich aber genau an die Quellen.

Die Geschichte dieser Flucht vom Thron ist die Geschichte von Kälte und Herzlosigkeit in der königlichen Familie, vom Mut, anders sein zu wollen, und von der Suche nach der wahren und großen Liebe.

05/1550/01/L

Karin Feuerstein-Praßer

Die preußischen Königinnen

367 Seiten mit 38 Abbildungen. Serie Piper

Es war durchaus kein leichtes Schicksal, das die preußischen Königinnen im »Männerstaat« Preußen zu bewältigen hatten. Gleichwohl gelang es einigen von ihnen, sich Freiräume zu schaffen – beispielsweise der »Philosophin auf dem Thron«, Sophie Charlotte von Hannover, und der bis heute wohl populärsten preußischen Königin, Luise von Mecklenburg-Strelitz. Andere wiederum litten unter den höfischen Intrigen und der Mißachtung ihres Gemahls oder konnten sich nur durch Lügen oder Heuchelei behaupten.

Unterhaltsam und mit großer Sachkenntnis erzählt Karin Feuerstein-Praßer vom Leben der sieben preußischen Königinnen.

»Wer sich für Geschichte interessiert und für Frauenschicksale der etwas besonderen Art, wird an dieser Lektüre viel Vergnügen haben.«
Aachener Nachrichten

05/1600/01/R

SERIE PIPER

Martha Schad

Die Frauen des Hauses Fugger

Mit sanfter Macht zum Weltruhm. 190 Seiten mit einem farbigen Bildteil. Serie Piper

Die Augsburger Handwerker- und Kaufmannsfamilie Fugger stieg im 16. Jahrhundert zu sagenhaftem Reichtum und politischem Einfluß auf. Den Weg von einfachen Webern zum wichtigen Handelsgeschlecht ebneten auch die bislang nur wenig beachteten weiblichen Akteure des Hauses: Martha Schad zeigt, wie mit sanfter Macht die Fäden der Familien- und Reichspolitik gezogen wurden. Ein engagiertes Geschichtsbuch, das detaillierte Einblicke in Freud und Leid der Fugger bietet und dabei die historische Objektivität niemals verläßt.

»Die Autorin holt die Frauen aus der Fußnote der Geschichtsschreibung ... Mit der bei Martha Schad gewohnten Mischung aus Witz, Spannung und Detailreichtum.«

Aichacher Zeitung

05/1601/01/L

Klaus Günzel

Das Weimarer Fürstenhaus

Eine Dynastie schreibt Kulturgeschichte. 223 Seiten mit 32 Seiten Abbildungen. Serie Piper

Am Weimarer Hof wurde eines der glanzvollsten Kapitel der europäischen Kulturgeschichte geschrieben. Vor allem die Frauen prägten das Gesicht der Dynastie: Herzogin Anna Amalia machte aus dem unbedeutenden Kleinstaat eines der wichtigsten geistigen Zentren des 18. Jahrhunderts. Als ihr Sohn Carl August den jungen Goethe an den Weimarer Hof holt, beginnt der Aufstieg des Fürstenhauses zum strahlenden Mittelpunkt der deutschen Klassik. – Mit leichter Feder zeichnet Klaus Günzel die Geschichte der Weimarer Dynastie und beleuchtet dabei auch die menschlichen Licht- und Schattenseiten ihrer bedeutendsten Persönlichkeiten.

»Eine vorzügliche Schilderung des nicht nur klassischen Weimar.«

Frankfurter Allgemeine Zeitung

05/1603/01/R

Heinz Ohff

Der grüne Fürst

Das abenteuerliche Leben des Hermann Pückler-Muskau. 327 Seiten mit 30 Abbildungen. Serie Piper

»Der grüne Fürst« erzählt das Leben eines vielbegabten Abenteurers, der, durch und durch Romantiker, keinen Gedanken auf gesellschaftliche Konventionen oder materielle Sicherheiten richtet: Ein skandalumwitterter, dabei melancholischer Draufgänger ist dieser Pückler, ein Verschwender, ein leidenschaftlicher Gartengestalter, ein gefragter Reiseschriftsteller, von seinen Zeitgenossen geliebt und gehaßt. Wir finden ihn auf – vergeblicher – Brautschau in Großbritannien, an der Spitze einer berittenen Truppe im Hohen Atlas, an der Seite der von ihm leidenschaftlich geliebten Machbuba, die er auf dem Sklavenmarkt in Ägypten gekauft und ins heimatliche Muskau gebracht hat – einmal mehr eine Provokation. Eine Biographie wie ein historischer Bilderbogen, ebenso farbig wie spannend erzählt.

05/1287/01/L

Martha Schad

Bayerns Königinnen

407 Seiten mit 4 Abbildungen. Serie Piper

Über die aus dem Hause Wittelsbach stammenden Monarchen gibt es zahlreiche Veröffentlichungen. Doch wer waren die Frauen an der Seite dieser kunstsinnigen Herrscher? Bayerns Königinnen stammten alle aus führenden Dynastien Europas, waren schön und hochgebildet. Sie wirkten vor allem in ihren Familien, engagierten sich aber auch auf sozialem und kulturellem Gebiet, sie förderten Toleranz, Frömmigkeit und Liberalität im jungen Königreich, erlebten politische Niederlagen genauso wie privates Glück. Für ihre biographischen Studien zog Martha Schad bisher unerschlossene Briefe und Tagebücher aus dem Geheimen Hausarchiv der Wittelsbacher heran und schildert eindrucksvoll und kurzweilig das öffentliche und private Leben der bayerischen Herrscherinnen.

05/1290/01/R

SERIE PIPER

Brigitte Hamann

Elisabeth

Kaiserin wider Willen. 660 Seiten mit 57 Fotos. Serie Piper

Das übliche süße Sisi-Klischee wird man in diesem Buch vergeblich suchen: Elisabeth, Kaiserin von Österreich, Königin von Ungarn, war eine der gebildetsten und interessantesten Frauen ihrer Zeit: eine Königin, die sich von den Vorurteilen ihres Standes zu befreien vermochte. Häufig entfloh sie der verhaßten Wiener »Kerkerburg«, weil sie nicht bereit war, sich von den Menschen »immer anglotzen« zu lassen. Statt dessen war sie monatelang auf Reisen, lernte Sprachen und trieb – im Rittersaal der Hofburg! – Sport. Schon vor dem Attentat war sie eine legendäre Figur geworden.

05/1297/01/L

Kronprinz Rudolf

»Majestät, ich warne Sie ...«

Geheime und private Schriften. Herausgegeben von Brigitte Hamann. 448 Seiten. Serie Piper

Diese Schriften geben einen aufschlußreichen Einblick hinter die Kulissen der k.u.k. Monarchie.

»Hier kommt der Kronprinz unmittelbar zu Wort ... Es spricht ein erschütternd wirkender Zeuge für eine sich als ausweglos abzeichnende Lage, die der sensible Prinz offenbar schon sehr früh erkannt hatte und nicht ändern konnte.«
Die Presse, Wien

05/1299/01/R

Thea Leitner

Habsburgs vergessene Kinder

288 Seiten mit 34 Abbildungen. Serie Piper

Thea Leitner verfolgte die Spuren von Nachkommen des Erzhauses, die von der Geschichtsschreibung bislang kaum beachtet wurden. Dabei stieß sie auf Menschen »mit ihren Ängsten und Leidenschaften und Verstrickungen, ihren heroischen Höhepunkten und ihren abgrundtiefen Nöten«.

05/1300/01/L

Thea Leitner

Skandal bei Hof

Frauenschicksale an europäischen Königshöfen. 320 Seiten. Serie Piper

Ein wahnsinniger Ehemann, lebenslanger Hausarrest oder seelische Qualen an einem intriganten Hofstaat: Höchst einfühlsam zeichnet Thea Leitner die dramatische Familiengeschichte und das politisch-gesellschaftliche Leben von fünf Prinzessinnen aus dem Hause Windsor nach, die durch ihre Heiraten in das Zentrum europäischer Politik und damit in höfische Machtkämpfe und Intrigen gerieten.
Vor dem Hintergrund europäischer Politik eröffnen diese erschütternden Tragödien ein Gesellschaftsbild, das die Skandale heutiger gekrönter Häupter als harmlose Geschichten erscheinen läßt.

05/1301/01/R

SERIE PIPER